누구든지 할 수 있는 소송의 길잡이 **민사 . 형사**

소 송 119

중앙법률사무교육원

개정 15판을 내면서

필자는 2004년부터 현재까지 법률사무직원 전문양성 교육원[1]을 운영하면서 법률관계를 잘 모르는 일반인들로부터 자신의 권리를 침해받고 있음에도 법률관계를 잘 몰라서 어떻게 대처해야 하는지 몰라서 힘들어하는 경우를 자주 본다.

일반인들이 법률문제가 발생하면 변호사나 법무사 등 법률전문가의 도움을 받는 것이 이상적이다. 하지만 비용 때문에 걱정이 앞서고, 직접 소송을 진행하기에는 소송의 절차와 방법 등에 있어서 다소 어려움이 있다. 이에 법률문제가 발생할 경우 스스로 해결(나 홀로 소송)할 수 있는 방법을 전히고자 본서를 저술하였으며, 금번에 개정 15판을 만들게 되었다.

실제로 민사소송 중 소액소송 같은 경우에는 대다수가 당사자 스스로 소송을 진행하고 있다. 특히 요즘은 인터넷의 발달로 인하여 소송절차와 법률용어, 기타 서적 등의 자료를 많이 접하게 되면서 혼자 소송을 진행하는 경우가 늘어나고 있는 추세이다.

소송경험이 없는 상황에서 혼자 소송을 수행하려다 보면, 법률 용어조차 생소한데 서류는 어떻게 작성해야 하고 어디에 접수시켜야 하는지, 비용은 얼마나 소요되고, 또 재판하는 날 법정에 가서는 어떻게 이야기해야 하는지 등 모르는 점들이 많다.

---

1) (주) 중앙법률사무교육원(http://www.linklaw.co.kr)/ 부설: 중앙법률사무교육학원/ 부설: 중앙법률원격평생교육원/ 부설: 출판사

따라서 필자는 본 저서를 기획하면서 일천하지만 저자의 법률사무소에서의 업무경험, 법률사무직원에 대한 전문양성을 하면서 쌓인 노하우와 기타 로스쿨 등에서 배운 지식을 바탕으로 소송절차와 방법에 대하여, 보다 쉽고 간편하게 법률전문가의 도움을 받지 않고 스스로 소송에 대한 어려움을 해소할 수 있도록 제작하였다. 또한 **법률사무소에 취업을 희망하시는 분들이 첫 법률사무 입문서로서 도움이 되도록 본 저서를 집필하였다.**

이 책은 **간편한 소송, 민사소송, 형사소송, 부록**의 순서로 나누어 각 부분의 내용들을 개략적으로 기술하였는데, 소송의 전 과정에서 필요한 증거(내용증명 발송), 가압류, 가처분 그리고 민사소송 방법 중 간편하고 쉬운 소액재판, 조정신청, 지급명령신청 등을 안내하고 있고, 소송 이후 강제집행과 판결에 대한 불복절차 및 형사사건에 이르기까지 소송의 진행순서에 입각하여 보다 생생하고 이해하기 쉽게 설명하여 스스로 소송을 할 수 있도록 준비하였다.

이 책을 통하여 혼자서 소송을 준비하거나 현재 소송을 진행하고 있는 일반인분들에게 많은 도움이 되기를 희망한다.

본서에서 부족한 부분은 **중앙법률사무교육원(부설 학원 및 원격평생교육원)의 홈페이지(http:www.linklaw.co.kr)**를 참조하면 소송에 유익한 자료와 각종 법원에 제출하는 신청서(소장, 신청서식 및 사례) 약 4,000여개를 준비하고 있으므로 업무처리 또는 개인적인 소송절차에 도움이 되시기를 기원해 본다.

* 법률용어에 이해가 부족할 경우 위 홈페이지 법률용어 100선(무료) 온라인 강의를 시청하세요!

2026년 01월

지은이 중앙법률사무교육원

원장(법학박사) 한 병 호 배상

차　　례

제Ⅰ편　민사소송

제II편 형 사

부록 1. 민사관련

부록 2. 형사관련

부록 3. 소송관련 서식

제1편 민사소송

▣ 민사소송에서 자주 쓰이는 용어들

용 어	설 명
원 고	피고에 상대되는 개념으로, 법원에 민사소송을 제기하는 당사자를 말한다.(예: 돈을 빌려주었던 채권자가 돈을 갚지 아니한 채무자를 상대로 소송을 제기할 경우 그 신청인)
피 고	소를 받은 측의 당사자, 즉 제1심 소송에 있어서 원고의 상대방을 말한다.(예: 위에서 돈을 빌려 사용하고 변제하지 아니한 사람 또는 회사/법인)
당사자	소송의 주체로서, 자기에 대한 법원의 재판권 행사를 구하는 자와, 이에 대립하는 상대방으로서 판결절차의 제1심 소송에서에서는 **원고 · 피고**, 제2심에서는 **항소인 · 피항소인**, 제3심에서는 **상고인 · 피상고인**을 말한다.
무효와 취 소	무효는 효력이 처음부터 발생하지 않는 것이며, 취소는 유효한 법률행위의 발생을 소급적으로 소멸하는 것이다. 결국 취소할 수 있는 법률행위를 취소하게 되면, 취소와 무효의 효과가 같다고 볼 수 있으며, 무효는 누구나 주장할 수 있고, 취소는 취소권자만이 주장할 수 있다. 무효인 행위 또는 취소할 수 있는 행위를 그냥 방치해 둔 경우 무효인 법률행위는 계속해서 무효이지만 취소할 수 있었던 법률행위는 제척기간(다시 말해서 법에서 정해놓은 일정기간)이 경과하면 완전히 확정적으로 유효하게 되어버리게 된다.
반 소	소송계속 중에 피고가 원고에 대하여 본소의 소송절차에 병합하여 본소청구나 이에 대한 방어방법과 견련관계에 있는 새로운 소를 제기하는 것이다. 반소원고는 피고가 되고, 반소피고가 원고가 된다.
배 당	경매되는 부동산이나 동산의 대금, 즉 경락대금으로 각 채권자를 만족시킬 수 없는 경우, 권리의 우선순위에 따라 매각대금을 나누어 주는 절차이다.
법 정 이 율	법률의 규정에 의한 법정이율은 **민사에 있어서는 년 5%**이고, 상사에 있어서는 년 6%이다.(이자 연 24% 까지) **소송절차(소송촉진특례법)에서는 연 12%를 청구할 수** 있다.
부 본	정본과 동일한 내용이나 사항을 기재한 문서이다.

비 송 사 건	법률관계에 특별히 관여하는 사건으로 통상의 소송절차에 의하지 않고 간이절차(주로 신청사건)로 처리하는 것을 말한다.
상 계	채권자와 채무자가 동종의 채권 채무를 가지는 경우 일방적 의사표시로 그 대등액에서 채권과 채무를 소멸시키는 것이다.
상 고	1심판결에 대하여 불복하여 2심(항소심)을 진행하였다면 항소심에서 불복하는 절차를 상고라고 한다. 소송의 경우 대법원에서 진행하며, 법률심이라고도 한다.
서 증	민사소송법상 문서의 기재내용을 증거자료로 하기 위한 증거조사를 말한다. (표시방법: 원고-갑제1호증, 피고-을제1호증, 채권자-소갑제1호증 등)
소 액 소 송	소가 금 3,000만원 이하의 금액을 청구하는 소송절차로서 소액재판부에서 진행하며, 일반소송과 일부절차가 다르다.
소 장	법원에서 정식으로 재판을 진행하는 절차를 소송이라고 하며, 소송절차에서 원고, 피고, 청구취지, 청구이유 등이 기재된 신청서를 소장이라고 한다.
송 달	소송상의 소장, 준비서면(부본)등 서류내용을 상대방 또는 당사자, 기타 이해관계인에게 고지시킬 것을 목적으로 행하여지는 절차(알리거나 전달하는 것)로써, 우편송달, 공시송달 등이 있다. 또한 송달에 필요한 비용을 **송달료**라 한다.
이 행 권 고	금전청구 관련 소액소송을 진행할 경우 법원에서는 임의로 채무자에게 이행을 권고할 수 있으며, 입증자료가 명백할 경우 결정을 하고 있으며, 이행권고가 확정될 경우 판결과 동일한 효력이 있다.
임대료	임대차계약에 있어서 임차물 사용의 대가로 지급되는 금전 및 그 밖의 물건을 말한다. 임대차에서는 **차임**이라고 부른다.
임대인	임대차계약에 있어서 당사자의 일방으로서의 상대방, 즉 임차인에 대하여 목적물을 사용, 수익하기로 약정한 자를 말한다.
재 심	이미 확정된 종국판결에 대하여 중대한 하자가 있음을 이유로 사건의 재심판결에 의하여 재판의 취소·변경을 구하는 비상의 불복신청을 말한다.
재항고	항고심에 불복하는 3심 절차를 말한다.

제3자	어떤 법률관계에 있어서 직접 참여하는 자를 당사자라고 하는데, 당사자 이외의 자를 제3자라고 한다.
조 정	분쟁해결을 위하여 제3자, 즉 법관이나 조정위원회가 분쟁관계인 사이에 개입하여 화해를 유도하는 절차를 말한다.(조정조서는 확정판결과 동일한 효력이 있다)
집행관	집행관은 강제집행을 실시하는 자로서 지방법원에 소속되어 법률이 정하는 바에 의하여 **재판의 집행과 서류의 송달** 기타 법령에 의한 사무에 종사한다.
집 행 권 원	실현될 수 있는 사법상의 청구권(강제집행이 가능한 문서)을 표시하고 그 존재와 그것이 집행할 수 있다는 것을 증명한 공증문서이다. (예로서: 확정된 판결문, 조정조서, 화해조서, 지급명령, 이행권고 등이 있다.)
집행문	채무명의에 집행력이 있는 것과 집행당사자를 공증하기 위하여 공증공무원이 채무명의 정본의 말미에 부가하는 공증문언을 집행문이라 하며, 집행문이 부가된 집행권원 정본을 집행력이 있는 정본이라 하고 이에 의거하여 집행기관은 강제집행을 개시한다.
채권자	채권을 가진 사람, 곧 채무자에게 재산상의 급부를 청구할 권리가 있는 사람이다(강제집행을 청구하는 자). 예로서 은행에 예금을 하면 예금가입자는 예금반환청구권을 가진 채권자이고, 은행이 채무자이다.
채무자	채무를 진 사람, 곧 채권자에게 어떤 급부의 의무가 있는 자로서 강제집행의 대상이 된다.(예로서 돈을 빌린 사람) 채권자의 채무자에 대한 채무자는 제3채무자라고 한다.
추 심 명 령	대위의 절차 없이 채무자를 대신하여 직접 추심할 권리를 집행채권자에게 주는 집행법원의 결정을 말한다.
항 고	법원의 결정, 명령에 대하여 불복하는 상소의 한 제도이다.
항 소	1심 판결에 불복하는 **2심 절차를 항소**라고 한다. 고등법원과 지방법원 항소부에서 재판을 진행한다.
화 해	소송 당사자들이 상호 양보하여 합의를 하는 절차이다. 화해조서의 경우 확정된 판결과 동일한 효력이 있다.

제1장 소송 전에 알아야 할 사항

제1절 민사소송이란?

재판 중에 국민의 사적인 생활에서 발생하는 권리 또는 법률관계에 대한 분쟁을 해결하기 위하여 행해지는 재판절차를 말한다. 우리나라 민사소송 구조는 3심제를 취하고 있으며, 1심 판결에 불만이 있을 경우 불복절차를 **'항소'** 라고 하며, 2심 판결에 불만이 있을 경우 불복절차를 **'상고'** 라고 한다(항소와 상고를 '상소' 라고 한다).

▣ 소송절차도

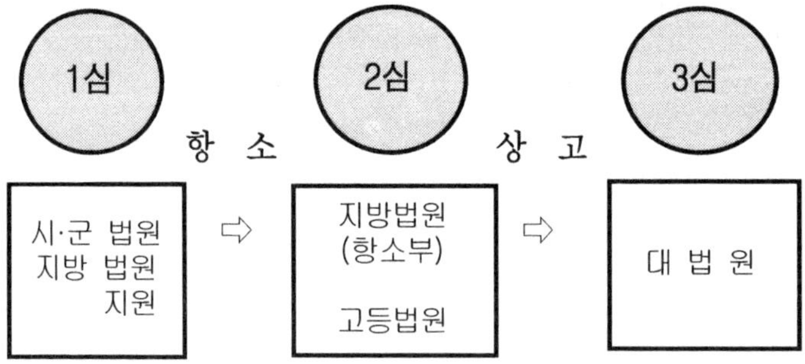

1. 민사사건과 형사사건은 어떻게 다른 것인가?

민사사건은 일반적으로 개인 대 개인(회사 · 법인 포함)의 관계를 말하고, 형사사건은 개인 대 국가형벌기관의 관계를 말한다.

예를 들어 갑이 을에게 돈을 빌려주었는데 변제하기로 약속한 날이 되어도 갚지를 않고 있고, 을은 갑으로부터 돈을 빌릴 때 처음부터 갚을 생각 없이 빌렸다면,

여기에서 갑이 을을 상대로 돈을 갚으라고 청구하는 것은 민사이고, 갑이 을을 상대로 사기죄로 형사고소를 하여 그 처벌을 구하는 것이 형사이다.

을은 민사상으로 차용금채무와 사기로 인한 불법행위책임을 지고, 형사상으로 사기죄로 처벌받게 된다. 설령 갑의 고소로 인하여 을이 형사상 사기죄로 처벌을 받아서 징역을 살고 나왔다거나, 처벌받지 않고 무혐의나 무죄선고가 난다고 하더라도 을은 갑에게 여전히 민사상으로 차용금채무에 대한 책임이 있으므로 갑에게 빌린 대금을 갚아야 한다.

만일 을이 형사상 사기죄로 경찰이나 검찰에서 조사를 받는 과정이나 형사재판 중에 갑의 돈을 다 갚는다면 별도의 민사상 책임은 없지만 형사상 '**사기죄**'로 여전히 처벌의 대상이 된다.[1] 가해자가 형사적으로 처벌을 받았다고 하더라도 채무자는 채권자에게 별도로 채무를 모두 변제하여야 한다.

1) 이 책 2편에서는 형사사건에 대하여 설명하고 있다.

2. 비용과 시간의 소요

형사상 고소를 할 경우에는 국가 수사기관에서 이를 처리하고 있으며, 이에 따른 비용이 발생하지 않지만 민사소송을 진행하려면 소송비용(수수료)을 법원에 납부해야 하며, 많은 시간이 소요된다는 사실을 먼저 기억해야 한다. 물론 민사 해결절차 중에서 빠르고 간편한 절차(소액소송, 지급명령, 조정신청 등)가 있지만 일반적으로 민사소송은 최소 6개월 이상 1년 가까이 소요될 수 있는 것이다. 따라서 간편하고 신속한 해결 방법인 소액소송 · 지급명령 · 조정 · 화해 등에 대하여 이 책 3장에서 설명하고 있고, 일반 민사소송에 대해서는 4장과 5장에서 소송의 절차 및 비용에 대하여 설명하고 있다.

3. 어느 법원에 민사소송을 제기하여야 하는지?

1) 법원의 선택

소장 기타 신청서 등을 법원에 제출할 경우 우선 어느 법원에 제출할 것인지를 결정해야 한다. 소장을 제출하는 당사자가 거주하거나 근무하는 곳에서 가까운 법원에서 소송을 제기한다면 편하겠지만 관할이 없는 법원에 소장을 제출할 경우 소송이 지연되거나 이송될 수 있기에 뒷장에서 설명하는 법원 관할을 참고하여 소장을 제출하여야 한다. 일반적으로 **소장 제출법원은 피고의 주소지에서 대부분 가능**하다고 생각하면 되고, **대여금 등 청구사건은 원고의 주소지 관할법원에서도 소송이 가능**하다.

뒤에서 어느 법원에 가압류 . 가처분 신청서나 소장의 제출, 고소장의 제출이 가능한지 살펴본다.

2) 소장이 법원에 접수되면

소장이 법원에 접수되면 민사소송은 소송물가액[2] (소가)에 따라서 사건이 나누어진다.

예를 들면 청구금액이
금 3,000만원 이하의 경우에는 소액사건,
금 3,000만원 초과 5억원 이하는 단독사건,
금 5억원 초과는 합의부사건이다.[3]

소액사건이나 단독사건은 단독판사가 사건을 담당하며, 합의사건은 배석판사들과 부장판사로 구성된 합의재판부에서 진행된다. 그러나 유의할 사항은 **어음 . 수표금 사건, 교통사고, 산업재해 사건은 금액이 아무리 많아도 단독판사가 담당**하며, 이중 **금 3,000만원 이하의 사건은 소액담당 단독 판사가 담당**한다. 소장의 접수는 우편 또는 직접 제출하되 법원민원실의 담당부서에 접수하여야 한다.

여기서 소송물가액(소가)이란 예를 들어 채권자가 채무자에게 금 5,000만원을 빌려주었다면 금 5,000만원을 청구하는 소송을 제기할 것이고, 금 5,000만원이 소가가 된다. 따라서 **'소가'**란 소를 제기한 원고가 경제적 이익이 얼마냐에 따라서 결정된다.

이 소가에 따라서 원고는 법원에 소송수수료를 납부하는데 그 비용을 **인지대**라 한다.

소장이 접수되면 법원은 **사건번호와 사건명을 부여**하고, 담당

---

2) 소송목적물가액이라고도 한다.

3) 일부채권의 경우 예외이다. 예로서 손해배상(자), 어음금, 수표금 구사건, 금융기관이 원고인 금융사건 등은 금액이 아무리 많아도 단독사건이다.

재판부 및 법관을 정하기 위하여 사건 **배당절차**를 밟는다. 실무에서 사건명은 소장 기타 신청서 등을 제출할 때 제출인이 사건명을 특정하여 접수하지만 법원은 별도로 사건명을 부여하며 사건번호는 법원에서 등록순서에 따라 지정한다.

사건번호와 사건명(예: 손해배상 청구사건)은 사건을 특정하고 이를 간략히 호칭하기 위하여 부여되는 것으로서 사건에 관하여 최초에 붙인 사건번호와 사건명은 그 사건의 종국에 이르기까지 변경 없이 사용한다.

사건번호는 아라비아 숫자와(제출하는 해를 표기) 사건별 부호(예: 가합, 가단 등)문자와 진행번호인 아라비아 숫자를 병기하여 표시한다(예시: 2026가합1234호, 2027가단2345호 등).

참고 **사건번호**

모든 소송 사건에 사건번호를 부여하고, 특별한 사정이 없는 한 소송이 종국(판결선고)될 때까지 동일한 사건번호를 유지한다.

☞ 부호로서 : 민사 1심-가, 민사 2심-나, 민사 3심-다로 표시한다.
☞ 앞의 숫자 2026, 2027등은 제출한 년도를 표시하고, 뒤에 숫자는 서류 접수순서이다.

제2절 증거를 확보하자

타인으로부터 권리를 침해받고 민사소송을 준비하고 있다면, 증거자료를 먼저 확보하여야 한다. 판사는 '증거'를 가지고 재판의 승패를 결정하기 때문에 만약 증거가 없다면 아무리 억울한 피해를 당하였다고 소장을 제출하고 법원에 하소연하여도 소송에서는 패소의 확률이 매우 높기 때문에 증거확보에 총력을 기울여야 한다. 예를 들어 돈을 대여하고 빌려주었다는 아무런 증거가 없을 경우 상대방에게 차용증이나 현금보관증을 받는다든지 아니면 최소한 내용증명이라도 발송하여 돈을 대여한 사실을 입증하여야 한다.

1. 내용증명을 활용해 보자!

내용증명은 보내는 사람이 받는 사람에게 「어떤 내용의 문서(편지)를 언제 보냈는가」 하는 사실을 **우체국에서 공적으로 증명하여 주는 제도**로써 자신이 보내는 서신의 **내용을 증명할 필요가 있을 때 이용**하는 우체국의 특별한 우편제도이다. 이러한 공적인 증명력을 통해서 민사상의 권리, 의무관계 등을 명확히 하고자 할 필요성이 있을 때 주로 이용되고 있다. 상품의 반품 및 해약 시, 계약해지 시, 독촉장 발송 시 등에 사용되며 내용증명을 받았다고 하여 답변을 해야 하는 것은 아니며, 내용증명의 내용 중 사실관계가 허위로 작성될 경우에는 답변을 통하여 이를 부인해야 할 것이다.

1) 내용증명은 어느 때 사용하는지?

내용증명은 일정한 법률적인 의사표시가 있었다는 사실을 증명하고자 할 때 주로 사용되는데, 일반 편지와 같이 일반적이고 쉽게 작성할 수 있다는 장점이 있다. 주로 계약을 하였을 경우 취소·해지를 통보하였음을 증명하고 싶을 때, 채무를 변제하라고 통보하였다는 사실을 증명하고 싶을 때 작성한다.

예를 들면 채무자에게 돈을 빌려주고 평소에 친분이 있어서 차용증이나 영수증을 받지 않았을 경우 돈을 차용해 준 사실을 증명하고 싶을 때 내용증명을 발송하여 언제 돈을 빌려주었고 언제까지 변제하라는 식으로 작성한다.

2) 내용증명의 장점

내용증명을 우편으로 발송하였다고 하여 법률적인 강제력이 발생하지는 않지만 향후 분쟁이 발생할 경우 중요한 증거가 된다는 것이다. 이렇게 내용증명을 받은 상대방은 심리적인 압박감이나 자료로 남기 때문에 행위 자체를 부인하기는 어렵게 만들고, 절차나 작성이 까다롭지 않고, 비용이 저렴하다는 장점이 있다.

또한 채권의 양수도 시 채권자는 채무자에게 확정일자 있는 증서로서 양도통지를 하여야 하는데 내용증명은 확정일자 있는 증서에 해당한다.

참고 ☞ 내용증명을 발송할 경우 3통을 작성하여 우체국에 방문하면 1통은 상대방에게 송부하며, 1통은 우체국에서 보관하고 나머지 1통은 발송인에게 지급하므로 이를 보관하여야 한다.

3) 내용증명서 작성요령

① A4용지를 기준으로 가급적 육하원칙에 따라 전달하고자 하는 내용을 알기 쉽게 작성한다(이면지, 뒷면에 낙서가 있는 종이 등은 사용불가).

② 내용증명서 상단 또는 하단 여백에 반드시 보내는 사람과 받는 사람의 주소 성명을 기재하여야 한다.

③ 작성된 내용증명서는 총 3부가 필요하다. (받는 사람에게 발송할 것 1부, 보내는 사람 보관용 1부, 접수우체국 보관용 1부)

④ 내용증명서 내용 안에 기재된 보내는 사람, 받는 사람과 동일하게 우편발송용 편지봉투 1매를 작성한다.

⑤ 한번 작성된 내용증명은 작성인이라 할지라도 마음대로 고치거나 지울 수 없으며 부득이 수정이 필요할 경우에는 반드시 내용증명서 난외 여백에 그 사실을 기재하고 보내는 사람의 도장을 날인하여야 하며(화이트, 수정액 등 사용불가) 서면이 2장 이상인 경우에는 앞장과 뒷장에 간인을 한다.

⑥ 서류 명칭은 '내용증명서' 라고 표시하여도 무방하지만 통보서, 통지서 등 다른 명칭도 무방하다. 다만 우체국에서는 내용증명 형식으로 발송을 요청해야 한다.

4) 내용증명서 접수시 필요서류

① 내용증명서 3부

② 우편발송용 봉투

③ 수수료 : 내용증명 수수료 (우체국 문의)

④ 신분증 및 도장 : 내용증명 접수과정에서 경우에 따라 신분증과 도장이 필요한 경우가 있으므로 가급적 지참하여야 한다(내용증명 접수는 본인이 아니어도 가능하다).

참고 ☞ 내용증명을 보내거나 중요한 문서를 상대방에게 발송할 경우 우체국에서 이용되는 배달을 증명해 주는 제도로서 배달증명제도 또는 이를 빠르게 상대방이 받도록 할 경우 빠른 배달증명제도를 이용해 볼 수 있다.

◈ 내용증명 (사례1)

내 용 증 명 서 (또는 통보서)

받는 사람: 서울시 서초구 서초대로 87(서초동 15-8) 대천빌딩 2층
○○전자대표 유가해 귀하

보내는사람: 서울시 중랑구 상봉동 115-61
홍길동

제목: 물품반환 청구의 건

상기 본인은 20 ○○년 ○○월 ○○일 귀사로부터 컴퓨터 부품을 구입 하였으나 상품의 내용에 하자가 발견되어 .... 등
따라서 반품, 내지 현금반환을 청구합니다.
(작성하고자 하는 내용을 기재한다.)

20○○년 ○○월 ○○일

위 발송인 홍길동 (인)

◈ 내용증명 (사례2)

내 용 증 명

발신인

주소 : 경기도 안양시 동안구 00동 100번지
이름 : 홍 길 동(주민번호/연락처)

수신인

주소 : 서울특별시 노원구 00동 587 00 아파트 101-101호
이름 : 유 가 해 (주민번호)

제목: 우유공급 대금회수에 관한 건

1. 귀하의 가정에 무궁한 발전을 기원합니다.
2. 다름이 아니오라 귀하께서도 잘 아시는 바와 같이 발신인과 귀하와의 사이에서 20○○년 1월 30일 체결된 우유대리점 계약과 관련하여 아래와 같이 통보 드립니다.
3. 발신인은 우유총판업자로서 귀하가 운영하는 우유대리점에 우유를 공급하여 현재일 기준 우유대금 1,000만원이 미납되었습니다.
4. 우유납품 계약서에 명시한 바와 같이 매월 30일 우유대리점에 납품된 우유대금을 지급하기로 약정하였으나 귀하께서는 동년 2월분 우유대금 1,000만원에 대하여 현재일까지 변제하지 않고 있으므로 20○○ 년 3월 30일까지 지급하여 주시기를 통보합니다.
5. 우유공급대금 1,000만원을 20○○ 년 3월 30일까지 지급하지 않을 시에는 법적인 대금회수절차를 진행할 예정이오니 이에 양지하시기 바랍니다.

20○○ 년 3월 12 일

위 발신인 홍길동 (인)

◈ 내용증명 (사례3)

채권양도 통지서

통 지 인 홍 길 동

서울시 서초구 서초동 00번지

피통지인 유 가 해

서울시 강남구 역삼동 00번지

지난 20○○년 귀하가 저에게서 20○○년 ○○월 ○○일 빌려간(차용한) 돈 일천만원(10,000,000원)에 대한 채권자의 지위를 발신인의 채권자인 한00에게 20○○년 월 일 부로 모두 이전되었음을 알려드립니다.

따라서 원금은 물론이고 매월 발신에게 지급하여 주셨던 금전의 이자도 모두 아래 양수인 한00에게 지급하여 주시기 바랍니다.

양수인: 한00(주민번호)

주소: 연락처:

김사힙니다.

20○○ . 6. 1.

통지인 홍 길 동 (인)

2. 증인을 확보하고 녹취를 하자.

증거자료의 확보는 사실인정의 자료로서 매우 중요한 사항이고 증거자료는 곧 소송의 승패를 좌우한다. 증거방법에는 인증과 물증이 있는데, 증인, 감정인, 당사자 본인 등이 인증이고, 문서나 검증물 등이 물증이다. 증인의 증언이나, 감정인의 감정 결과는 판결에 중대한 영향을 미치는 관계로 증거자료가 부족하다고 판단된다면 내용증명 발송 이외에도 사실관계를 잘 아는 증인을 확보할 필요가 있다. 증인신청 방법은 이 책 5장에서 설명하고 있다.

폭행을 당한 경우 폭력사실을 경찰에 신고하여 증거를 확보하거나, 진료기관(병원)에서 치료하면서 상해진단서를 발급받아 증거자료로 사용하면 될 것이다.

또한 소송 상대방이 평소의 말을 바꾸어 사실관계를 부인하는 경우가 종종 발생하므로 소송 전에 사진 촬영을 하거나 상대방과의 대화 내용을 녹음하는 방법도 한 가지 방법이다. 촬영한 사진자료를 증거로 사용하거나, 대화 내용을 녹음하고 녹음한 내용을 다시 문서로 작성한 녹취서는 결정적인 증거는 아니지만 법관의 심증 형성에 도움을 주게 될 것이기 때문이다.

제2장 채무자의 재산 도피와 처분을 막아야 한다.

채무자가 긴 소송기간 동안 **재산을 처분하거나 빼돌릴 수 있어서 걱정**이 된다면 이를 방지하기 위하여 소송을 하기 전에 재산을 임시로 묶어두는 **가압류와 가처분**이란 제도를 활용하여야 한다. 이를 **보전처분(소송)**이라고 하며, 소송을 위한 필수 조건은 아니나, 이 제도만으로도 채무자를 압박할 수 있는 효과가 있기 때문에 채무자가 채무를 이행할 가능성도 있다는 이유로 많이 사용되고 있는 방법이다.

실무에서는 대부분 소송을 하기 전에는 가압류 또는 가처분 신청을 하고 그 결정을 득한 이후 본안소송을 진행하고 있다.

제1절 가압류란 무엇인지?

1. 의의

가압류는 금전채권이나 금전으로 환산할 수 있는 채권에 관하여 장래 그 이행을 보전하려는 목적으로 미리 채무자의 재산을 압류(동결)하여 채무자가 처분하지 못하도록 하는 제도로, **금전의 지급을 청구하는 채권**을 가지고 부동산, 채권, 자동차, 유체동산 등에 가압류 할 수 있다.

가압류는 금전채권이나 장차 금전채권으로 환산할 수 있는 채권(대여금, 수표금, 약속어음금, 공사대금임료, 임금, 매매대금, 손해배상청구권, 양수금 등)에 대하여 후일 강제집행을 보전하려는 목적으로 미리 채무자의 재산을 가압류함으로서 채무자가 처분하려는 것을 방지하기 위한 집행보전 제도이다.

가압류를 하지 않았을 경우 본안소송에서 승소하였다고 하더라도 채무자가 채무자의 재산을 처분하여 전혀 재산이 없다면 채권자는 소송이후 강제집행을 할 수 없게 되어 소송의 실익을 상실하게 될 가능성이 존재한다.

전자신청(대법원 홈페이지)도 가능하다.

2. 신청서 작성안내

가. 가압류 신청서

기재사항	가압류신청서에는 당사자 및 법정대리인의 표시, 소송대리인의 표시, 신청의 취지, 신청의 이유, 법원의 표시, 소명방법의 표시, 년·월·일의 표시, 당사자 또는 대리인의 기명날인을 하여야 한다(자세한 설명은 제2절 신청서 기재 사항 참조).
수수료	신청서에는 **10,000원의 수입인지 및 송달료(당사자수× 3회분)**를 납부하여야 한다. 단, 송달료 수납은행이 지정되지 아니한 시·군법원에 신청서를 제출하는 경우에는 당사자 수 × 3회분의 송달료를 '우표'로 납부하여야 한다.

☞ 송달료 예시 : 채권자 1인, 채무자 1인의 경우
당사자 2 x 3 x 5,500 = 금33,000원

※ 전자신청의 경우 위 송달료의 기준이 다르므로 뒤에서 설명

나. 주의사항

수수료	부동산에 대한 가압류	신청인은 재산소재지를 관할하는 시·구·군청에서 가압류할 금액의 2/1,000에 해당하는 등록세와 등록세액의 20/100에 해당하는 교육세를 납부한 후 영수필증을 제출하여야 한다. **등록세액이 3,000원 미만인 경우에도 3,000원을 납부하여야 하고, 부동산 1개당 3,000원 상당의 등기수입증지(현금납부)를 제출**해야 한다.
	자동차·선박에 대한 가압류	등록세액은 1건당 7,500원, 건설기계와 항공기의 경우는 1건당 6,000원이며, 교육세액은 등록세액의 20/100이다.

☞ 부동산가압류 등록세/교육세 예시

: 가압류 금액이 5천만원의 경우

- 등록세: 5000만원 x 2/1000 = 금100,000원
- 교육세: 100,000원 x 20/100 = 금20,000원

3. 관할법원과 집행법원

가압류 신청 관할 법원	민사소송법상 가압류사건은 본안소송전이라면 가압류할 **물건의 소재지를 관할하는 지방법원**이나 **채무자의 주소지** 또는 본안소송이 계속 중이거나 가압류 신청시 본안이 제소되었을 때는 **본안소송이 계류 중인 법원**에 제출하여야 한다.
가 압 류 집행기관	**부동산 가압류의 집행은 등기되었을 때 집행이 되고, 유체동산 가압류는 집행관이 이를 집행한다.** 채권자는 가압류결정 정본을 가지고 가압류할 유체동산의 소재장소를 관할하는 지방법원 관할 집행관에게 집행위임을 하고 수수료를 납부하면 집행관은 14일 이내에 집행에 착수함과 동시에 결정문 정본을 채무자에게 송달하게 된다. 집행위임을 위한 신청서는 집행관 사무소에 비치되어 있다

4. 담보를 제공하여야 한다.

가. 담보제공명령

가압류와 가처분을 하려면 채무자의 부동산과 그 이외의 물건인 유체동산 그리고 채권 등의 재산을 찾아내어 가압류 . 가처분 신청서를 법원에 제출하면 법원은 당사자에게 공탁금(또는 보증보험 증권)을 법원에 제출하도록 명령한다.[4)]

실무에서 채권자는 가압류 신청시에 **법원의 담보제공 명령이 없어도 부동산·자동차 가압류사건은 청구 채권의 1/10, 채권 가압류사건은 청구 채권액의 2/5의 보증금액으로 하는 보증보험 증권을 선 제출하는 방법**으로 신청할 수도 있다. 보증보험으로 담보를 제공할 경우 보증보험료는 담보금 x 0.302%(개인의 경우) 정도 발생한다.

☞ 예) 담보제공 1,000만원의 경우 : 보증보험료 계산
금 1,000만원 x 0.113% = **보증보험료 금 11,300원**[5)]

☞ **예시: 위에서 부동산 가압류신청을 하고자 하는데 청구금액이 금2억원이라고 가정하였을 경우 총 신청(소요) 비용**

- 담보제공비율 : 금2억원 x 10% = 금 2,000만원
- 보증보험료 : 금2,000만원 x 0.113% = 금22,600원
- 등록세 : 금2억원 x 2/1,000 = 금400,000원
- 교육세 : 400,000원 x 20/100 = 금80,000원
(등록세의 20%)

---

4) 담보제공명령은 채권자의 보전처분이 부적절한 경우 채무자가 그 손해를 회복할 수 있도록 하기 위함이다.

5) 다만 최소금액이 정해져 있으므로 이를 확인할 필요가 있다.

- 인　지 : 금10,000원
- 증　지 : 1) 금3,000원(아파트일 경우)-필지당 금3,000원
  2) 금6,000원(단독주택일 경우)-2필지 계산
- 송달료 : 채권자 1인, 채무자 1인의 경우
  당사자 2 x 3회 x 5,500 = 금33,000원

[공탁보증금의 기준표]

- 서울중앙지방법원 기준 -

보전처분 종류	목적물	공탁금 비율 (청구금액기준)
가 압 류	부동산	1/10
	동　산	4/5 (2/5는 현금공탁)
	채　권	2/5 (급여, 예금 : 1/5은 현금공탁)
처분금지 가 처 분	부동산	1/10
	동　산	1/3
	채　권	1/5
점유이전금지 가처분		1/20
약속어음추심금지 가처분		약속어음액면(백지의 경우 보충/기각)

나. 담보의 성질

보전처분은 채권자의 신청과 소명으로 사실을 인정하고, 채무자의 재산을 동결하고 일정한 행위를 금지시키거나 임시의 법률관계 등을 형성하는 처분을 하는 것이기 때문에 채무자는 때에 따라서 아무 의무 없이 손해를 입게 되는 수가 있다. 따라서 비교적 간이한 절차에 의하여 채권자에게 채권보전수단을 마련해 주는 대신 나중에 그 보전처분이 부적절한 것이었다는 것이 밝혀질 경우 **채무자가 그 손해를 쉽게 회복할 수 있도록 마련해 두는 것**이다.

다. 보증보험 공탁증권 발급시

법원의 담보제공명령으로 담보를 제공하여야 하고, 이때 보증보험증권으로 담보제공이 가능할 경우에는 보증보험회사에 법원의 담보제공명령 사본을 전달하여 보증보험증권을 발행한다.

▣ 개인과 일반법인의 경우

① 자필서명 : 채권자(보험계약자), 직접방문(개인, 일반법인 대표자) – 신분증 지참 (금융기관 기타 기관단체는 제외)

② 대리인서명 : 채권자 인감증명서, 인감도장 또는 위임장, 대리인신분 등(해외거주자는 재외국민등록부 등본(외국대사관 확인))

③ 전자서명(공동인증서)

▣ 공공기관, 기타의 경우

공공기관은 사용인감으로 날인하며, 기타 법인의 경우 사업자등록증 또는 법인 등기부등본과 단체의 직인을 날인한다.

5. 보전처분 당사자의 호칭

보전소송에서의 당사자란 자기의 이름으로 보전명령 또는 그 집행 명령을 신청하는 사람이나 신청을 당하는 사람을 말한다. 본안판결 절차(소송절차)에서는 소를 청구하는 사람을 원고, 그 상대방을 피고라고 하지만 보전소송에서는 가압류나 가처분을 신청하는 사람을 **채권자 혹은 신청인**이라고 하고 그 상대방을 **채무자 혹은 피신청인이**라고 한다. 채무자가 다른 사람에게 채권을 가지고 있을 때 채무자에게 채무를 부담지고 있는 사람을 **제3채무자**라고 호칭한다.

☞ 예로서 : 채권가압류의 경우 채무자가 직장인일 경우 채무자의 회사가 제3채무자가 되고, 채무자가 이용하는 은행의 예금을 압류할 경우 은행이 제3채무자가 된다.

6. 신청서 양식과 진술서

채권자는 가압류신청과 동시에 아래 가압류신청진술서를 작성하여 가압류신청서와 동시에 가압류신청 진술서를 제출하여야 한다.

가압류 진술서는 가압류신청서에 반드시 첨부하고, 그 양식은 대법원 홈페이지에서 다운받아서 사용이 가능하며, 이때 채권자 1인당 각 채무자별 각 1매씩의 진술서를 작성 및 제출하여야 한다. 가처분 시에는 진술서를 첨부하지 아니한다.

◈ 채권가압류신청서[6)]

채 권 가 압 류 신 청

채 권 자 홍 길 동 (주민번호)
서울시 서초구 반포대로 87 대천빌딩 2,3층
연락처: 02-525-1007

인지 10,000원

채 무 자 주식회사 000
대표이사 유 가 해
서울시 강남구 역삼동 00번지

제3 채무자 주식회사 국민은행
대표이사 0 0 0
(소관 : 서울시 서초구 서초동 10번지 서초지점
우 537-800)

청 구 채 권 의 표 시 (피보전 권리)

일금 42,000,000원 (대여금 청구채권)

가 압 류 할 채 권 의 표 시

별지 채권목록과 같음(*별지목록 사례참조*)

신 청 취 지

채권자가 채무자에 대하여 가지고 있는 위 채권의 집행을 보전하기 위하여 채무자의 제 3채무자에 대한 별지목록 채권을 가압류 한다.

제3채무자는 채무자에 대하여 위 가압류 된 채무를 지급하여서는 아니된다. 라는 재판을 구합니다.

신 청 이 유

1. 채권자는 20○○년 8월4일 금 42,000,000원을 채무자 회사에 대여하고, 동년 8월 30일 변제 받기로 하였으나 채무자는 이를 이행하지 않고 있습니다.

6) 채권가압류 결정은 등기되지 아니하므로 등록세, 교육세를 납부하지 아니한다.

2. 이에 채권자는 내용증명을 발송하여 변제 독촉을 하였으나 변제기일을 차일피일 미루고 있는 상황입니다.
3. 따라서 채권자는 채무자를 상대로 귀원에 위 대여금 청구의 소를 준비하고 있는바 위와 같은 상황에서 채무자의 제 3채무자에 대한 별지목록 채권을 가압류 하지 않으면 채권자가 후일 본안소송에서 승소한다고 하더라도 그 실리를 얻을 수 없을 뿐 아니라 현저히 손해를 볼 우려가 있으므로 후일에 있을 강제집행의 보전을 위하여 이 신청에 이른 것입니다.
4. 담보제공에 대하여 위 가압류 사건에 손해 담보를 위한 담보제공의 명령이 있을 경우 공탁금에 관하여는 보증보험 주식회사와 채권자간에 지급보증위탁계약을 체결한 문서를 제출할 수 있도록 하여 주시기 바랍니다.

소 명 방 법

소갑제 1 호증 차 용 증 사본 1통

소갑제 2 호증 내용증명 사본 1통

첨 부 서 류

1. 위 소명서류 각 1통
2. 법인등기부 등본[7] 2통
3. 납 부 서[8] 1통

20○○ . 6. 1.

채권자 홍 길 동 (인)

○○ 지 방 법 원 귀중

---

7) 당사자가 법인일 경우 법인등기부등본을 첨부한다.

8) 송달료 납부서이며, 인지를 현금 납부한 경우에도 법원용을 첨부한다.

◈ 부동산가압류신청서 (표지)

부동산 가압류 신청서

채 권 자 홍 길 동
전화 : 02-525-1007 FAX :02-525-2433 E-mail

채 무 자 유 가 해

인지
10,000원

청구금액 금 10,000,000원정 (대여금)

송 달 료 금 31,200원(전자시청시 금 12,600원)
인 지 금 10,000원(전자신청시 금 9,000원)
피보전채권 대여금
등기수입증지 금 6,000원(2필지)
등록세 금 20,000원
교육세 금 4,000원

○○ 지 방 법 원 귀중

♤ 참 고 : 표지기재사항

1. 청구금액 청구채권의 금액을 기재한다.
2. 송달료 수납은행에 납부한 금액을 기재한다. 통상은 당사자 1인당 3회분을 첨부한다.
3. 인지 : 첨부할 인지는 전자신청시 10% 할인하여 금9,000원이다.
4. 피보전채권명 청구채권(피보전권리)및 그 금액란 중()에는 "대여금, 물품대금, 손해배상금" 등과 같이 청구내용을 기재하여야 한다.
5. 등기수입증지 : 등기신청수수료로서 필지당 3,000원을 현금납부한다. (예: 토지+건물일 때 6,000원)
6. 등록세 : 등기용 등록세는 청구금액에 1,000분의 2를 곱한 금액을 납부한다.
7. 교육세 : 등록세의 100분의 20에 해당하는 지방교육세를 납부해야 한다.

* 비용 : (등록세+교육세) = 청구금액×2.4/1,000로 산출한다.

◈ 부동산가압류신청서 (대여금 청구채권을 원인 사례)

부 동 산 가 압 류 신 청

채 권 자　홍 길 동 (주민번호)
서울시 서초구 서초동 1551-9
연락처: 02-525-1007

채 무 자　유 가 해 (주민번호)
서울시 강남구 역삼동 00번지

청 구 금 액

금 10,000,000원정 (대여금 청구채권)

신 청 취 지

채권자가 채무자에 대하여 가지는 위 청구채권의 집행을 보전하기 위하여 채무자 소유인 별지목록기재 부동산은 이를 가압류한다.

라는 재판을 구합니다.

신 청 이 유

1. 채권자는 20○○년 8월 4일 금 10,000,000원을 채무자에게 대여하고, 동년 8월 30일 변제 받기로 하였으나 채무자는 이를 이행하지 않고 있습니다.
2. 이에 채권자는 내용증명을 발송하여 변제 독촉을 하였으나 변제기일을 차일피일 미루고 있는 상황입니다.
3. 따라서 채권자는 채무자를 상대로 귀원에 위 대여금 청구의 소를 준비하고 있는바 위와 같은 상황에서 채무자의 별지목록 부동산을 가압류하지 않으면 채권자가 후일 본안소송에서 승소한다고 하더라도 그 실리를 얻을 수 없을 뿐 만 아니라 현저히 손해를 볼 우려가 있으므로 후일에 있을 강제집행의 보전을 위하여 이 신청에 이른 것입니다.
4. 담보제공에 관하여 ○○보증보험 주식회사의 지급보증위탁계약으로 가름코저 하오니 허가하여 주시기 바랍니다.

소 명 방 법

1. 소 갑제 1 호증 차용증 1통
1. 소 갑제 2 호증 금전소비대차계약서 사본 1통

첨 부 서 류

1. 납부서 1통
2. 부동산 등기부 등본[9] 1통
3. 내용증명 사본 1통

20○○ . . .

위 채권자 홍 길 동 (인)

○○ 지 방 법 원 귀중

◈ 가압류 할 부동산의 표시 (별지목록)[10]

[별지목록]

서울시 ○○구 ○○동139-45
(구지번. 서울 ○○구 ○○동 139-45)
대 91.6평방미터
위 지 상

연와조 평스라브 2층 다가구용
(4가구) 단독주택
1 층 50.37 평방미터
2 층 50.37 평방미터
지층 48.57 평방미터 -이상-

9) 전자신청시 첨부서류는 모두 파일첨부한다.

10) 부동산 가압류 별지목록은 구지번이 없을 경우 기재하지 않고, 부동산등기부등본에 등재된 내용과 동일하게 기재한다.

◈ 가압류신청진술서

가압류신청 진술서

채권자는 가압류 신청과 관련하여 다음 사실을 진술합니다. 다음의 진술과 관련하여 고의로 누락하거나 허위로 진술한 내용이 발견된 경우에는, 그로 인하여 보정명령 없이 신청이 기각되거나 가압류이의절차에서 불이익을 받을 것임을 잘 알고 있습니다.

20○○ . . .

채권자(소송대리인) ______________ (날인 또는 서명)

◇ 다 음 ◇

1. 피보전권리(청구채권)와 관련하여

가. 채무자가 신청서에 기재한 청구채권을 인정하고 있습니까?

■ 예

□ 아니오 → 채무자 주장의 요지 :

□ 기타 :

나. 채무자의 의사를 언제, 어떠한 방법으로 확인하였습니까? (소명자료 첨부)

다. 채권자가 신청서에 기재한 청구금액은 본안소송에서 승소할 수 있는 금액으로 적정하게 산출된 것입니까? (과도한 가압류로 인해 채무자가 손해를 입으면 배상하여야 함)

■ 예 □ 아니오

2. 보전의 필요성과 관련하여

가. 채권자가 채무자의 재산에 대하여 가압류하지 않으면 향후 강제집행이 불가능하거나 매우 곤란해질 사유의 내용은 무엇입니까?

나. 채권자는 신청서에 기재한 청구채권과 관련하여 공정증서 또는 제소전화해조서가 있습니까?

다. 채권자는 신청서에 기재한 청구채권과 관련하여 취득한 담보가 있습니까? 있다면 이 사건 가압류를 신청한 이유는 무엇입니까?

라. [채무자가 (연대)보증인인 경우] 채권자는 주채무자에 대하여 어떠한 보전조치를 취하였습니까?

마. [다수의 부동산에 대한 가압류신청인 경우] 각 부동산의 가액은 얼마입니까? (소명자료 첨부)

바. [유체동산 또는 채권 가압류신청인 경우] 채무자에게는 가압류할 부동산이 있습니까?

□ 예　　　■ 아니오 → 채무자의 주소지 소재 부동산등기부등본 첨부

사. ["예" 로 대답한 경우] 가압류할 부동산이 있다면, 부동산이 아닌 유체동산 또는 채권 가압류신청을 하는 이유는 무엇입니까?

□ 이미 부동산상의 선순위 담보 등이 부동산가액을 초과함 → 부동산등기부등본 및 가액소명자료 첨부

□ 기타 사유 → 내용 :

아. [유체동산가압류 신청인 경우]

① 가압류할 유체동산의 품목, 가액은?

② 채무자의 다른 재산에 대하여 어떠한 보전조치를 취하였습니까? 그 결과는?

3. 본안소송과 관련하여

가. 채권자는 신청서에 기재한 청구채권과 관련하여 채무자를 상대로 본안소송을 제기한 사실이 있습니까?
□ 예 ■ 아니오

나. ["예" 로 대답한 경우]

① 본안소송을 제기한 법원.사건번호.사건명은?
② 현재 진행상황 또는 소송결과는?

다. ["아니오" 로 대답한 경우] 채권자는 본안소송을 제기할 예정입니까?
□ 예 → 본안소송 제기 예정일 :
□ 아니오 → 사유 :

4. 중복가압류와 관련하여

가. 채권자는 신청서에 기재한 청구채권(금액 불문)을 원인으로, 이 신청 외에 채무자를 상대로 하여 가압류를 신청한 사실이 있습니까? (과거 및 현재 포함)
□ 예 ■ 아니오

나. ["예" 로 대답한 경우]
① 가압류를 신청한 법원.사건번호.사건명은?
② 현재 진행상황 또는 결과(취하/각하/인용/기각 등)는? (소명자료 첨부)

다. [다른 가압류가 인용된 경우] 추가로 이 사건 가압류를 신청하는 이유는 무엇입니까? (소명자료 첨부)

-이상-

참고 ☞ 채무자가 여럿인 경우에는 각 사람(채무자)별로 진술서를 작성하여 제출해야 한다.

7. 제3채무자에 대한 진술최고 신청

채권가압류의 경우 채권자가 제3채무자에게 가압류 집행을 할 경우 가압류한 채권에 대하여 채권자가 채권의 만족을 얻을 수 있는지 여부가 걱정된다. 이 경우 제3채무자를 상대로 제3채무자에게 채권을 인정하는지와 다른 채권자에게 압류 당한 사실이 있는지 여부 등을 진술하도록 할 수 있다.[11]

제3채무자에 대한 진술최고신청은 **채권가압류신청서를 법원에 접수할 때 동시에 신청** 할 수 있으며, 실무에서는 제3자에 대한 진술최고를 하지 아니하고 채권가압류결정이 제3채무자에게 송달되면 직접 확인하고 있다.

이 신청서에는 **인지 500원과 송달료 1회분**을 납부하고 있으며, 가급적 제3채무자 진술최고신청서는 가압류신청과 동시 또는 가압류신청 이후 가압류결정 전에 제출하여 제3채무자가 채무자에게 가지는 채무의 범위 및 금액 등을 확인하여 후일 강제집행시 활용하여야 한다.

이 신청은 보전처분(또는 강제집행) 절차상 반드시 제출하여야 하는 것은 아니지만 채무자가 제3채무자로부터 가지는 권리를 정확하게 파악하고 있어야 후일에 집행권원(판결 등)을 가질 경우 본 압류 절차에서 실익(만족적 강제집행)을 가져올 수 있다.

---

11) 부동산 가압류 및 동산가압류에서는 제3채무자가 없는 관계로 제3채무자 진술최고서를 제출하지 아니한다. 그러나 가압류 신청 절차에서 반드시 제3채무자진술최고서를 제출하야 하는 것은 아니나 실무상 제출하기를 권장한다.

◈ 제3채무자에 대한 진술최고신청서

제3채무자에 대한 진술최고 신청서

채 권 자　홍 길 동 (주민번호)
서울시 서초구 반포대로 87
연락처: 02-525-1007

인 지
500원

채 무 자　주식회사 000
대표이사 유 가 해
서울시 강남구 역삼대로 00

제3채무자　주식회사 국민은행
대표이사　0 0 0
(소관 : 서울시 서초구 서초동 10번지 서초지점
우 537-800)

위 당사간의 귀원 20○○카단1234호 채권가압류신청사건에 관하여 제3채무자에게 아래의 사항에 대하여 진술하라는 명령을 하여 주시기 바랍니다.

아　래

1. 채권을 인정하는지 여부 및 인정한다면 그 한도
1. 채권에 대하여 지급의사가 있는지의 여부 및 의사가 있다면 그 한도
1. 채권에 대해 다른 사람으로부터 청구가 있는지의 여부 및 청구가 있다면 그 종류
1. 다른 채권자에게 채권을 압류당한 사실이 있는지의 여부 및 그 사실이 있다면 청구의 종류

20 ○○ .　.　.

위 채권자　홍 길 동 (인)

○ ○ 지방법원　귀중

8. 가압류 신청취지 사례

아래 사례들은 채권자가 채무자에게 금전을 청구할 수 있는 권리가 있을 경우 채무자가 채무자 본인의 재산이 있거나 제3채무자에게 갖는 권리가 존재한다고 가정하여, 해당하는 권리는 별지목록에 기재한 후 이를 가압류하는 신청취지 사례들을 정리합니다.

▶ 부동산 가압류인 경우(자동차, 건설기계 포함)

채권자가 채무자에 대하여 가지는 위 청구채권의 집행을 보전하기 위하여 채무자 소유인 별지목록기재 부동산(자동차 등)은 이를 가압류한다.

▶ 지명채권에 대한 가압류인 경우

1. 채권자가 채무자에 대한 위 청구채권의 집행을 보전하기 위하여 채무자의 제3채무자에 대한 별지기재 채권을 가압류한다.
2. 제3채무자는 채무자에게 위 채무의 지급을 하여서는 아니된다.

▶ 분양권 가압류인 경우

1. 채권자가 채무자에 대한 위 청구채권의 집행을 보전하기 위하여 채무자 명의의 제3채무자에 대한 별지기재 분양권을 가압류한다.
2. 제3채무자는 채무자에게 위 부동산에 대한 소유권을 이전하거나 채무자의 청구에 따라 분양계약자의 명의를 변경하여서는 아니된다.

▶ 지적재산권에 대한 가압류인 경우

1. 채권자가 채무자에 대한 위 청구채권의 집행을 보전하기 위하여 채무자 명의의 별지기재 특허권을 가압류한다.
2. 채무자는 위 특허권에 관하여 매매, 증여, 그 밖에 일체의 처분을 하여서는 아니된다.

▶ 부동산 소유권 이전 청구권의 가압류인 경우

1. 채권자가 채무자에 대한 위 청구채권의 집행을 보전하기 위하여 채무자의 제3채무자에 대한 별지목록 기재 부동산의 소유권 이전등기청구권을 가압류한다.
2. 제3채무자는 채무자에게 위 부동산에 관한 소유권이전등기청구권절차를 이행하여서는 아니된다.
3. 채무자는 위 소유권이전등기청구권을 양도하거나 그 밖에 일체의 처분을 하여서는 아니된다.

9. 가압류할 채권의 표시(별지목록) 사례

아래 사례들은 채권자가 채무자에게 금전 등을 청구할 수 있는 권리가 있을 경우 채무자가 채무자 본인의 재산이 있거나 제3채무자에게 갖는 권리가 존재한다고 가정하여, 해당하는 권리를 별지목록에 기재하여야 하는데 이때 각 권리별 별지목록 기재 방법을 사례별로 정리합니다.

가. 공탁금

(1) 변제공탁금 출급청구권

청구금액 10,000,000원정 채무자가 제3채무자(소관 : 서울중앙지방법원 공탁관)에 대하여 가지는 아래표시의 공탁사건의 공탁금출급청구채권 중 위 청구금액 (아 래) 공탁사건번호 : 서울중앙지방법원 20○○년 금제 000호 공 탁 자 : 주식회사 000 피 공 탁 자 : 00건설 주식회사

(2) 변제공탁금 출급청구권 (수용보상금)

청구금액 10,000,000원정 채무자 소유의 경기도 00시 00읍 00리 00-0 답 ○○평방미터에 대하여 ○○공사가 택지개발촉진법 제12조 및 공익사업을 위한 토지 등의 취득 및 보상에 관한 법률 제40조에 의거 중앙토지수용위원회의 수용재결을 얻어 공탁한 아래표시의 공탁금출급청구채권 (아 래) 공탁사건번호 : 서울중앙지방법원 20○○년 금제 ○○호 공 탁 자 : ○○공사

(3) 가압류하면서 공탁한 공탁금 회수청구권

청구금액 10,000,000원정
채무자가 00 지방법원 20○○ 카단 000유체동산 가압류 신청사건의 담보로 공탁한, 아래 기재의 공탁금 회수청구 채권 중 위 청구금액

－아　래－

사　　건 : 서울중앙지방법원 20○○년 금제000호
공 탁 자 : 000
피공탁자 : 000

(4) 강제집행정지 담보의 공탁금 회수청구권

청구금액 10,000,000원정
채무자가 제3채무자에 대하여 가지는, 아래 기재의 공탁금 회수청구 채권 중 위 청구금액

－다　음－

사　　건 : 서울중앙지방법원 20○○년 금제000호
공 탁 자 : 000
피 공 탁 자 : 000
공탁관련사건 : 서울중앙지방법원 20○○ 카기 000 강제집행정지

(5) 가압류해방공탁금 회수청구권

청구금액 : 10,000,000원
채무자가 제3채무자에 대하여 가지는 아래표시의 해방공탁금회수청구권 중 위 청구금액

(아　래)

- 공탁사건번호 : 서울중앙지방법원 20○○ 금제 000호
- 공　탁　자 : 주식회사0000

나. 배당금

(6) 법원 부동산 경매배당금

금 10,000,000원

채무자 이00(주민등록번호)이 제3채무자에 대하여 가지는, 아래표시의 부동산임의경매사건에 대한 입찰(경락)대금 중 배당절차에 의하여 제3채무자로부터 수령할 배당금원 중 위 청구금액

(아 래)

경매사건번호 : ○○지방법원 20○○ 타경 000호
부동산임의경매

(7) 법원 부동산 경매배당금 - 임차인이 받을 배당금

금 10,000,000원

채무자 박00(주민등록번호)가 제3채무자에 대하여 가지는 아래표시 경매사건에서의 배당금 청구채권(주택임대차보호법상의 임차인으로서 가지는 배당금청구채권) 중 위 청구금액

(아 래)

경매사건번호 :○○지방법원 20○○ 타경 000호
부동산임의경매

다. 수용보상금에 대한 (가)압류 등과 목록

(8) 수용보상금 - 자치단체 도로편입 보상금

금 10,000,000원

채무자 소유의 아래표시 부동산이 제3채무자가 시행하는 도로산업(고흥○○간 도로확포장공사)에 편입됨에 따라, 채무자가 제3채무자에 대하여 가지는 보상금청구채권중 위 청구금액

(아 래)

경기도 000시 00동 000-0 답 178 평방미터

라. 담보물권부 채권 등에 대한 (가)압류 등과 목록

(9) 근저당권부 채권 - 1

금 100,000,000원

채무자가 제3채무자들에 대하여 가지는 아래 표시의 부동산에 대하여 ○○지방법원 동두천등기소 20○○.00.00 접수 제0000호로 경료 된 근저당권설정등기에 기한 채권최고액 금 500,000,000원의 근저당권부 채권

(아 래)

경기도 ○○시 ○○동 000-0 대 316㎡

(10) 근저당권부 채권 - 2

금 100,000,000원정

단, 채무자가 제3채무자에 대하여 가지는 아래 표시 부동산에 관한 ○○지방법원 00지원 20○○.0.0. 접수 제000호 근저당권설정등기에 기초한 피담보채권 금000원 가운데 위 청구채권에 이르기까지의 금액.

- 아 래 -

00시 00구 00동 00 대 229.8㎡

(11) 유치권부 채권

청구금액 : 100,000,000원

채무자가 제3채무자에 대하여 가지는, 아래표시의 부동산 및 부동산임의경매사건에서 유치권을 행사하는 중인 유치권부 공사대금채권.

(부동산의 표시)

-채무자가 유치권을 행사하여 점유 중인 부동산으로서 채권자가 위임하는 집행관에게 인도하여야 할 부동산의 표시-

인천광역시 00구 00동 000-0

대 1,600㎡ 및 지상 신축건물

(경매사건의 표시)
인천지방법원 20○○타경 00000 부동산임의경매

마. 전세권 관련 (가)압류 등과 목록

(12) 전세권 – 전세기간이 만료되지 않은 경우 (이때에는 제3채무자를 기재하지 않는다)

금 200,000,000원
채무자가 가지는 아래표시 부동산에 관한 ○○지방법원 20○○.0.0. 접수 제000호로 설정등기된 전세금 80,000,000원, 존속기간 20○○.00.부터 20○○.00.0까지인 전세권

(부동산의 표시)
00시 00구 00동 00
철근콘크리트조 슬래브지붕 근린생활시설(공중목욕탕) 및 주택
1층 114.08㎡ 끝.

(13) 전세권부 전세금반환채권 – 전세기간이 지난 경우 (이때는 제3채무자를 기재한다)

금 200,000,000원
채무자가 제3채무자에 대하여 가지는 아래 표시 부동산에 관한 00지방법원 20○○.0.0. 접수 000호 전세권설정등기에 기초한 전세금반환채권 금300,000,000원 가운데 위 청구채권에 이르기까지의 금액

(부동산의 표시)
00시 00구 00동 00 대229.8㎡
철근콘크리트조 슬래브지붕 근린생활시설(공중목욕탕) 및 주택
1층 114.08㎡ 끝

바. 임대차보증금에 대한 (가)압류 등과 목록

(14) 임대차보증금 - 상가

> 청구금액 : 금 100,000,000원
> 채무자가 제3채무자로부터 임차한 의정부시 00동 000-00 지상소재 00프라자 B01호에 관한 임대차 종료로 인하여 채무자가 제3채무자에 대하여 가지는 임대차보증금의 반환청구채권 중 위 청구금액에 이르는 금원

(15) 임대차보증금 - 토지

> 청구금액 : 금 10,000,000원
> 채무자가 제3채무자와의 사이에 성남시 000동 000-0 토지(주차장 부지)에 대하여 체결한 임대차계약에 의하여 임대차계약만료, 해지 등 임대차계약종료시 제3채무자로부터 수령할 임대차보증금 반환청구채권 중 위 청구금액에 이르기까지의 금원.

(16) 임대차보증금 - 주택

> 금 30,000,000원
> 채무자 박000(주민등록번호)씨가 제3채무자에 대하여 가지는, 의정부시 000동 000-0 소재 2층 건물에 대한 임차보증금 반환청구채권 중 위 청구금액.
> **다만, 주택임대차보호법 제8조 및 같은 법 시행령의 규정에 따라 우선변제를 받을 수 있는 금액을 제외한 나머지 금액.**

(17) 임대차보증금 - 주택(아파트)

> 청구금액 : 금 20,000,000원
> 채무자가 제3채무자에 대하여 가지는, 서울시 000동 000 00아파트 000동 000호 아파트에 대한 임차보증금 청구채권

중 위 청구금액.
<u>다만, 주택임대차보호법 제8조 및 같은 법 시행령의 규정에 따라 우선변제를 받을 수 있는 금액을 제외한 나머지 금액.</u>

사. 예금채권 등에 대한 (가)압류 등과 목록

(18) **예금** (**제3채무자 다수 기재례** - 1)

1. 청구금액 : 4,000,000원

주식회사 국민은행	금 1,000,000원
주식회사 신한은행	: 금 1,000,000원
주식회사 우리은행	: 금 500,000원
대한민국(소관: 지식경제부 우정사업본부)	: 금 500,000원
주식회사 한국씨티은행	: 금 500,000원
주식회사 한국외환은행	: 금 500,000원

2. 압류할 채권의 목록

채무자(000<u>주식회사: 사업자등록번호</u>)가 위 제3채무자(취급점: 본점 및 모든 지점)에 대하여 가지는 다음 예금반환 채권 중 기재한 순서에 따라 각 예금되어 있거나 장래 입금되는 예금반환 청구채권 중 위 청구금액이 이를 때까지의 금액.

(다 음)

1. 여러종류의 예금반환채권이 있은때에는 다음의 순서에 의하여 압류한다.

1)보통예금, 2)당좌예금, 3)정기예,적금, 4),자유저축예금, 5)저축예금,6)금전신탁, 7)외화예금, 8)어음수탁통장, 9)별단예금(당좌개설보증금포함), 10)별단일시예수금, 11)상호부금, 12)투자신탁, 13)기업자유예금, 14)MMF, 15)주식청약증거금, 16)AMA, 17)PMA, 18)DDMA, 19)CMA, 20)청약저축,

21) 청약예금, 22) 청약부금

2. 동종예금이 수 개있거나 수개의 지점에 걸쳐 있을 경우에는 계좌번호가 빠른 예금부터 순차로 위 청구채권액에 달할 때까지, 다만 이미 압류 또는 가압류되어 있는 것이 있는 경우에는 그것이 되어있지 아니한 것부터 순차로 청구채권액에 달할 때까지의 위 돈, 그리고 현재 입금이 안되어 있을 때에는 위 기재의 순서로 장래에 입급 될 예금액 중 위 돈.

3. 다만 민사집행법 제 246조 제1항 제8호, 제8호 및 동법 시행령에 의하여 압류가 금지되는 보험금 및 예금을 제외한다.
- 이상 -

※추심금지급계좌
예 금 주: 000(주)
계좌번호: 000-000000-00-000
예금기관: 우리은행
전화번호: 본 점: 00-0000-0000,
영업점: 000-000-0000

(19) 예금 (제3채무자 다수 기재례 - 2)

청구금액: 금11,000,000원

내역:
1. 제3채무자 주식회사 신한은행에 대하여 금 4,000,000원
2. 제3채무자 주식회사 우리은행에 대하여 금 2,000,000원
3. 제3채무자 주식회사 국민은행에 대하여 금 2,000,000원
4. 제3채무자 농업협동조합중앙회에 대하여 금 3,000,000원

채무자(000, 주민등록번호)가 제3채무자들에 대하여 가지

는 보통예금, 저축예금, 자유저축예금, 정기예금, 정기적금, MMF, MMDA, ELD, CMA, 적립식펀드예금, 채권형예금, 당좌예금, 가계예금, 별단예금, 신탁예금, 기업예금, 외화예금 중 이 기재순서로, 동종예금이 수 개 있거나, 수개의 지점에 걸쳐 있을 경우에는 계좌번호가 빠른 예금부터 순차로 위 청구채권액에 달할때까지, 다만 이미 압류 또는 가압류되어 있는 것이 있는 경우에는 그것이 되어있지 아니한 것부터 순차로 청구채권액에 달할 때까지의 위 돈. 그리고 연재 입금이 안되어 있을 때에는 위 기재의 순서로 장래에 입금될 예금액 중 위 돈.

다만 민사집행법 제 246조 제1항 제8호, 제8호 및 동법시행령에 의하여 압류가 금지되는 보험금 및 예금을 제외한다.

아. 보험채권 / 카드대금에 대한 (가)압류 등과 목록

(20) 보험금

청구금액: 10,000,000원

채무자(주민등록번호)가 제3채무자에 대하여 가지는 암보험 기타 그 밖의 보험계약에 기한 보험금청구채권과 만기환급금 및 중도해지할 경우 해지환급금과 기불입된 보험료 반환청구채권 중 아래 기재 순서에 따라 위 청구채권액에 이를 때까지의 돈.

(아　　래)

복수의 보험금채권이 있는 때에는 다음 순서에 의한다.

1) 이미 압류, 가압류 또는 가처분이 되어 있는 것이 있는 경우에는 그것이 되어있지 아니한 것부터 순차로 청구액에 달할 때까지.

2) 종류를 달리하는 보험금채권이 있을 때에는 질병보험

(암보험 포함), 상해보험, 운전자보험, 재물보험, 저축성보험, 연금저축손해보험, 화재보험의 순서에 의하여 순차로 위 청구액에 달할 때까지.

3) 같은 종류의 보험금채권이 여러 개 있을 때에는 계약체결일이 빠른 것부터 순차로 위 청구액에 달할 때까지.

4) 다만 민사집행법 제 246조 제1항 제8호, 제8호 및 동법 시행령에 의하여 압류가 금지되는 보험금 및 예금을 제외한다.

– 이상–

※추심금지급계좌

예금주: 000(연락처)

계좌번호: 000-00-000000

예금기관: 00000000

(21) 카드대금

1. 제3채무자 비씨카드 (주)에 대하여: 금 3,000,000원

채무자(주민등록번호)와 제3채무자 비씨카드 (주) 사이에 체결한 신용카드가맹점계약에 의거, 채무자가 제3채무자에 대하여 가지는 신용카드 결제대금 청구채권 중 위 돈.

2. 세3채무자 엘지카드(주)에 대하여: 금8,000,000원

채무자(주민등록번호)와 제3채무자 엘지카드(주) 사이에 체결한 신용카드가맹점계약에 의거, 채무자가 제3채무자에 대하여 가지는 신용카드 결제대금 청구채권 중 위 돈.

자. 월급(급여)에 대한 (가)압류 등과 목록

(22) 공무원 월급 (퇴직금제외-1)

청구금액 금 60,000,000원정

채무자 000(주민등록번호)가 제3채무자로부터 매월 수령하는 급료(본봉 및 제수당) 및 매년 6월과 12월에 수령하는 기말수당(상여금) 중 제세공과금을 뺀 잔액의 1/2씩 위 청구금액에 이를 때까지의 금액

(다만, 국민기초생활보장법에 의한 최저생계비를 감안하여 민사집행법시행령이 정한 금액에 해당하는 경우에는 이를 제외한 나머지 금액, 표준적인 생계비를 감안하여 민사집행법시행령이 정한 금액에 해당하는 경우에는 이를 제외한 나머지 금액)

(23) 교육공무원 월급 (퇴직금제외-2)

금 15,000,000원

채무자가 제3채무자로부터 매월 지급 받을 급여(본봉, 각종수당 및 상여금 등에서 제세공과금을 공제한 금액)에서 다음에 기재한 각 경우에 따른 압류금지금액을 제외한 나머지 금액 씩 위 청구금액에 이를 때까지의 금액.

- 다 음 -

1. 월급여가 185만원 이하인 경우에는 전액
2. 월급여가 185만원을 초과하고 370만원 이하인 경우에는 185만원
3. 월급여가 370만원을 초과하고 600만원 이하인 경우에는 월급여의 2분의 1
4. 월급여가 600만원을 초과하는 경우에는 300만원 + [(월급여의 2분의 1 - 300만원)/2]

(단, 채무자가 여러 직장을 다니는 경우 모든 급여를 합산한 금액을 월급여액으로 함)

(24) 기업체 월급 (퇴직금포함-1)

청구금액: 35,000,000원

채무자(주민등록번호)가 제3채무자로부터 매월 수령하는 급료(본봉 및 제 수당) 및 기말수당(상여금)중 제세공과금을 뺀 잔액의 1/2씩 위 청구금액에 이를 때까지의 돈(다만, 국민기초생활보장법에 의한 최저생계비를 감안하여 민사집행법 시행령이 정한 금액에 해당하는 경우에는 이를 제외한 나머지 금액, 표준적인 가구의 생계비를 감안하여 민사집행법 시행령이 정한 금액에 해당하는 경우에는 이를 제외한 나머지 금액 및 위 청구금액에 달하지 아니한 사이에 퇴직 또는 퇴직금 중간정산 시에는 퇴직금 또는 중간 정산금 중에서 제세공과금을 뺀 잔액의 2분지 1씩 위 청구금액에 이를 때까지의 돈.

차. 물품대금 등에 대한 (가)압류 목록

(25) 물품대금-1

청구금액 : 130,000,000원
채무자가 제3채무자(000)에 대하여 가지는 쇼파 등 물품대금 청구채권 중 위 청구금액

(26) 물품대금-2

청구금액: 30,000,000원정
채무자 김00(주민등록번호)이 제3채무자 의료법인 000의료재단에 대하여 가지는, 사무용가구 등(사무용가구, 책장, 병원상수대 및 직원용 책상 및 병원의 개업에 따른 제반가구 등)의 물품대금 청구채권 중 위 청구금액

(27) 부동산 매매대금 (중도금 및 잔금)

> 청구금액: 금 45,000,000원정
> 채무자가 제3채무자에 대하여 아래표시의 부동산을 매매하고 지급받게 되어있는 매매대금의 중도금 및 잔금청구채권 중 위 청구금액
>
> (아 래)
>
> 1. ○○시 ○○구 000동 000-0
> 대 600평방미터
> 2. ○○시 ○○구 000 000-00
> 대 300평방미터

(28) 대여금 채권

> 금 10,000,000원
> 채무자가 제3채무자에 대하여 가지는 대여금반환청구채권 가운데 위 청구금액에 이를 때까지의 금액. 끝.

카. 그 밖의 사례들

(29) 부가가치세 환급청구권

> 청구금액: 금 22,000,000원
> 채무자(상호000, 사업자등록번호, 주민등록번호)가 제3채무자(소관: ○○세무서 징세과)에 대하여 가지는, 20○○년 3/4분기 부가세환급금 지급하여야 할 금원 중 위 청구 채권

(30) 제3채무자 다양한 다수채권

청구금액 : 금 42,000,000원

1. 제3채무자 이00에 대하여 금 8,000,000원
채무자가 제3채무자 이00에 대하여 가지는, 00시 00동 000-00 건물에 대한 임대차보증금 반환청구권 중 위 청구금액 8,000,000원

2. 제3채무자 주식회사 00은행에 대하여 금 10,000,000원
채무자 김00(주민등록번호)가 제3채무자 주식회사 00은행에 대하여 가지는, 보통예금, 저축예금, 자유저축예금, 정기예금, 정기적금, 당좌예금, 가계예금, 별단예금, 신탁예금, 기업예금, 외화예금 중 이 기재순서로, 동종예금이 수 개 있거나 수개의 지점에 걸쳐있을 경우에는 계좌번호가 빠른 예금부터 순차로 위 청구채권액에 달할 때까지, 다만 이미 압류 또는 가압류되어 있는 것이 있는 경우에는 그것이 되어있지 아니한 것부터 순차로 청구채권액에 달할 때까지의 위 돈. 그리고 현재 입금이 안되어 있을 때에는 위 기재의 순서로 장래에 입금될 예금액 중 위 돈 10,000,000원

3. 제3채무자 주식회사00에 대하여 금 20,000,000원
채무자(김00, 상호 00금속, 사업자등록번호)가 제3채무자 주식회사 00에 대하여 가지는, 가방 악세사리 완제품등의 물품대금 청구권 중 금 20,000,000원

4. 제3채무자 주식회사 0000에 대하여 금 4,000,000원
채무자(김00, 상호 00금속, 사업자등록번호)가 제3채무자 주식회사 00에 대하여 가지는, 가방 악세사리 완제품등의 물품대금 청구권 중 금 4,000,000원

참고 ☞ **신청서 제출방법**

가압류신청서 1통, 목록 6통[12], 가압류진술서 1통(채무자의 수만큼), 소명방법으로 각 사본 1통(채권자는 소갑제 0호증 등으로 표시), 당사자가 법인일 경우 법인등기부등본 첨부하고 위 비용을 계산하여 제출하면 담보제공명령을 받게 되고, 담보제공명령에 따라서 보증보험증권 또는 현금 등을 법원에 제출 또는 납부한다.

신청서를 제출한 이후 보정명령이 나왔을 경우 일정한 기간 이내(보통 7일 이내)에 법원에 제출하고, 보정 이후 담보제공명령을 하게 된다. 담보제공명령 시 현금은 현금공탁을 하고, 보증보험증권의 경우 보증보험회사(대리점)에 문의하면 증권을 발급하여 주므로 이를 법원에 제출한다.

12) 전자신청의 경우 목록은 별도로 제출하지 않는다.

10. 가압류의 효과

(1) 부동산 가압류의 경우

가압류의 집행은 법원에서 직권으로 해당하는 채무자의 부동산에 **가압류기입등기**를 하게 되고, 이로써 채무자는 해당 부동산을 매매하더라도 매수한 자가 가압류를 인수하게 되어 가압류 채권자는 채권을 확보하게 된다.

이때 채권자가 본안소송에서 승소할 경우 가압류했던 부동산에 대하여 강제경매를 신청하고, 패소할 경우 채무자가 본안소송에서 승소할 경우 본안 판결문을 가지고 가압류를 말소하게 된다.

(2) 유체동산 가압류 경우

채무자의 동산에 대한 처분이 제한되고, 가압류를 해지하고자 할 경우 일정한 금원(채권액 또는 물건의 값)을 법원에 공탁(예치)한 이후 유체동산을 처분하게 되어, 채권자는 채무자의 재산처분을 방지하여 일정한 채권을 확보하게 된다.

생물(생선, 가축 등)의 경우 가압류는 결정으로 집행관이 물건을 현금화하여 법원에 공탁하게 된다.

(3) 채권 가압류의 경우

채무자의 재산 중 채권의 경우 통상적으로 급여, 예금, 보험금, 전세금, 물품대금 등 제3채무자가 채무자에게 지급하여야 할 금원에 대하여 사전에 압류를 하는 것인 만큼 **제3채무자가 채무자에게 이를 지급하지 아니하거나** 일부만(급여 등) 지급하게 되므로 소송기간동안 급여 등은 계속 쌓이게 된다.

예로써 채무자가 월급여를 200만원 수령한다고 가정할 경우 현재 압류금지채권이 금185만원이므로 금15만원은 가압류가 될 것이고, 소송이 1년이 소요될 경우 급여의 약 180만원이 가압류되어 있어서 후일에 채권자가 강제집행을 하게 될 경우 이를 본압류로 전이하여 추심하게 되므로 채무를 변제받게 된다(이 부분은 뒤 강제집행에서 후술한다). 다만 가압류가 될 경우 채무자는 채무자의 예금, 보험금 등은 제3채무자인 은행 또는 임대인으로부터 수령할 수 없게 된다.

11. 가압류 이후 본안의 소송에서 승소한다면

채권자의 가압류 이후 채권자가 본안의 소송에서 승소한다면 가압류 하였던 채무자의 재산에 대하여 강제집행이 가능하다.

(1) 채권가압류의 경우 '가압류를 본압류로 이전하는 채권압류 및 추심(전부)명령' 을 신청하는 방법으로 집행하고,

(2) 부동산가압류의 경우 '부동산 강제경매신청' 을 통하여 강제집행하며,

(3) 유체동산의 경우 법원 내에 위한 집행관실에 방문하여 '강제집행신청' 을 하는 방법으로 강제집행을 실시하여 채권의 만족을 얻을 수 있다.

기타 자세한 설명은 본서 제7장에서 소개한다.

제2절 가처분이란 무엇인지?

1. 가처분이란?

가처분은 특정물에 대해 각종 청구권을 가진 채권자가 판결이 끝날 때까지 **금전채권 이외의 물건이나 권리 및 법률관계에 관한 권리를 대상**으로 하는 청구권을 가질 경우 그 계쟁물에 대한 장래의 확정판결의 강제집행을 보전하기 위하여 대상물을 현재 상태로 보전하기 위해 **상대편(채무자)이 함부로 처분하거나 변경하지 못하도록 임시로 묶어두는 법적 조치**이다.

예를 들면 소유물에 대한 반환청구권이나 매매목적물에 대한 인도 청구권 및 임차물에 대한 인도·명도 청구권, 부동산을 처분하지 못하도록 하는 부동산처분금지가처분 등이다.

또한 당사자 간에 현재 다툼이 있는 권리관계 또는 법률관계가 존재하고 그에 대한 확정판결이 있기까지 현상의 진행을 그대로 방치한다면 권리자가 현저한 손해를 입거나 목적을 달성하기 어려운 경우에 잠정적으로 임시의 조치를 행하는 보전제도로서 건물의 명도청구권을 본안의 권리로 가지고 있는 자에게 임시로 그 건물 점유자의 지위를 준다든지, 해고의 무효를 주장하는 자에게 임금의 계속 지급을 명하는 가처분을 할 수 있다.

가처분신청 관할법원	현재 본안소송(통상의 소송절차 및 독촉절차, 제소전화해절차, 조정절차 등)이 계속 중이라면 그 법원이 관할법원이 되고, 현재 본안이 계속 중에 있지 않으면 앞으로 본안이 제소되었을 때 이를 관할할 수 있는 법원에 제출하면 된다(부동산 소재지 관할법원, 유체동산 소재지 관할법원 포함).

2. 신청서 작성안내

가. 수수료

수수료	신청서에는 10,000원의 인지와 3회분의 송달료를 납부하여야 하고, 부동산 1개당 3,000원 상당의 수수료(등기수입증지)를 제출해야 한다. 송달료는 당사자수 × 3회분을 납부한다(1회분 송달료: 금5,500원).

나. 주의사항

법원에서 가처분신청을 인용하는 재판은 담보를 조건으로 하는 경우와 담보 없이 하는 경우가 있는바, 담보제공을 조건으로 하는 경우에는 그 조건에 따라 현금공탁 후 공탁서 사본을 제출하거나 공탁보증보험증권을 제출하여야 한다.

부동산에 대한 가처분 촉탁시에는 등록세를 납부한 후 영수필증을 첨부하여야 한다.

납부 액수	피보전권리의 가액(소유권이전등기청구권인 때에는 부동산가액)의 2/1000에 해당하는 등록세와 등록세액의 20/100에 해당하는 교육세
납부 장소	부동산 소재지 시 · 군 · 구청

다. 신청서 기재사항

당사자 성명 연락처	당사자와 대리인의 이름(명칭 또는 상호), 주소와 연락처(전화번호, 팩시밀리번호 또는 전자우편주소 등)을 적어야 한다. 당사자가 무능력자인 경우에는 그 법정대리인을, 법인인 경우에는 그 대표자를 적어야 한다.

신청 취지	소장에서의 청구의 취지에 상응하는 것이다. 보전신청에 의하여 구하고자 하는 보전처분의 내용을 말한다. 자기의 권리를 보전하기 위하여 필요하다고 생각되는 보전처분의 종류와 내용을 적는다. 법원은 당사자의 신청취지에 구애받지 않고 적당한 보전처분을 선택할 수 있기 때문에 소장에서의 청구취지와 같이 법원을 구속하는 것은 아니지만 당사자의 신청의 목적과 한도를 나타내는 표준이 되므로 명확하게 적어야 한다.
신청이유	신청의 취지를 구하는 근거가 되는 이유이다. 피보전권리의 존재와 보전의 필요성을 구체적으로 적어야 한다. 신청 이유는 육하원칙에 의하여 기재하면 된다.
피보전권리	가압류에서는 피보전 권리인 청구채권을 표시하고 그 금액을 적는다. 만약 그 청구채권이 일정한 금액이 아닌 때에는 금전으로 환산한 금액을 적는다. 다툼의 대상(계쟁물)에 관한 가처분의 경우에는 그 청구권을 표시하여야 하나 금액을 표시할 필요는 없다. 임시의 지위를 정하기 위한 가처분에서는 현재 다툼이 있는 권리 또는 법률관계를 적는다. 피보전권리는 경우에 따라 복수일 수 있으며 예비적, 선택적으로 적어도 된다.
보전의 필요성	가처분의 필요성 기재
법원의 표시	법원의 표시(예: 서울중앙지방법원)
소명방법	청구채권과 보전처분의 이유가 되는 사실의 소명을 요구하고 있으므로 신청서에 그 소명방법을 적어야 한다.
작성한 날짜	신청서 제출 일을 기재한다.

제출자	당사자 또는 대리인의 기명날인 또는 서명
첨부서류	덧붙인 서류의 표시
목적물의 표시 여부	다툼의 대상에 관한 가처분은 그 피보전권리가 특정물에 관한 이행청구권이므로 가처분신청서에 그 목적물을 명확하게 표시하여야 한다.

◈ 부동산처분금지가처분신청서

부동산처분금지가처분신청서

인지
10,000원

신 청 인　　홍 길 동
서울시 서초구 반포대로 87 대천빌딩 2,3층
연락처: 02-525-1007

피신청인　　유 가 해
서울시 강남구 역삼대로 00

목 적 물 가 액 : 별지기재와 같음

신　청　취　지

별지목록 기재 부동산에 관하여, 피신청인은 양도 또는 임차권, 저당권, 전세권의 설정 등 기타 일체의 처분을 하여서는 아니된다.

라는 결정을 구합니다.

신　청　이　유

1. 피보전권리

가. 신청인은 피신청인과 0000.0.0.경 별지목록 기재 부동산에 대하여 매매계약을 체결하고 0000. 0.0. 계약금 00원, 중도금으로 0000,0,0 금 00를 지급하였습니다.

나. 그리하여, 신청인은 피신청인에게 잔금을 준비하여 지급하면서 위 별지목록 부동산에 소유권이전등기를 요청하였으나 위 잔금을 수령하지 아니한채 소유권이전등기 절차를 이행하지 아니하고 있습니다.

다. 따라서 신청인은 법원에 잔금을 공탁하고 신청인 앞으로 소유권이전등기해 줄 것을 수차례 요구하였으나, 이에 불응하고 있습니다.

2. 보전의 필요성

위와 같이 피신청인은 신청인의 소유권이전등기요구에도 불응하고 있고, 만약 이를 타에 처분하면 회복할 수 없는 손해를 입을 우려가 있으므로 이 사건 신청에 이르렀습니다.

3. 담보제공에 관하여

담보제공에 관하여 ○○보증보험 주식회사의 지급보증위탁계약으로 가름코저 하오니 허가하여 주시기 바랍니다.

소 명 방 법

1. 소갑제1호증 부동산 매매 계약서 1통
2. 소갑제2호증 송금출금전표 1통
3. 소갑제3호증 공탁서 사본 1통

첨 부 서 류

1. 부동산 등기부등본
1. 토지대장, 건축물대장
1. 토지공시지가 확인원 각 1통

20○○. ○○. ○○.

위 신청인 홍 길 동 (인)

○ ○ 지방법원 귀중

[별지목록]

1동의 건물의 표시

서울시 ○○구 ○○동 11번지 ○○맨션 제1동

전유 부분의 건물의 표시

건물의 번호 : 1-11-1100

구 조 : 철근 콘크리트조

면 적 : 11층 1101호 134.16평방미터

대지권의 표시(토지의 표시)

서울시 ○○구 ○○동 11번지 대 84,214평방미터

대지권의 종류 : 소유권

대지권의 비율 : 84,214분지 80.94

- 이상 -

3. 가처분 신청취지 사례

아래 사례들은 채권자가 채무자에게 갖는 권리가 금전청구권이 아니라 금전 이외의 권리들에 대하여 처분 등을 제한하는 가처분을 신청할 경우 목적이 되는 물건 등은 별지목록으로 기재한다고 가정하여 가처분의 신청취지 사례들을 정리합니다.

▶ 부동산 처분금지 가처분인 경우

채무자는 별지목록 기재 부동산에 대하여 매매, 증여, 저당권설정 그 밖의 일체의 처분행위를 하여서는 아니된다.

▶ 부동산 점유이전금지 가처분인 경우

1. 채무자는 별지목록 기재 부동산에 대한 점유를 풀고 이를 채권자가 위임하는 집행관에게 인도하여야 한다. 2. 집행관은 현상을 변경하지 아니할 것을 조건으로 하여 채무자에게 이를 사용하게 하여야 한다. 3. 채무자는 그 점유를 타인에게 이전하거나 점유명의를 변경하여서는 아니된다. 4. 집행관은 위 명령의 취지를 적당한 방법으로 공시하여야 한다.

▶ 명도단행 가처분인 경우

채무자는 채권자에게 별지목록 기재 건물을 임시로 명도하라.

▶ 금전 지급을 명하는 가처분인 경우

1. 채권자가 채무자를 상대로 한 해고무효 본안판결의 확정시까지 채권자가 채무자 회사의 운전직 근로자의 지위에 있음을 임시로 정한다.
2. 채무자는 채권자에게 20○○년 ○○월 ○○일부터 위 제1항의 본안 판결시까지 매월 ○○일 금○○원씩을 임시로 지급하라.

▶ 건축공사 금지 가처분인 경우

1. 채무자는 별지목록기재 토지위에 건물의 축조공사를 하여서는 아니 된다.

▶ 영업금지 가처분인 경우

1. 채무자는 서울특별시 서초구 내에서는 대중음식점을 하여서는 아니 된다.
2. 집행관은 위 명령의 취지를 공시하기 위하여 적당한 방법을 취하여야 한다.

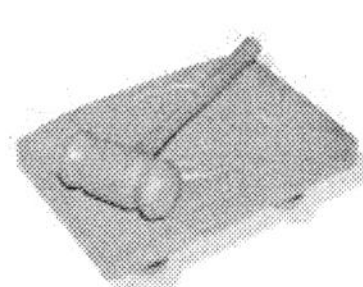

제3절 보전처분(가압류, 가처분)의 핵심정리

1. 담보의 제공

가압류 · 가처분을 신청한 경우에는 대부분 법원에서는 담보의 제공을 명하고 있다.

담보는 채무자의 손해를 대비하여 채권자에게 명령하여 법원에 현금 또는 보증보험 증권을 납부하게 하고 있다. 이때 신청서와 동시에 제출하는 담보를 선담보라고 하고, 법원의 담보제공명령 이후에 제공하는 담보가 있다.

(1) 선담보 제공[13] → 결정(부동산 가압류 등의 경우)

(2) 선담보 제공을 하지 않는 경우 → 법원의 담보제공명령 → 담보제공(현금 또는 보증보험) → 결정 → 보전처분의 집행

13) 선담보란 보전처분 신청서를 제출하기 전 법원의 담보제공명령 전에 사전에 보증보험증권을 발행하여 신청서와 동시에 제출하는 것을 말한다.

2. 보전처분의 구분

<table>
<tr><th colspan="2">구 분</th><th>피보전권리</th><th>보전의 필요성</th><th>보전처분의 형태</th></tr>
<tr><td colspan="2">가압류</td><td>금전채권,
금전으로 환산할 수 있는 채권</td><td>집행곤란</td><td>유체동산가압류
부동산가압류
채권가압류</td></tr>
<tr><td rowspan="2">가처분</td><td>다툼의 대상에 관한 가처분</td><td>비금전 청구권</td><td>집행곤란</td><td>처분금지가처분
점유이전금지가처분</td></tr>
<tr><td>임시 지위를 정하기 위한 가처분</td><td>다툼이 있는 권리관계

(금전채권/비금전채권 불문)</td><td>현저한 손해
급박한 위험</td><td>지적재산권침해금지
출입금지가처분
직무집행정지가처분
금전지급가처분
공사금지가처분
영업금지가처분
접근금지가처분</td></tr>
</table>

3. 본안소송에 따른 보전처분의 형태

채권자의 채권별 채무자의 재산권 등에 대하여 가압류 또는 가처분 중 무엇을 하여야 하는지 아래 표로서 정리합니다.

본안소송에 따른 보전처분(가압류, 가처분) 형태
○ 금전지급의 이행청구권 (대여금/물품대금/수표금/손해배상 등) → 유체동산가압류, 부동산가압류, 채권가압류(채무자의 재산에 따라)
○ 금전채권 이외 다툼의 대상에 대한 가처분

1. 동산인도청구권 → 점유이전금지가처분, 처분금지가처분
1. 임대차계약해지(만료)로 인한 건물명도청구권 → 점유이전금지가처분
1. 매매(증여)계약을 원인으로 한 소유권이전등기 → 처분금지가처분
1. 약정(교환)을 원인으로 한 소유권이전등기 → 처분금지가처분
1. 사해행위취소를 원인으로 한 소유권이전등기말소 → 처분금지가처분

○ **금전채권 이외 임시지위를 정하는 가처분**[14)]

1. 지적재산권침해청구 → 지적재산권침해금지가처분
1. 출입금지청구 → 출입금지가처분
1. 이사해임청구(이사선임결의 무효청구) → 직무집행정지가처분
1. 해고무효청구 → 금전지급가처분
1. 건축공사금지청구 → 공사금지가처분
1. 영업금지청구 → 영업금지가처분
1. 인격권침해청구 → 접근금지가처분

4. 부동산의 목적물가액 산정방법

소송을 할 경우 소가(소송목적의 값)를 정하듯 보전처분도 목적물가액을 정하여 목적물 가액에 따라서 담보를 결정(제공) 하고 있다.

가. 목적물가액의 계산

일반인들이 가처분신청서에 목적물 가액을 산출하기에는 다소 어려움이 있겠으나, 가처분신청서 제출 이후 담보제공 명령시 공탁금 산정기준과 등록세·교육세 산출 근거가 되는 목적물가액은 필수적 기재사항이다. 따라서 직접 계산하기 어려울 때에

---

14) 이 신청시 인지금액은 본안 소송의 1/2에 해당하는 인지를 첩부하여야 한다.

는 목적물가액에 대하여 전문가의 도움을 받거나, 아래 계산 방법을 습득하여 산출하도록 하자.

또한 부동산이라면 목적물가액 산출에 필요한 서류 즉 부동산등기부등본, 토지대장, 공시지가확인원, 건축물관리대장을 발급하여 확인하고 부동산가처분신청서에 첨부하여야 한다.

매년 발행되는 부동산시가표준액표가 있는 경우, 먼저 발행한 해를 확인하고 공시지가, 위치지수, 지역번호, 구조번호, 건축년도를 확인하여 건물시가표준액 일람표를 확인하였다면 1,000을 곱하고 가감산특례를 적용하여 건물시가표준액을 산출한다.

☞ **순서는 아래와 같다.**

① 토지대장 및 공시지가를 확인한다.
② 토지면적과 공시지가를 곱한다(토지 목적물가액).
③ 부동산 시가표준액의 위치지수와 지역번호를 확인한다.
④ 건축물관리대장의 구조와 용도, 건축연도, 건물면적을 확인한다.
⑤ 부동산시가표준액 해당지역번호의 건물구조를 확인한다.
⑥ 건물용도와 건축년도를 확인한다.
⑦ 건축면적과 부동산시가표준액의 산출금액을 곱한다.
⑧ 가감산 적용대상건물을 확인하여 가감산율을 적용한다.
⑨ 토지와 건물의 목적물가액을 합산한다.

참 고

1. 부동산 처분금지 가처분 시 첨부서류 (목적물가액 계산시 필요서류)

1) 부동산 등기부등본
2) 토지대장
3) 공시지가 확인원
4) 건축물관리대장

2. 토지의 목적물 가액 : (공시지가 x 면적) x 인지규칙

나. 부동산의 목적물가액 산정 방법

(1) 가압류의 경우 : 청구금액 기준

(2) 가처분(부동산)의 경우

1) 토지의 시가표준액과 목적물 가액

개별공시지가 × 면적 = 토지 시가표준액

시가표준액 × 인지규칙 = 목적물가액

예) 공시지가 금10만원 × 면적 200평방미터

= 시가표준액 금2,000만원

목적물가액 = 금2,000만원 × 인지규칙

2) 건물의 시가표준액과 목적물가액

건물신축가격기준액 × 구조지수 × 용도지수 × 위치지수 × 경과년수별잔가율 × 면적 × 가감산특례

= 건물 시가표준액

건물시가표준액 × 인지규칙 = 건물 목적물가액

3) 위 토지 및 건물의 목적물가액의 합은 부동산의 목적물 가액이다.

(3) 목적물가액(소가) 사례(부동산의 경우)

1) **소유권이전등기청구권**을 피보전권리로 가처분신청

☞ 시가표준액 20억인 경우 / 본안의 소송목적의 값은 10억원 / 합의사건 (20억 × 50/100 = 10억원)

2) **소유권말소등기청구권**을 피보전권리로 가처분신청

☞ 시가표준액 3억인 경우 / 본안의 소송목적의 값은 7천5백만원 / 단독사건

[(3억 × 50/100) × 1/2 = 7천5백만원]

3) 소유권에 기한 물건의 **인도 및 명도 청구권**을 피보전권리로 가처분신청 (점유이전금지가처분 등)

☞ 시가표준액이 2억인 경우 / 본안의 소송목적의 값은 5천만원 / 단독사건

[(2억 × 50/100) × 1/2 = 5천만원]

(4) 참조 : 인지규칙[15)]

1) 부동산에 관한 소송 : 목적물건의 50/100 계산[모든 부동산에 적용][16)]

2) 물건의 인도, 방해배제를 구할 경우

① 소유권에 기한 경우 : 목적물건의 1/2

② 지상권, 전세권, 임차권, 담보물권, 또는 그 계약의 해지, 해제, 계약기간의 만료를 원인으로 하는 경우 : 목적물건의 1/2

---

15) 민사소송등 인지규칙 2023. 10. 19 시행

16) 민사소송 등 인지규칙 제9조 1항,2항 개정/ 개별공시지가나 시가표준액에 100분의 50을 곱하여 소가를 산정한다.

③ 점유권에 기한 경우 : 목적물건의 값의 1/3

3) 상린관계상의 청구 : 부담받는 이웃 토지의 값의 1/3

4) 공유물분할 청구 : 목적물건 값에 원고(신청인)의 공유지분 비율을 곱하여 산출한 값의 1/3

5) 경계 확정 : 다툼이 있는 범위의 토지 부분의 값

6) 사행행위 취소 : 취소되는 법률행위의 목적의 값을 한도로 하는 원고(신청인)의 채권액

7) 소유권 이전등기 청구 : 목적물건의 값

8) 제한물권의 설정 또는 이전등기
① 지상권, 임차권 : 목적물건 값의 1/2
② 담보물권, 전세권 : 목적물건의 값을 한도로 한 피담보채권액(근저당권의 경우 채권최고액)

9) 가등기 또는 그에 기한 본등기 : 위 7항, 8항의 권리의 종류에 따라 규정된 값의 1/2

10) 말소등기 또는 말소회복등기
① 설정계약 또는 양도계약의 해지나 해제에 기한 경우 : 위 7항 내지 9항에 규정된 값
② 등기원인의 무효 또는 취소에 기한 경우 : 위 7항 내지 9항에 규정된 값의 1/2

11) 등기의 인수를 구하는 경우 : 목적물건 값의 1/10

(5) 건물의 목적물 가액 계산방법[17]
(부동산 시가표준액 표가 없는 경우)

1) ㎡당 건물신축가격 기준액

(건물신축 가격기준액 : 아래 (A)부분)

2) 시가표준액 계산방법

① 건물에 대한 시가표준액은 당해 건물신축가격에 적용지수(구조별, 용도별, 위치별)와 경과년수별잔가율을 곱하여 1㎡당 금액을 산출하여 면적과 가감산율을 곱한다.

② 산출한㎡당 금액(A x B x C x D x E)에서 1,000원 미만 숫자는 절사한다. 다만 1㎡당 금액이 1,000원 미만일 때는 1,000원으로 한다.

③ 내용년수가 경과된 건물은 최종년도의 잔가율을 적용한다.

④ 가감산특례(G)에 해당하는 건물에 대하여는 산출가액에 일정율을 가감한 가액을 **시가표준액으로 한다.**

⑤ **토지의 경우 공시지가와 면적을 곱한 금액이 토지의 목적물가액이 된다.**

⑥ 따라서 목적물가액 계산은 토지의 가액과 건물의 가액을 합산한 금액이다.

---

17) 전자소송의 경우 대법원 전자소송홈페이지에서 자동적으로 계산된다.

다. 산출체계도

(A × B × C × D × E × F × G) = 시가표준액 (H)

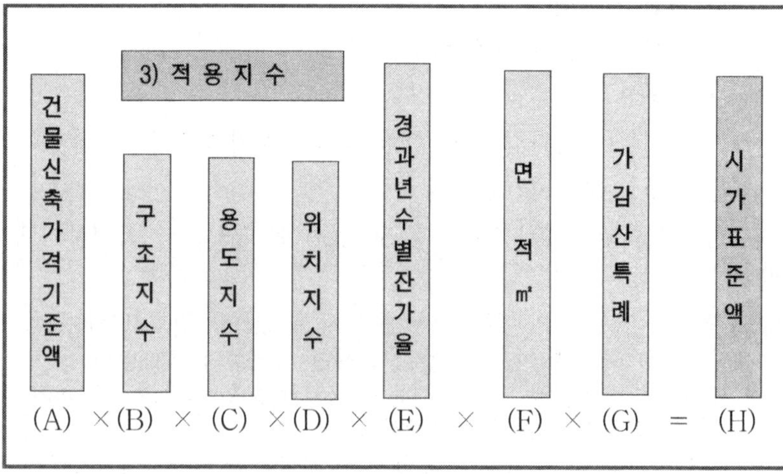

① 구조지수(B)

② 용도지수(C)

③ 위치지수 (D) (단위: 천원/ ㎡)
(건물부속토지 가격은 공시지가를 기준으로 한다.)

④ 경과년수별 잔가율(E)

⑤ 가감산특례(G)

> **📖 참 고 : 경과년 수 계산방법**
>
> 경과년수는 당해를 0으로 계산하고, 1년이 경과하면 매년 1을 더하여 계산한다. (예시: 당해가 2026년 일 경우 / 2016년 신축한 건물은 경과년수가 10이다.

라. 기타 종류별 계산

(1) 가압류 : 가압류 청구금액 전액(목적의 값)

(2) 다툼의 대상이 되는 가처분

- 동산 : 동산의 가액[18]
- 부동산

  토지 : 공시지가×면적(㎡) = 과세시가표준액

  건물 : 과세시가표준액

(토지+건물)과세시가표준액 x 50/100(인지규칙)= 목적물가액

> **주의** ☞ 부동산의 목적물가액은 토지 및 건물의 과세시가표준액을 구한 뒤 여기에 인지규칙을 산입하면 목적물가액이 된다.
> 인지규칙은 소유권에 기하여 처분을 금지할 경우 물건의 가액이지만 인도·명도를 구할 경우 1/2이다.
> 다만 부동산의 경우 위 가액에 50%를 곱하면 목적물가액이 된다.

(3) 임시지위를 정하는 가처분 등의 목적물 가액

- **부동산관련** : 공시지가 × 면적(㎡)

  (건물공사금지가처분 / 건물공사방해금지가처분)
- **비재산권관련** : 50,000,000원

  (업무방해금지가처분 / 영업방해금지가처분 등)
- **회사관련** : 50,000,000원 (이사직무집행정지가처분 등)
- **지적재산권** : 50,000,000원

  (저작권침해금지가처분 / 특허권침해금지가처분 등)
- **금전지급가처분** : 기발생분 + 1년분 정기금

  (장래금전지급청구, 기간이 확정되지 아니한 정기금청구의 소)

---

18) 동산의 경우 해당물건마다 거래가액을 확인(인터넷 등 중고가액 기준)하여 이를 토대로 결정하고 있다.

5. 보전처분 신청비용

가압류, 가처분의 신청, 가압류 가처분에 대한 이의신청, 가압류 가처분 취소신청시 금 10,000원의 인지를 납부한다. 다만 임시지위를 정하기 위한 가처분[19]의 신청 그에 대한 이의 또는 취소시에는 본안의 소에 따른 인지액의 2분의 1에 해당하는 인지는 납부한다(단, 인지의 상한가는 금 50만원으로 한다).

인지가 1만원 미만일 경우에는 인지 또는 현금으로 납부가 가능하고, 1만원 이상일 경우에는 현금으로 납부하여야 하며, 이는 신용카드 등으로 납부가 가능하다.

가. 가압류, 가처분 동일 적용

인지 : 금10,000원 (전자신청 : 금9,000원)

송달료 : 당사자 수 × 5,500원 × 3회분

나. 유체동산

① 인지, 송달료, 담보제공

② 집행비용

다. 부동산가압류

① 인지, 송달료, 담보제공

② 등록세 : 청구금액 × 2/1000

③ 교육세 : 등록세의 20%

④ 증지 : 1필지당 3,000원(아파트3,000원,단독주택6,000원)

---

19) 임시지위를 정하기 위한 가처분이란 피보전권리가 다툼의 대상이 되는 권리로서 현저한 손해, 급박한 위험이 존재할 경우 가능, 침해금지 가처분, 출입금지 가처분, 직무집행정지 가처분, 공사중지가처분, 영업금지 가처분 등이다.

라. 자동차 가압류

① 인지, 송달료, 담보제공
② 등록세 : 정액세 7,500원, 교육세 : 없음
③ 증지 : 없음

마. 채권가압류

(1) 일반적으로는 인지, 송달료, 담보제공

(2) 특수한 경우
- 전세권부채권가압류
- 근저당권부채권가압류
- 부동산소유권이전등기청구권가압류(가등기가 있는 것)

① 인지, 송달료, 담보제공
② 등록세 · 교육세 : 3,600원(정액세)
③ 증지 : 1필지당 3,000원

바. 부동산처분금지가처분

① 인지, 송달료, 담보제공
② 등록세 : 아래 금액의 0.2%
과세시가표준액 : 가액을 산출할 수 없을 때는 기준시가 또는 과세시가 표준액으로 산출
③ 교육세 : 등록세의 20%
④ 증지 : 1필지당 3,000원

사. 부동산점유이전금지가처분

인지, 송달료, 담보제공 등 뒤에서 부동산 처분금지가처분과 비교 설명한다.

6. 보전처분의 신청서 제출 시 관할법원

가압류	가처분
전속관할 ※ 특정법원에만 재판권 행사	**전속관할**
가압류할 물건이 있는 곳 동산 / 부동산	**다툼의 대상이 있는 곳** 건물명도 (건물소재지) 소유권이전등기 (부동산소재지) 연극공연장소출연금지 (연극상영지) 직무집행정지가처분 (회사의 영업소)
본안의 관할법원 **① 본안소송 전** 1) 채무자의 보통재판적 소재지 → 채무자의 주소지 2) 채무의무이행지(지참채무의 원칙) → 채권자의 주소지 **② 본안소송이 계속되어 있는 경우** 1) 원칙적으로 → 제1심 법원 2) 본안이 2심에 계속된 때 → 제2심 법원 3) 본안이 상고심에 계속 중인 때 → 제1심 법원 4) 제1심법원에서 판결이 선고된 후 항소로 인하여 항소심에 기록이 송부되기 전이면 기록이 있는 곳 → 제1심 법원 5) 본안이 종료된 경우 → 제1심 법원	**본안의 관할법원** **① 본안소송 전** 1) 채무자의 보통재판적 소재지 → 채무자의 주소지 2) 채무의무이행지(지참채무의 원칙) → 적용 안 됨 **② 본안소송이 계속되어 있는 경우** - 좌 동 -

7. 가압류신청과 가압류집행

	유체동산가압류	부동산가압류	채권가압류
신청서	○ 신청서 1통 - 가압류할 물건의 표시 (×) ○ 목록 (×) ○ 가압류신청진술서 작성 ○ 소명자료 → 채무자주소지 부동산등기부등본	○ 신청서 1통 ○ 목록 ○ 가압류신청진술서작성 ○ 소명자료 →압류할 부동산등기부등본	○ 신청서 1통 ○ 목록 ○ 가압류신청진술서 작성 ○ 제3채무자에 대한 진술 최고서 1통 ○ 소명자료 → 채무자의 주소지 부동산등기부등본
신청비용	○ 인지 :10,000원 ○ 송달료 : 당사자수 × 5,500 × 3회분 ○ 담보제공 → 선공탁 (×)	○ 인지 : 10,000원 ○ 송달료 : 당사자수 × 5,500 × 3회분 ○ 등록세 : 2/1,000 ○ 교육세 : 등록세 20% ○ 증지 : 1필지 3,000원 ○ 담보제공 → 선공탁 (○) → 청구금액×10%×0.151%	○ 인지 : 10,000원 ○ 송달료 : 당사자수 × 5,500 × 3회분 ○ 담보제공 → 선공탁 (○) → 청구금액×40%×0.151% → 단, 급여채권·예금채권은 1/2 현금, 1/2 보증보험
관할법원	[본안소송 전] ○ 채권자 주소지 ○ 채무자 주소지 ○ 동산이 있는 곳을 관할하는 지방법원 [본안소송이 계속된 경우] ○ 본안의 법원	[본안소송 전] ○ 채권자 주소지 ○ 채무자 주소지 ○ 부동산이 있는 곳을 관할하는 지방법원 [본안소송이 계속된 경우] ○ 본안의 법원	[본안소송 전] ○ 채권자 주소지 ○ 채무자 주소지 [본안소송이 계속된 경우] ○ 본안의 법원
심리	○ 엄격한 심사	○ 다른 가압류보다 심사 완화	○ 엄격한 심사
재판	○ 담보제공명령 (현금 + 보증보험) ○ 담보제공 → 채권액의 4/5 → 1/2은 보증보험, 1/2은 현금	○ 선공탁시 결정 → 채권자에게 결정문 송달 ○ 미담보제공시 → 채권액의 1/10 → 결정	○ 선공탁시 결정 ○ 미담보제공시 → 채권액의 2/5 → 결정
가압류집행	○ 결정문을 송달받은 날로부터 14일이내 → 강제집행신청서1통 작성 → 결정문 원본 (채권자용+채무자용) 준비 → 집행비용 납부 → 집행관의 압류집행	○ 법원이 직권으로 등기촉탁 → 가압류기입등기 → 채무자에게 결정문 송달	○ 결정문 송달 → 채권자·제3채무자에게 동시에 결정문 송달 → 채무자에게 결정문 송달 → 집행관 송달 가능

※ 제3채무자 진술최고 신청비용 : 증지 500원/우표1회분[20]

8. 부동산처분금지가처분 · 부동산점유이전금지가처분 비교

	부동산처분금지가처분	부동산점유이전금지가처분
신청서	○ 신청서 1통 ○ 목록 ○ 소명자료	○ 신청서 1통 ○ 목록 ○ 소명자료
신청비용	○ 인지 : 10,000원 ○ 송달료 : 당사자수 × 5,500 × 3회분 ○ 등록세 : 과세시가표준액 × 2/1,000 ○ 교육세 : 등록세 × 20% ○ 증지 : 1필지당 3,000원 ○ 선공탁 (×)	○ 인지 : 10,000원 ○ 송달료 : 당사자수 × 5,500 × 3회분 ○ 선공탁 (×)
관할법원	[본안소송 전] ○ 채무자 주소지 ○ 다툼의 대상이 있는 곳을 관할하는 지방법원 [본안소송이 계속된 경우] ○ 본안의 법원	[본안소송 전] ○ 채무자 주소지 ○ 다툼의 대상이 있는 곳을 관할하는 지방법원 [본안소송이 계속된 경우] ○ 본안의 법원
심리	○ 피보전권리가 발생되는 원인이 다양하므로 그 요건에 맞게 심사	○ 다른 가처분보다 상당히 완화하여 심사
재판	○ 담보제공명령 (주로 보증보험) ○ 담보제공 (목적물가액의 1/10) ○ 결정 → 채권자에게 결정문 송달 → 채무자에게 결정문 송달	○ 담보제공명령 (주로 보증보험) ○ 담보제공 (목적물가액의 1/20) ○ 결정
가처분집행	○ 법원이 직권으로 등기촉탁 → 가처분기입등기	○ 결정문을 송달받은 날부터 14일 이내 → 강제집행신청서 1통 작성 → 결정문원본(채권자용+채무자용) 준비 → 집행비용 납부, 집행일 지정 → 집행관 공시서 부착

20) 제3채무자 수가 여러 명인 경우 각 1회분 추가

9. 보전처분에 따른 채무자의 불복

가. 이의신청

채권자가 채무자의 재산에 가압류를 실시한 이후 보전처분이 유효하게 존재하고 취소변경을 구할 이익이 있는 한 채무자는 언제든지 가압류 이의를 신청할 수 있는데, 가압류·가처분을 명한 법원에 인지 금10,000원, 송달료 8회분[21]을 첨부하여 채권자의 가압류집행에 대하여 다툴 수 있다.

이의신청이 접수되면 법원은 보전처분에 대한 필요성 등에 대하여 심리를 하게 되고 이에 대하여 결정으로서 판단한다.

나. 제소명령

채권자가 가압류 집행을 한 이후 채무자는 채권자를 상대로 하여 보전처분을 명한 법원에 인지 금1,000원, 송달료 2회분을 첨부하여 제소명령을 신청할 수 있다. 법원에서는 채무자의 신청에 기하여 채권자에게 본안의 소를 제기할 것을 명령하게 되고 이 명령을 받고 채권자가 일정한 기간 이내에 본안의 소를 제기하지 아니할 경우 채무자는 본안의 제소기간 도과로 인한 가압류를 취소할 수 있다.

이때 채권자는 법원으로부터 제소명령을 받게 되면 법원에 제소를 하여야 하고, 이를 증명하는 서면을 제소명령을 발한 법원에 일정기간 이내에 제출하여야 한다.

다. 사정변경에 의한 보전처분 취소

아래 사유가 발생할 경우 채무자는 보전처분의 취소를 법원에 청구할 수 있다.

---

21) 전자신청의 경우 송달료는 4회분을 납부한다.

(1) 채권자의 가압류 이유가 소멸되거나 그 밖의 사정이 바뀐 때
(2) 보전처분에 대하여 법원이 정한 담보를 제공한 때
(3) 보전처분이 집행된 후에 **채권자가 3년간 본안의 소를 제기하지 아니한 경우**[22]

10. 채무자가 가압류해방공탁을 실시한 이후 절차

가. 가압류권자(채권자)가 가압류를 취하한 경우

채무자가 해방공탁금을 회수할 수 있으며, 공탁금 회수에 필요한 서류는 공탁금 회수청구서 2통, 해방 공탁한 공탁서 원본, 가압류취하증명서 1통, 인감증명서 1통을 공탁계에 제출한 이후 법원의 출급지시서를 수령하여 은행에서 공탁금을 수령한다.

나. 본안소송에서

(1) 채권자가 승소한 경우
채권자는 채무자가 법원에 가압류 해방을 위하여 담보로 납부하였던 해방공탁금에 강제집행이 가능하다.

(2) 채무자가 승소한 경우에는
채무자는 해방공탁금을 회수할 수 있으며, 이때 채권자의 협조가 있을 경우 채권자와 채무자가 동행하여 채권자의 명의로 가압류 취하 및 집행해제신청서를 제출하고 이에 근거하여 가압류 취하증명원을 발급받아서 법원의 공탁계에 공탁금 회수신청을 하면 되겠지만, **채권자의 협조가 없을 경우에**는 채무자(피고)가 판결문, 확정증명원 등을

22) 가처분의 경우는 원칙적으로 담보의 제공이 허용되지 않지만 특별한 사정이 있는 경우 채무자로 하여금 담보를 제공하고 가처분에 대한 취소를 구할 수 있다.

첨부하여 가압류결정을 하였던 법원에 **사정변경에 의한 가압류취소신청을** 하면서 동시에 인지 금10,000원, 송달료 8회분(전자신청의 경우 4회분)을 납부하면 법원에서는 결정으로써 가압류에 대한 담보 취소를 결정하게 되고 이를 근거로 공탁금을 회수할 수 있다.

제3장 일반 소송보다 신속하고 간편한 절차들

아래 설명하는 민사조정절차, 독촉절차(지급명령), 소액소송, 제소전화해 절차들은 모두 일반 소송보다 빠르고 간이한 절차이며, 비용이 저렴하고 특별한 법률 지식이 없어도 진행이 가능한 절차들이다. 따라서 타인에게 권리를 침해당하였을 경우 본안의 소송을 진행하기에 앞서 우선 각 절차들을 검토하고 이용하는 지혜가 필요하다.

제1절 민사조정절차

민사조정절차는 분쟁당사자로부터 주장을 듣고 여러 사정을 참작하여 조정안을 제시하고 서로 양보와 타협을 통하여 합의에 이르게 함으로써 분쟁을 평화적이고, 간이·신속하게 해결하는 제도이다.

1. 소송절차와 조정절차 차이

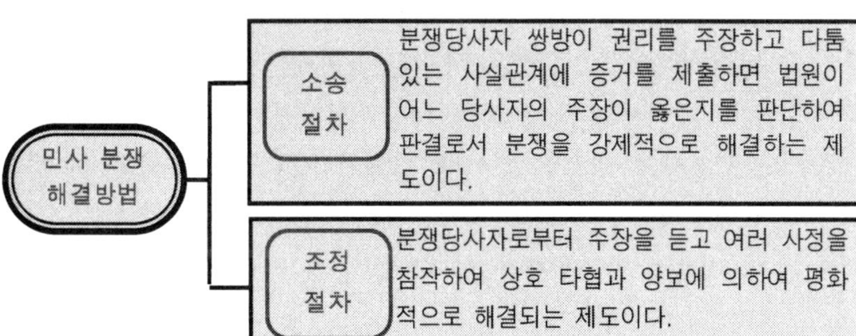

2. 민사조정 절차의 장점

(1) 소송과 같은 엄격한 절차를 거치지 아니하고 자유로운 분위기에서 자신의 의견을 충분히 말할 수 있다.

(2) 소송에 비하여 신속한 해결이 가능하다. 민사조정을 신청하면 빠른 시일 내에 조정기일이 정해지고, 대부분 한 번의 기일(출석)로 종료된다.

(3) 소송에 비하여 인지대가 1/10, 송달료 4회분으로 비용이 저렴하다.

(4) 당사자 사이의 상호 타협과 양보에 의하여 분쟁을 해결하므로 감정대립이 남지 않는다.

(5) 일반적으로 민사조정절차는 조정담당판사 또는 조정위원회가 딱딱한 법정이 아닌 자유로운 분위기의 조정실에서 당사자의 말을 충분히 듣고 실정에 맞게 분쟁을 해결하고, 비공개로 진행되기 때문에 비밀이 철저히 보장된다.

(6) 조정이 성립되면 조정조서가 양 당사자에게 송달되고, 조정조서가 송달된 이후에는 불복을 할 수 없게 된다. 조정조서는 화해조서와 그 효력이 같고, 화해조서는 확정판결과 효력이 같아서 결국 조정조서는 확정판결과 그 효력이 같으므로, 조서의 내용이 조서에 기재될 경우 조정조서를 가지고 강제집행이 가능하다. 다만 조건부라면 조건을 충족한 이후에 비로소 강제집행을 할 수 있다.

3. 민사조정절차의 흐름도

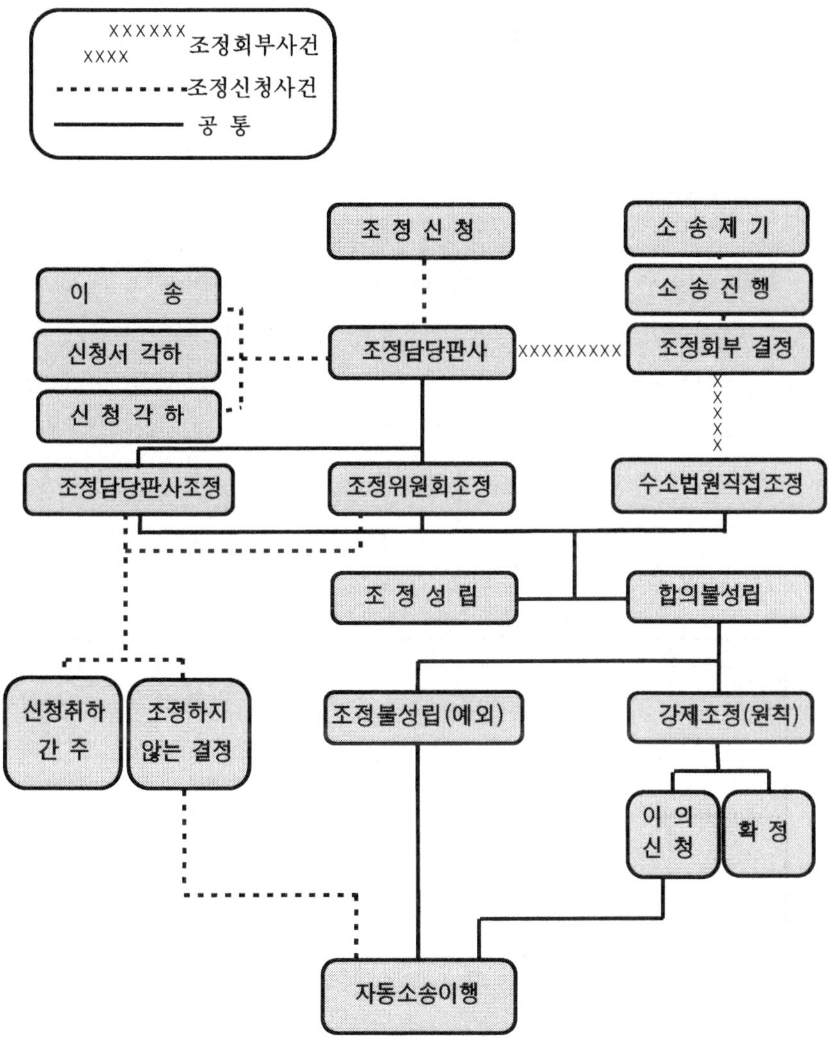

4. 조정절차 신청 방법

민사조정신청을 하기 위해서는 먼저 민사조정신청서를 작성하여야 한다.

법원에서는 당사자의 조정신청서 작성을 돕기 위하여 법원에 민사 조정신청서 양식을 비치하고 있다. 그리고 스스로 조정신청서를 작성할 수 없을 때에는 법원 직원에게 구술(구두진술)로 신청할 수도 있다.

신청서 양식은 각급법원에 비치된 양식을 이용할 수 있으며, 꼭 비치된 양식을 사용하지 않아도 된다. 법원의 용지 규격이 A4규격이므로 A4용지에 작성하여 제출하여도 무방하다.

이때 조정신청서 샘플이 필요할 경우 중앙법률사무교육원(www.linklaw.co.kr) 홈페이지 법률 서식을 참조하여 다운 받아서 작성이 가능하다.

5. 민사조정신청서의 작성 방법

당사자 표 시	신청인과 피신청인의 성명(가능하면 한글 외에 한자로도 표시하면 좋다)을 정확하게 기재하고, 정확한 주소를 기재하여야 한다. 주소의 기재에 있어서는 조정절차의 진행을 위하여 당사자(신청인, 피신청인)에게 기일소환장을 송달하거나 연락을 할 때 반드시 필요하므로 정확한 주소(우편번호)와 연락가능한 전화(이동전화, 팩스)번호를 확인한 다음 빠짐없이 기재한다. 소장을 작성할 때와 같이 원고를 신청인, 피고를 피신청인으로 기재한다.
신청 취지	현재 신청인과 피신청인 사이에 분쟁중인 법률관계에 대하여 신청인이 어떠한 해결을 구하는지를 결론만 간단하게 기재하여야 한다.

<table>
<tr><td></td><td>기재할 때 주의할 점은 만일 신청인 측이 너무 자신에게 유리한 내용만을 강조하여 기재하는 것은 바람직하지 않다. 그 이유는 상대방이 그 내용을 보게 되면 감정이 상하여 이후 조정절차의 진행에 악영향을 줄 우려가 있기 때문이다.</td></tr>
<tr><td>분쟁의 내 용</td><td>현재 피신청인과 사이에 다툼이 있는 사실관계를 간략하고 요령 있게 정리하여 기재하여야 한다. 왜냐하면 자세한 사정은 조정기일에 구두로 설명할 수 있기 때문이다.
여기서도 위 신청취지 기재시와 마찬가지로 피신청인 측을 자극하여 조정성립에 악영향을 줄 수 있는 기재는 삼가한다.</td></tr>
<tr><td>증거 서류</td><td>민사조정신청서를 작성하였다면 다음과 같은 준비가 필요하다. 이를 법원에 제출(민사조정신청)하기 위해서는 조정수수료를 첨부하여야 한다.
이는 소송제기시의 인지액[23]에 해당하는 것이며, 그 액수는 인지액의 1/10이다. 또한 조정신청서 및 조정기일 소환장 등의 송달을 위한 일정액의 송달료를 미리 납부하여야 한다(전자신청시 90% 납부).

▶ 조정수수료
<table>
<tr><th>조정신청금액</th><th>조정수수료액</th></tr>
<tr><td>1,000만원 미만</td><td>(조정신청금액 x 0.005) x 10%</td></tr>
<tr><td>1,000만원 이상 ~ 1억원 미만</td><td>(조정신청금액 x 0.045 + 5,000원) x 10%</td></tr>
<tr><td>1억원 이상 ~ 10억원 미만</td><td>(조정신청금액 x 0.04 + 55,000원) x 10%</td></tr>
<tr><td>10억원 이상</td><td>(조정신청금액 x 0.035 + 555,000원) x 10%</td></tr>
</table>
▶ 송달료 (우편료 1회분 : 금 5,500원)
민사조정 신청서를 제출할 때에는 지방법원 및 지원, 시군법원에 당사자 1인당 5회분의 송달료를 현금으로 납부하여야 한다.</td></tr>
</table>

◈ 조정신청서

조 정 신 청 서

신 청 인　　홍 길 동(주민등록번호)
서울시 서초구 반포대로 87 대천빌딩 2,3층
연락처 (02)525-1007

피신청인　　주식회사 중앙
서울시 강남구 역삼동 100번지
대표이사 유 가 해

신 청 취 지

1. 피신청인은 신청인들에게 각 금 00원을 지급하라.
2. 조정비용은 각자 부담으로 한다.

라는 조정을 구합니다.

신 청 원 인

1. 신청이유를 기재한다.

첨 부 서 류

관련자료를 첨부한다.

20○○년 0월 0일
위 신청인 홍 길 동 (인)

○ ○ 지 방 법 원　　　　귀 중

---

23) 인지액이 금1,000원이하일 경우에는 1,000원을 납부하고, 1,000원 이상일 경우에는 100원 미만의 단수가 있을 경우에는 이를 계산하지 아니한다.

6. 어느 법원에 제출하는지(제출법원)?

민사조정신청은 피신청인의 주소지, 근무지, 사무소 또는 영업소의 소재지, 분쟁목적물의 소재지, 손해발생지를 관할하는 법원에 제출하면 된다.

참고 ☞ 민사조정사건은 소가가 금 3,000만원을 초과하는 경우에 도시군법원에서 관할한다.

7. 조정절차 순서

(1) 조정신청서를 제출하면?

조정신청서를 제출하면 얼마 후에 법원으로부터 신청인과 피신청인(상대방)에게 조정기일이 통지된다.
본인이 출석하는 것을 원칙으로 하며, 조정담당판사의 허가를 받고 친족이나 피용인 등을 보조인이나 대리인으로 출석하게 할 수 있다.

(2) 조정기일에 출석하지 않으면 어떻게 되는지?

조정기일에 신청인이 두 번 출석하지 않으면 조정신청은 취하된 것으로 보며, 상대방(피신청인)이 출석하지 아니하면 조정 담당판사가 **직권으로 조정에 갈음하는 결정**을 하게 된다.

(3) 조정이 성립되면 어떻게 되는지?

조정이 성립되면 그 합의내용을 조서에 기재하게 되는데 이

조서를 '**조정조서**' 라고 한다.
이 조정조서의 내용은 재판상 '**화해**' 와 동일한 효력이 있다. 재판상 화해와 동일한 효력이 있다는 의미는 동일한 내용의 **판결이 있는 경우와 같은 법적 효력이 부여**된다는 의미로 만일 상대방이 조정조항에서 정한 의무를 성실하게 이행하지 않은 경우에 조정조서에 기하여 강제집행을 할 수 있다.

(4) 조정에서 합의가 성립되지 않으면 어떻게 되는지?

조정기일에 출석하여 서로 의견을 나누었음에도 불구하고 합의가 성립하지 않은 경우, 법원은 상당한 이유가 없는 한 직권으로 **조정에 갈음하는 결정**을 하게 된다.

(5) 조정이 성립되지 않았는데 결정문이 도착하면 어떻게 하여야 하는지?

조정에 갈음하는 결정에 대하여 당사자들이 그 결정문을 받아보고 2주일 이내에 이의신청을 하지 않으면 그 결정에 동의하는 것으로 간주하게 되므로 혹여 조정에 갈음하는 사항에 대하여 불만이라면 2주 이내 이의를 하고, 그 결정 내용대로 조정이 성립되기를 희망한다면 가만히 있으면 된다.
당사자가 조정에 갈음하는 결정을 송달받고 **2주일 이내에 이의신청을 하면 소송절차로 이행**된다.

(6) 조정에 이의신청을 하게 되면?

조정신청시에 소송이 제기된 것으로 처리되고, 처음부터 소송을 제기하였다면 소장에 첨부하여야 할 인지액에서 조정신청할 때 납부한 수수료를 공제한 차액만을 추가로 인지 및 심급에 따른 송달료를 납부하면 된다. 비용이 납부되면 처음으로 원고가 소장을 제출한 것 같이 소송절차가 진행된다.

참고 ☞ **조정이의시 송달료 (당사자가 2인의 경우)**

당사자수 2 x 5,500 x 8회분 = 금88,000원 (송달료 납부)

제2절 독촉절차 (지급명령)

독촉절차란 지급명령이라고도 하며, 소송절차, 조정절차와 함께 법원이 관여하는 주요한 민사 분쟁 해결 절차의 하나이다. 매우 유용한 절차임에도 그 신속성, 경제성, 편리성에 비하여 아직 일반인에게 널리 그 내용이 알려지지 않은 절차이다. 독촉절차의 특색을 통상의 소송절차와 비교하여 살펴보면 다음과 같다.

1. 지급명령이란 무엇인지?

독촉절차(지급명령)는 한마디로 말해서 소송절차에 비하여 저렴한 비용으로 채권자가 법정에 나오지 않고서도 신속하고 민사분쟁을 해결할 수 있다는데 그 절차적 장점이 있으며, 상대방이 지급명령에 대하여 이의신청을 하면 결국은 통상의 소송절차로 옮겨진다.

따라서 돈을 빌린 사람이 빌린 사실은 인정하면서도 여러 가지 핑계를 대면서 차일피일 빌린 돈을 갚지 않으려고 하는 경우에 독촉절차를 이용하면 신속하고 경제적인 분쟁 해결을 기대할 수 있다. 그러나 상대방이 돈을 빌린 기억이 없다든지 이미 갚았다고 말하고 있어 지급명령신청을 하더라도 채무자가 이의신청을 하여 소송절차로 이행될 가능성이 높은 경우에는 독촉절차를 이용하기보다는 직접 조정신청 또는 소송을 제기하는 편이 기간의 단축을 위하여 더 바람직하다.

2. 지급명령의 장점은?

(1) 심리만으로 지급명령을 발령한다.

독촉절차에서는 법원이 분쟁당사자를 심문함이 없이 지급명령을 신청한 채권자가 제출한 서류만을 심사하고 지급명령을 발령하므로 채권자는 통상의 소송절차처럼 법원의 법정에 출석할 필요가 없고, 그 결과 법정에 출석하는 데에 따른 시간과 노력을 절약할 수 있다.

(2) 신속하게 분쟁해결을 할 수 있다.

독촉절차는 채무자가 대여금, 물품대금, 임대료 등 **금전 지급채무**를 변제하지 않는 경우에 채권자의 지급 명령 신청에 의하여 이루어지는 약식의 분쟁 해결절차이다. 따라서 채무자가 이의신청을 하면 통상의 소송절차로 이행되지만, 만일 이의신청을 하지 아니하여 지급명령이 확정되면 채권자는 확정된 지급명령에 기하여 강제집행을 실시하여 자신의 채권을 변제받을 수 있으므로 신속한 분쟁 해결이 가능하다.

(3) 채권자가 법원에 납부하는 각종 비용이 저렴하다.

채권자는 지급명령을 신청할 때에 **소송의 10분의 1에 해당하는 수수료와 당사자 1인당 6회분의 송달료만 납부**하면 되므로, 소송절차에 비하여 소요되는 각종 비용이 저렴하다.

사 례 : **금 1,000만원 청구의 경우**
인 지 : (1,000만원 x 0.0045 + 5,000원) x 1/10
= 금 5,000원
송달료 : 5,500원 x 2인 x 6회 = 금 66,000원[24]

---

24) 전자신청시 채권자는 본인에 해당하는 송달료의 1/2을 납부한다.

(4) 지급명령에 확정되면 확정판결과 동일한 효력이 있다.

확정된 지급명령은 기판력은 없으나 강제집행이 가능하며, 소멸시효는 10년이다. 또한 지급명령이 확정될 때에는 원칙적으로 별도의 집행문 부여 없이 강제집행할 수 있다(지급명령 결정문 표지에 집행이 가능하도록 표시됨).

따라서 채무자가 부동산을 소유하고 있다면 부동산경매를 신청하고, 채권을 가지고 있다면 채권압류 및 추심명령 등을 할 수 있다.

3. 지급명령 절차는 어떻게 진행되는지?

지급명령이 발령되면 먼저 채무자에게 지급명령 정본을 송달한다.

그런데 채권자가 지급명령 신청서에서 기재한 주소에 채무자가 실제로 거주하지 않는 등의 이유로 지급명령 정본이 송달되지 아니하면 법원에서는 채권자에게 일정한 보정기한 내에 송달가능한 채무자의 주소를 보정할 수 있도록 하거나 주소 보정이 어려운 경우 소제기신청을 할 수 있도록 하고 있다.[25)]

지급명령 역시 소송절차와 같이 전자신청이 가능하며, 이때 납부할 인지액도 위 비용의 90%를 납부한다.

그리고 채권자가 주소 보정을 하면 보정된 주소로 재송달을 하고, 소제기신청을 하면 통상의 소송절차로 이행되어 처음부터 소를 제기한 경우와 같이 재판절차가 진행된다.

---

25) 지급명령은 원칙적으로 공시송달이 불가하지만 예외적으로 금융권이 채권자일 경우 공시송달이 가능하다.

주의 ☞ 채권자가 만일 주소보정 조치를 취하지 아니한 채 보정기한을 지나쳐 버리면 지급명령신청서가 각하된다.

한편 채무자가 지급명령 정본을 송달받고도 이의신청을 하지 아니한 채 2주일이 경과한 때에는 지급명령이 확정되고 채권자는 채무를 이행하지 않는 채무자의 재산에 대하여 확정된 지급명령에 기한 강제집행을 신청할 수 있다.

따라서 채무자는 지급명령 정본을 송달받으면 신속하게 그 내용을 충분히 검토한 후 불복 여부에 관한 의사를 결정하여 **불복이 있으면 2주일이 경과하기 전에 지체없이 이의신청을 하여야 한다.** 채무자의 이의신청은 이의신청서에 지급명령에 응할 수 없다는 취지만 명백히 하면 충분하고, 불복하는 이유를 특별히 기재할 필요가 없다.

4. 지급명령에 대한 이의

채무자는 지급명령 정본을 송달받은 후 2주일이 경과하기 전에는 언제든지 지급 명령에 대한 이의신청을 할 수 있다.

그리고 이의신청을 하면 지급명령은 그 효력을 상실하고 통상의 소송절차로 옮겨져서, 그 이후에는 청구금액에 따라

- 3,000만원 이하일 경우 : 소액사건
- 3,000만원 초과 5억원 이하일 경우 : 단독사건
- 5억원을 초과하는 경우 : 합의부사건

으로 소송절차가 진행되어 채무자는 일반 소송절차에서처럼 피고의 지위에서 자신의 주장을 법원에 충분히 진술할 수 있는

기회를 보장받게 된다. 일단 소송절차로 이행된 이상 채무자는 법원이 쌍방 당사자 주장의 당부를 판단하여 판결을 통한 승패를 결정해주기 전까지는 채권자의 강제집행에 대해 걱정할 필요가 없다.

채무자가 지급명령에 대하여 이의할 경우 지급명령절차는 본안의 소송절차로 진행하게 되는데 이때 채권자(신청인)는 추가비용(인지 및 송달료)을 추가 납부하여야 하며, 소장을 제출할 경우에 비하여 10%의 인지를 납부하였으므로 추가로 90%에 해당하는 인지를 추가 납부하여야 한다.

또한 본안 사건으로 진행될 경우 별도로 소장을 제출하지 아니하며, 지급명령신청서가 소장의 역할을 하게 된다.

5. 지급명령이 송달되지 아니할 경우

본안 소송절차에서는 피고의 주소 및 거소 등을 알 수 없을 경우 공시송달을 실시하게 되는데 지급명령의 경우 원칙적으로 공시송달이 되지 아니하므로 채권자의 경우 지급명령이 채무자에게 송달되지 아니할 경우에는 본안소송절차로 이전하는 제소신청을 할 수 있고, 이때 채무자가 지급명령에 대하여 이의를 신청할 때와 같이 비용을 추가 납부하여야 한다.

다만 은행법에 따른 은행(카드사 등 제외)등은 예외적으로 공시송달을 인정하고 있다. 참고로 지급명령의 경우 기판력은 없으며, 집행력이 인정된다.

◈ 지급명령신청서 사례

지 급 명 령 신 청 서

채 권 자　홍 길 동 (주민등록번호)
서울시 서초구 반포대로 87 대천빌딩 2층
연락처 02-525-1007

채 무 자　유 가 해 (주민등록번호)
서울시 강남구 역삼동 00번지

청구금액　금 1억원

청 구 취 지

채무자는 채권자에게 금1억원 및 이에 대하여 20○○년 0월 0일부터 이에 대한 지급명령이 송달된 날까지는 연 5%, 그 다음 날부터 완제시까지 연 12%의 비율에 의한 금원과 아래의 독촉절차비용을 지급하라는 지급명령을 구합니다.

독촉절차비용　금111,500원 + 작성대행료 (송달료/인지액 등 합계)

내 역

1. 송달료　금　66,000 원
1. 인지액　금　45,500원
1. 작성료(대행료) 금　000원

청 구 원 인

채권자는 채무자 유가해에게 20○○년 2월1일 금 1억원을 변제기일 20○○년 7월 30일로 약정하고 대여하였던 바, 변제기일이 지난 현재까지 지급하여 주지 않으므로 부득이 청구취지의 금원 및 독촉절차비용에 대하여 지급명령을 신청하게 되었습니다.

첨 부 서 류

1. 차용금증서 사본　1통
2. 송달료납부서　1통

20○○년 2월 1일

위 채권자 홍 길 동 (인)

서 울 중 앙 지 방 법 원 귀중

6. 인터넷 신청

지급명령 신청은 인터넷으로 신청(전자신청)이 가능하며, 신청비용 역시 전자적으로 납부할 수 있으며, 소송비용이 납부된 경우에 지급명령신청서가 법원에 제출된다.

여기에서 신청인의 공동인증서를 사용하고 제출자가 법인일 경우 법인인증서를 사용한다. 후술하겠지만 전자적으로 지급명령 신청이 가능하며, 비용은 종이 신청에 비하여 약 10% 정도 저렴하다(제9장 전자소송 참조).

7. 지급명령 확정 이후 채무자의 불복방법

채무자의 입장에서 채권자의 청구권이 소멸되었거나 대항력이 존재할 경우 채무자는 청구이의의소가 가능하다. 이는 강제집행 배제의 소로서 집행채권전부 또는 일부의 부존재를 주장할 수 있으며, 그 입증책임은 원고인 채무자에게 있다. 처음부터 청구권의 성립에 흠이 있는 경우에는 청구이의의 소가 가능하며, 관할법원은 지급명령 결정 법원이다.

나머지 절차는 일반 소송절차에 따라 진행하며, 일부만 변제되었을 경우 일부 인용 판결을 하게 된다.[26)]

---

26) 대법원 판결 2009.10.29. 2008다51359호

제3절 소액소송이란 무엇인지?

소송을 제기할 소송물의 가액이 3천만원 이하일 경우에는 소액소송을 이용하면 아래와 같은 장점이 있다. 실무에서는 대부분 법률전문가의 도움 없이 혼자서 소송을 진행할 때 많이 이용되고 있는 절차이다.

재판절차에서 소개되는 소장 작성조차도 어렵다고 판단이 되었다면, 소액사건의 경우 구술(말)로서 소송을 제기할 수도 있다. 법원에 방문하여 법원직원에게 소를 제기한다고 진술하면 그 내용을 작성하게 되는데 이를 **'제소조서'** 라고 하며, 이로써 소장을 대신하는 것이다.

그러나 아래와 같이 아무리 간단한 소액재판이지만 기본적으로 알아야 할 사항은 여기서 기술하고, 소액소송이라고 하더라도 소액사건특별법에 의하여 절차상 일반 소송과 다른 면이 있다는 사실과 소액소송도 통상적인 소송절차와 동일하므로 5장과 6장의 재판절차를 참조하기 바란다.

1. 소액소송은 청구금액이 소액인 사건이다.

소액소송이란 소송물의 가액(소가)이 **3천만원 이하인 사건**으로 금전 기타 대체물이나 유가증권의 일정한 수량의 지급을 목적으로 하는 **제1심의 민사사건**을 말한다. 예를 들면 대여금, 물품대금, 외상매출금, 급여, 손해배상 사건 등이 여기에 해당한다.

여기서 소송물의 가액이란 소송을 제기하여 전부 승소할 경우 직접 받게 될 경제적 이익을 금액으로 환산한 것으로 **"소가"** 라고 한다.

2. 소액소송의 장점

(1) 신속한 진행

소액소송의 특징은 소송이 비교적 **신속하게 진행**된다는 점이다. 소장 접수와 동시에 **즉시 변론기일이 지정**되고, 보통 1회의 변론기일로 **즉시 선고**가 내려진다. 또한 구술로 소장 작성이 가능하고, 증거조사 절차, 소송대리 절차가 간편하여 당사자와 일정한 관계에 있는 사람은 즉 당사자의 배우자, 직계친족, 형제자매는 법원의 **허가 없이 쉽게 소송대리인**이 될 수 있다.

이 경우 신분 관계를 증명할 수 있는 가족관계증명서, 주민등록등본 등으로 신분 관계를 증명하여야 한다.

(2) 신청비용

지급명령신청자는 채권자로 기재하지만 소액소송에서는 신청인을 원고, 상대방을 피고로 기재한다. 소액소송의 경우 수수료는 아래와 같다.

예 : 금 1,000만원 청구의 경우(상대방이 1명일 경우)
인 지 : 1,000만원 x 0.0045 + 5,000원= 금 50,000원
송달료 : 5,500원 x 2인 x 10회 = 금 110,000원

(3) 공시송달이 가능하다.

위에서 설명한 지급명령 신청은 공시송달이 불가능하지만 소액소송은 공시송달이 가능하므로 채무자인 피고의 주소지가 불분명 할 경우 지급명령 보다는 소액소송을 제기하는 것이 소송시간을 단축시킬 수 있다. 공시송달에 대한 설명은 제4장 송달 편을 참조하기 바란다.

(4) 이행권고가 가능하다.

소액소송 중 금전 청구에 대해서는 법원은 이행권고를 결정할 수 있으며, 이행권고는 원고의 금전청구에 주로 하고 있으며, 금전 이외의 청구는 이행권고결정을 하지 아니하고 있다. 이행권고에 대해서는 후술한다.

3. 금 3,000만원 이하라고 모두 소액소송은 아니다.

소송물가액(소가)에 따라서 소액소송, 단독사건과 합의부사건으로 나누어지는데, 금 3,000만원 이하라도 금전, 그 밖의 대체물, 또는 유가증권의 일정 수량의 지급을 구하는 사건에 국한되므로, 이에 해당하지 않은 사건은 비록 소가가 금 3,000만원 이하라도 소액사건이 아니다.

즉 집이나 대지 등 부동산의 명도를 구하는 사건은 비록 부동산의 시가가 3,000만원 이하라고 하더라도 소액사건이 아닌 것이다.

채무자가 채권자를 상대로 제기하는 채무부존재확인의 소, 인도 명도 청구의소, 부동산의 소유권이전등기 청구의 소 등 또한 이에 해당한다.

4. 소액 소장 표지 및 양식

◈ 소액 소장 (표지 - 대여금청구)

소 장

접수직원이 기재하는 난입니다.	
배당순위번호	
사건번호	
담당	단독

사 건 명 : 대여금
원 고 : 홍길동(701110-1234567)
주 소 : 서울시 서초구 반포대로 87번지 대천빌딩 2층
전화번호 : (02) 525-1007 (핸드폰 번호 : 010-6272-4646)
피 고 : 성춘향(690202-2345112)
주 소 : 서울시 강남구 역삼동 100번지
전화번호 : (핸드폰 번호 :)

소송목적의값 :	10,000,000원	
첨부할인지액 :	50,000원	
첨부한인지액 :	50,000원	
송 달 료 :	110,000원	
비고		인
접 수 인		

◇ 유 의 사 항 ◇

인지 및 송달료는 법원에 있는 은행에서 구입과 납부를 하며 소장 원본의 뒷면에 인지와 송달료 납부서를 각 첨부 하세요

◈ 소액 소장 (본문 - 대여금청구)

청 구 취 지

1. 청구금액 : (원 금) 금 10,000,000원
   (지연손해금) 20○○. 2. 1.부터 소장부본 송달일까지 연 10%
   소장부본 송달 다음날부터 다 갚는 날까지 연 12 %
2. 피고들 상호간의 관계 : 연대( )

청 구 원 인

1. 대여내역
   (1) 대여자: 홍 길 동 (2) 차용자: 성 춘 향
   (3) 연대보증인 ______________,
   (4) 대 여 일 : 20○○ . 2. 1.
   (5) 금 액 : 10,000,000원
   (6) 변 제 기 : 20○○. 8. 30.
   (7) 약정이율 : 연 10%,
2. 기다 보충할 내용- 기재-
3. 입증자료: 갑제 0호증 차용증 사본 1통

20○○. 9. 1.

원고 홍길동 (날인 또는 서명)

○○ 지방법원 귀중

5. 기타 소장 청구원인 기재 방법

소액 소장을 작성하고자 한다면, 위 소액 소장 양식을 기준으로 작성하고, 이와 별도로 이 책 제4장에서 설명하는 소장양식과 작성 방법을 참조하여 소장을 작성하되, 청구원인을 아래와 같이 간단하게 정리하여도 무방하다. 또한 소액소송이나 일반소송이나 청구 금액의 차이가 있는 것이며, 서류 작성 방법은 동일하다.

▶ 노임청구

1. 노무제공의 내역
   (1) 노무의 종류: ______________________________
   (2) 노무제공기간: ____________부터____________까지
   (3) 노 임 액: ____________원
   (4) 기 타 약 정: ______________________________

2. 기타 보충할 내용

▶ 물품대금청구

1. 매매(물품거래) 내역
   (1) 거래기간(매매일자)____________부터____________까지
   (2) 매 도 인 :__________ (3) 매 수 인 :__________
   (4) 목 적 물 :__________ (5) 수 량 :__________
   (6) 대 금 :____________원
   (7) 대금지급기일 및 지급방법 :____________________
   ____

2. 기타 보충할 내용

▶ 수표(어음)금 청구

1. 원고는 아래 수표(어음)의 소지인 입니다.

	1	2	3
① 액면금액	원	원	원
② 발행인			
③ 지급인			
④ 지급지			
⑤ 발행지			
⑥ 발행일			
⑦ 지급제시한날			

2. 피고의 지위 : 발행인 ( )/배서인 ( )
3. 원고는 위 어음을 200 . 6. . 으로부터(물품대금, 대여금 담보, 기타)조로 취득하였습니다.
4. 원고가 위 수표를 그 지급제시기간 경과 전에 위와 같이 위 지급인에게 지급제시 하였으나 그 지급이 거절되었습니다.
5. 위 수표에는 위 제시의 날을 기재하고 일자를 부기한 지급인의 지급거절선언이 기재되어 있습니다.

6. 소액소송의 절차

(1) 소액사건의 소가 제기된 경우 법원은 결정으로 소장 부본이나 소제기조서등본을 첨부하여 피고에게 청구취지대로 **이행할 것을 권고**할 수 있다. 이에 대하여 피고가 **이행권고결정**을 송달 받은 후 14일 이내에 이의신청을 하지 않으면 확정판결과 같은 효력을 부여하며, 원고는 집행문을 부여받지 않고도 이행권고결정정본으로 강제집행 할 수 있다.

(2) 법원이 이행권고결정을 하는 경우에는 즉시 변론기일을 지정하지 않고, 일단 피고에게 이행권고결정등본을 송달한 후 이의가 있을 경우에만 변론기일을 즉시 지정하여 재판을 진행하게 된다.

(3) 법원은 소장, 준비서면 기타 소송기록에 의하여 청구가 이유 없음이 명백한 때에는 변론 없이도 청구를 기각할 수 있다.

(4) 증인은 판사가 신문하고, 상당하다고 인정한 때에는 증인 또는 감정인의 신문에 갈음하여 진술을 기재한 서면을 제출케 할 수 있다.

(5) 판결의 선고는 변론 종결 후 즉시 할 수 있고, 판결서에는 이유를 기재하지 아니할 수 있다.

> ※ 소액재판에 대한 소장 작성 등 기타 사항에 대하여는 4장과 5장에서 설명하는 소장의 작성과 재판절차에서 자세하게 설명하고 있다.

7. 이행권고 결정은 무엇인지?

(1) **이행권고 결정은 소액사건의 소가 제기된 때에 법원이 결정으로 소장부본이나 제소조서등본을 첨부하여 피고에게 청구취지대로 이행할 것을 권고하는 결정**을 말한다. 즉 간이한 소액사건에 대하여 직권으로 이행권고결정을 한 후 이에 대하여 피고가 이의하지 않으면 곧바로 변론없이 원고에게 강제집행 할 수 있도록 하는 제도이다.

(2) 이행권고결정이 확정된 때에는 원칙적으로 별도의 집행문 부여 없이 이행권고결정 정본으로 강제집행 할 수 있도록 강제집행상의 특례를 규정하고 있다.

(3) 다음의 경우에는 이행권고결정을 할 수 없다.
1) 지급명령이의 또는 조정이의사건
2) 청구취지나 청구원인이 불명한 때
3) 기타 이행권고를 하기에 적절하지 않은 경우

(4) 이행권고결정에는 소장부본의 첨부가 필요하므로, 원고는 소액사건의 소장을 제출할 때 원고와 피고의 수에 1을 더한 숫자만큼의 소장부본을 제출하여야 한다. 이는 이행권고결정의 원본용, 피고에게 송달하는 등본용, 확정 후 원고에게 송달하는 정본용으로 사용할 소장 부본이 필요하기 때문이다.

(5) 법원 직원 등은 이행권고결정이 피고에게 송달되어 확정되면 그 정본을 원고에게 송달하게 되고, 피고는 이행권고 결정등본을 송달받은 날부터 2주일 안에 서면으로 이의신청

을 할 수 있다. 한편, 이행권고결정이 확정된 때에는 확정판결과 같은 효력을 부여받게 된다.

(6) 이행권고결정에 기한 강제집행은 원칙적으로 집행문을 부여받을 필요 없이 이행권고결정서정본에 의하여 하도록 되어 있지만 조건이 있는 채권인 경우와 승계집행문이 필요한 경우에는 재판장의 명을 받아 집행문을 부여받아야 한다.

제4절 제소전 화해 제도

제소전 화해제도는 민사분쟁이 기나긴 소송으로 발전되기 전에 판사 앞에서 양 당사자가 화해를 하는 것으로 판결과 같은 효력이 발생된다. 주로 중요한 계약관계나 임대차관계 등 향후 계약불이행시 피해가 많이 예상되는 상황에서 많이 이용되고 있다.

1. 제소전 화해 제도의 특징

혹자는 당사자끼리 양보하여 화해했으면 되지 굳이 법원에서 화해할 필요가 있느냐고 생각할지도 모르지만 제소전화해가 성립되어 화해조서가 작성되면, 그것은 판결과도 같은 효력이 발생하게 된다. 따라서 판사 앞에서 제소전 화해를 한 사람은 바로 상대방의 재산에 대해 강제집행을 할 수 있게 된다.

2. 제소전 화해 제도 신청시

가. 수수료

제소전화해신청서, 도장, 인지대, 송달료를 납부해야 하며, 제소전 화해사건은 단독판사가 담당하게 되고, 시군법원 판사도 위 화해사건을 담당할 수 있다. 신청은 서면, 또는 구술(구두 진술) 어느 방법으로든 할 수 있으며, **수수료는 1심 소장 인지액의 1/5**에 해당하는 인지를 첨부하고, **송달료는 4회분**을 납부한다.

예 : 금 1,000만원 화해신청의 경우 (상대방이 1명일 경우)

인 지 : (1,000만원 x 0.0045 + 5,000원) x 1/5

= 금 10,000원

송달료 : 1회분의 송달료 x 2인 x 4회분

나. 관할법원

제소전 화해신청은 단독판사가 담당하게 되며, 관할법원은 상대방의 주소지 법원이나 당사자 합의로 관할을 지정할 수 있다. 지방법원, 지원, 시군법원에 신청이 가능하다.

3. 화해가 불성립되면 어떻게 되는지?

가. 제소신청

화해불성립의 경우에 당사자(신청인은 물론 피신청인 쪽에서도)는 그 쟁의를 소송으로 해결하기 위하여 제소신청을 할 수 있다. 제소신청이 있으면 화해신청 시로 소급하여 신청인이 소를 제기한 것으로 보게 된다. 어느 쪽에서 제소신청을 하였든 간에 당초의 화해 신청인이 원고로 되고 화해 피신청인이 피고가 된다.

이때 별도의 소장을 제출하는가가 문제가 되는데 소장을 별도로 제출하는 것이 아니라 화해 신청서가 소장이 되고, 소장과 불일치하는 것은 청구취지 등을 별도로 정리하여 제출할 수 있다.

나. 신청기간

제소신청은 화해불성립의 조서등본을 송달받은 날로부터 2주일 이내에 하여야 하며, 이 기간은 불변기간이다.

다. 신청 및 접수

화해신청인이 제소신청하는 경우에는 제소신청서에 화해신청서에 첩부된 인지액을 제외한 나머지에 대하여 인지를 첩부하여야 하나, 피신청인이 제소신청한 때에는 1,000원의 인지만 첩부한다.

◈ 화해신청서 (약속어음금 사례)

화 해 신 청

신 청 인　홍 길 동 (주민등록번호)
서울시 서초구 반포대로 87번지 대천빌딩 2층
연락처　02-525-1007

피신청인　유 가 해 (주민등록번호)
서울시 강남구 역삼동 00번지

약속어음금 청구화해 신청사건

신 청 취 지

신청인과 피신청인 사이에 다음의 화해 조항에 기재된 내용과 같은 취지의 화해권고를 구합니다.

화 해 조 항

1. 피신청인은 신청인에 대하여 금 10,000,000원을 지급한다.
1. 화해비용은 각자의 부담으로 한다.

신 청 원 인

신청인은 피신청인에 대하여 발행일 00년 0월 0일, 지급기일 00년 0월 0일, 지급지, 지급장소, 발행지를 공히 서울특별시로 한 약속어음 액면 금1,000만원정의 1매를 발행하여 신청인이 소지하고 위 지급기일에 피신청인에게 지급제시 하였으나, 피신청인은 차일피일 미루고 지급하겠다고 말할 뿐 지급하지 아니하고 있으므로 귀원에 약속어음금 청구의 소송을 제기하고자 하오나 당사자간 화해될 가능성이 있으므로 본 신청을 합니다.

첨 부 서 류

1. 약속어음 사본　1통
1. 송달료납부서　1통
1. 신청서 부본　1통

00년 0월 0일

위 채권자 홍 길 동 (인)

○○ 지 방 법 원　귀중

◈ 제소신청서 (화해 불성립 경우)

화해불성립으로 인한 제소신청

인지
1,000

사 건 20○○자 ○○호 00 화해신청사건

신 청 인 홍 길 동(주민등록번호)
서울시 서초구 서초동 1543-8 서일빌딩 2층
연락처 02-525-1007

피신청인 유 가 해(주민등록번호)
서울시 강남구 역삼동 00번지

위 당사자 간 귀원 20○○자 ○○호 00 화해신청사건에 과하여 신청인은 당사자 간의 화해가 불성립되었으므로 제소신청을 합니다.

20○○년 ○○월 ○○일

위 피신청인 유 가 해 (인)

○ ○ 지 방 법 원 귀중

제4장 소장 작성은 어떻게 하는가?

앞서 민사소송 중 간편하고 신속한 절차인 민사조정과 화해, 독촉절차(지급명령) 소액소송 등에 대하여 알아보았다. 그런데 화해 및 독촉절차나 민사조정으로 분쟁을 해결하기에는 어려움이 있었다면 본격적으로 소장을 작성하고 소송을 진행해야 할 것이다.

예로서 조정 또는 화해가 아니 되거나 지급명령으로 청구가 가능한 금전 또는 대체물이 아니거나, 우편물의 송달이 어려운 경우 등은 공시송달 등으로 판결을 확정해야 하므로 이러한 경우 본장에서 설명하는 소장을 작성해야 할 것이다.

먼저 원고 홍길동과 피고 유가해라는 가상인물을 등장시켜 소장 작성방법과 제출법원, 수수료에 등에 대하여 구체적으로 알아보자.

제1절 소장 작성 방법

법원에 소를 제기하려면 우선 소장을 작성하여 제출하여야 하는데 소장의 양식은 대법원 홈페이지 또는 각 지방법원별 종합접수실 민원실에 소장 유형별로 견본을 작성하여 비치해 두고 있으므로 참조하여 작성한다.

또한 대법원 및 각 법원에 없는 문서 및 양식은 중앙법률사무교육원 홈페이지 (www.linklaw.co.kr) 에서 법원에서 사용하는 양식 및 사례 약4,000여개를 게시하였으며, 이를 다운받아서 사용이 가능하므로 소명별 소장 등 법률 관련 자료를 참조한다. 뿐만 본서에서 설명하는 모든 서류와 양식은 일반인을 위하여 위 홈페이지에 게시되어 있다.

그럼 소장의 양식과 소장 기재시 꼭 기재할 사항을 구체적으로 살펴보자. 소장의 제출방법은 우편 또는 법원에 직접 방문하여 제출이 가능하며, 대리인이 위임장을 첨부하여 대리접수하는 것도 가능하다.

☞ 소장의 중요한 기재 사항은 다음과 같다.

순위	중요기재사항	기 재 내 용
1	원고, 피고	성명, 법인의 경우 상호와 대표이사를 기재
2	주소 및 연락처	연락 가능한 연락처, 주소, 송달주소, 메일주소를 표시
3	대 리 인	대리인이 있는 경우 성명과 주소 미성년자의 경우 친권자 부모를 기재 피성년후견인의 경우 성년후견인 기재
4	청구취지	청구를 구하는 내용, 범위 등을 간결하게 표시한다. 주로 소송에서 승소할 경우 결론을 기재한다.
5	청구원인	권리 또는 법률관계의 성립원인 사실을 기재 기승전결 등으로 나누어서 시간적인 순서에 입각하여 기재한다.
6	입증방법	소장에 첨부하는 증거서류 등 원고: 갑제 1호증, 갑제 2호증, 피고: 을제 1호증, 을제 2호증 등
7	작성연월일	제출일(20○○. ○○. ○○.) 표시
8	법원의 표시	예: 서울중앙지방법원, 부산지방법원
9	작 성 자	작성자(원고) 및 대리인의 표시
10	첨부서류	부본(상대방용), 수수료 납부서, 대리인의 위임장, 친권자의 표시, 법인등기부등본 등

◈ 소 장 (대여금 청구)

소 장

원 고 홍 길 동(주민등록번호)
서울 서초구 서초동 1543-8 서일빌딩2층(우편번호 137-070)
전화 (02) 525-1007

피 고 유 가 해(주민등록번호)
서울 서초구 서초동 00-1 (우편번호 137-000)

소 명 : 대여금청구의 소

청 구 취 지

1. 피고는 원고에게 1,000,000원 및 이에 대한 20○○. 2. 1부터 이 사건 소장부본 송달일까지는 연 5%, 그 다음날부터 다 갚을 때까지 연 12%의 비율에 의한 금원을 지급하라.
2. 소송비용은 피고의 부담으로 한다.
3. 제1항은 가집행 할 수 있다.

라는 판결을 구합니다.

청 구 원 인

1. 원고는 20○○. 2. 1. 피고에게 금 1,000,000원을 변제기일 20○○. 3. 1. 이율 월 5% 기한후의 손해금 연 2할로 정하여 대여하였습니다.
(소비대차의 성립과 목적물인도사실을 적는다. 특히 변제기와 그 도래는 꼭 적어야 합니다. 이자약정이 있는 경우 이자의 약정과 이율도 적는다.)

2. 그러나 피고는 20○○. 3. 1. 이후에도 위 대여금에 대하여 변제하지 아니하고 있으며, 그 변제를 차일피일 미루고 있는 상황입니다.

3. 그러므로 원고는 피고에 대하여 위 원금 1,000,000원과 이에 대한 20○○. 2. 1 부터 이사건 소장 부본 송달일까지는 연 5%, 그 다음날부터 완제일까지는 연 12%의 비율에 의한 지연손해금의 지급을 구하고자 이 건 청구에 이른 것입니다.

입 증 방 법

1. 갑제1호증 차용증 사본
1. 갑제2호증 통장사본

첨 부 서 류

1. 위 입증방법 각 1통
2. 소장부본 1통
3. 송달료 납부서 1통

20○○ . ○○. ○○.

위 원고 홍 길 동 (인)

○ ○ 지방법원 귀중

참고 ☞ **갑호증이란?**

위 소장 입증 방법 중 '갑제 1호증' 이란 원고의 증거로서 첫 번째 증거라는 표시이다. 당사자가 피고라면 '을제1호증', '을제2호증' 등으로 표시한다.

* 위 소장 양식을 보면서 구체적인 작성방법을 설명하면 아래와 같다.

1. 원고나 피고의 표시는 어떻게 하는지?

▶ 기본적으로

원고	홍 길 동 (주민등록번호) 서울 서초구 서초동 1551-9 전화번호: 02-525-1007 e-mail 팩스
피고	유 가 해 (주민등록번호) 서울 강남구 역삼동 00번지

▶ 원고나 피고가 수인일 경우

원고	1. 홍 길 동 (주민등록번호) 서울 서초구 서초동 10 전화번호 e-mail 팩스 2. 홍 길 서(주민등록번호) 주소 및 연락처
피고	1. 유 가 해(주민등록번호) 서울 서초구 서초동 11 2. 유 나 해(주민등록번호) 주소 및 연락처

※ 주민등록번호, 전화번호, e-mail, 팩스 이하 같다.

▶ 미성년자인[27] 경우

원고	○○○ 서울 서초구 서초동 10 미성년자이므로 법정대리인 친권자 부 ○○○ 모 ○○○

27) 미성년자는 만19세 미만 (2013. 7. 1. 시행)

▶ 피고가 소재불명인 경우

피고 ○○○
현재 소재불명
최후주소 서울 서초구 서초동 33

▶ 피고의 성명이 여럿인 경우

피고 ○○○ (일명 ○○○)
서울 서초구 서초동 33

▶ 원고가 주식회사 또는 유한회사인 경우

원고 ○○주식회사
서울 서초구 서초동 10
대표이사 ○○○

▶ 등기부상 본점소재지와 송달장소가 다른 경우

피고 ○○주식회사
서울 서초구 서초동 33
송달장소 서울 서초구 우면동 33
대표이사 ○○○
서울 서초구 서초동 200

▶ 대리인(변호사)이 선임된 경우

피고 ○○주식회사(구 상호 ○○주식회사)
서울 서초구 서초동 33
대표이사 ○○○
위 피고 대리인 변호사 한 변호
서울 서초구 서초동 200 전화, 메일

▶ 선정당사자인 경우

원고 (선정당사자) ○○○
서울 서초구 서초동 33

주의 ☞ **선정당사자 신청은**

소송당사자가 많을 경우 사용되며, 이 경우에는 당사자선정서를 장 뒤에 첨부하여야 한다. 당사자선정서에는 어떤 이유로 선정 당사자를 선정한다는 내용을 기재하고 선정 당사자의 성명과 주소를 쓴 후 날인하여야 한다.

▶ 당사자가 국가 또는 지방자치단체인 경우

원고 대한민국
법률상 대표자 법무부장관 ○○○
(소관:)
피고 경기도
대표자 도지사 ○○○
수원시 팔달구 도청 앞길 63

▶ 당사자가 학교법인인 경우(사립)

원고 학교법인 ○○학원
서울 서초구 서초동 340
대표자 이사장 ○○○
서울 서초구 서초동 200

▶ 사단법인인 경우

피고 사단법인 ○○
서울 서초구 서초동 33
대표자 이사장 ○○○

▶ 법인 아닌 사단인 경우

피고 ○○ 동창회
서울 서초구 서초동 33
대표자 회장 ○○○
서울 강남구 대치동 30

▶ 종중인 경우

피고 ○○씨 ○○공파 ○○종중
서울 서초구 서초동 33
대표자 회장 ○○○
서울 강남구 일원동 316

▶ 독립당사자참가를 하는 경우

원고 ○○○
서울 중구 서소문동 10
피고 ○○○
서울 중구 서소문동 30
독립당사자참가인 ○○○
서울 은평구 갈현동 9

▶ 반소를 제기하는 경우

피고(반소원고) ○○○
서울 중구 서소문동 30
원고(반소피고) ○○○
서울 중구 서소문동 10

2. 청구취지는 무엇이며 어떻게 작성하는지?

청구의 취지는 원고가 당해 소송에 있어서 소로써 청구하는 판결내용을 말하는 것으로서 소의 결론 부분을 말한다.

즉 법원에 대하여 어떻게 판결을 내려달라고 적는 것이 청구취지이다. 따라서 청구취지는 매우 중요하고 정확하게 기재하여야 하며, 내용이 많고 복잡하면 별지를 활용하기도 한다.

참고 ☞ 청구취지에는 보통 1. 본안(결론), 2. 소송비용, 3. 가집행 선고에 관한 것 3가지를 기재한다.

가. 금전지급 청구시 작성 예시

▶ 기본형(본안 청구)

1. 「피고는 원고에게 금 1,000,000원을 지급하라.」

참고 ☞ **청구취지**

1. 본안 결론 내역
2. 소송비용은 피고의 부담으로 한다.
3. 제1항은 가집행 할 수 있다.

라는 판결을 구합니다.

피고가 수인일 경우 '소송비용은 피고들의 부담으로 한다.' 로 표시한다. 이하 청구취지 1번 항 본안결론내역의 표시 방법이며 2, 3번 항은 모두 공통적으로 기재한다.

▶ **부대청구가 있는 경우**

1.「피고는 원고에게 금 1,000,000원 및 이에 대한 20○○. 2. 1.부터 완제일까지 연 12%의 각 비율에 의한 금원을 지급하라.」

▶ **부대청구의 이율이 기간별로 각각 다른 경우**

1.「피고는 원고에게 금 1,000,000원 및 이에 대한 20○○. 7. 15. 부터 소장부본 송달일까지 연5% 그 다음날부터 완제일까지는 연 12%[28]의 각 비율에 의한 금원을 지급하라.」

▶ **수인의 원고가 1인의 피고에게 다른 금액의 지급을 구하는 경우**

1.「피고는 원고 甲에게 금 5,000,000원, 원고 乙에게 금 3,000,000원, 원고 丙, 丁에게 각 금 1,000,000원 및 위 각 금원에 대한 20○○. 7. 15. 부터 소장부본 송달일까지 연5%, 그 다음날부터 완제일까지는 연 12%의 각 비율에 의한 금원을 지급하라.」

▶ **금액이 피고별로 달라 중첩부분과 중첩되지 않는 부분이 있는 경우**

【예】 피고 甲이 차용금채무 5,000,000원과 물품대금 1,000,000원을 부담하고, 피고 乙이 차용금 부분에 연대보증 한 경우

1.「원고에게, 피고들은 연대하여 금 5,000,000원을, 피고 甲은 금 1,000,000원을 각 지급하라.」

---

28) 2015. 9. 25. 소송촉진 등에 관한 특례법 제3조 제1항 본문의 **법정이율**에 관한 규정" 이 개정되어 2015. 10. 1.부터 연 20%에서 연15%로 변경되었다가 2019. 6. 1.부터 연12%로 변경됨.

▶ **정기적 급부를 청구하는 경우**

1.「피고는 원고에게 20○○. 2. 1.부터 20○○. 1. 31.까지 원고의 생존을 조건으로 매년 2월 20일 금 5,000,000원씩을 지급하라.」

나. 토지 · 건물인도 등을 청구시 작성 예시

(1) 인도란?

물건에 대한 직접적 지배, 즉 점유를 이전하는 것을 의미하므로, 목적물이 동산이든, 토지 · 건물이든 가리지 않고 언제나 인도의 용어를 사용할 수 있다.

(2) 주의할 것은

건물의 인도 또는 철거의 경우, 등기부상의 표시에 따라 부지의 지번(지목, 토지면적의 표시는 원칙적으로 필요하지 않다) 및 건물의 구조(○○ 구조 ○○ 지붕), 층수(단층, 2층 등), 용도(주택, 창고, 영업소 등), 건축면적(○○ 평, 또는 ○○ ㎡) 등을 빠짐없이 기재하여야 한다.

참고 ☞ 위와 같이 목적물이 부동산인 경우에 청구취지에 주의를 해야 한다. 토지의 일부 또는 건물의 일부 등에 대한 인도 · 철거 등 소송에서는 방위와 거리, 척도 등으로 그 부분을 특정하는 도면을 별지로 제출한다(별지목록이라 함).

▶ **청구취지 기본형**

1.「피고는 원고에게 서울 강남구 대치동 101 대 330㎡를 인도하라.」

▶ **건물이 등기부상 표시와 현황이 다른 경우 (괄호 안에 등기부상 표시)**

1.「피고는 원고에게 서울 강남구 대치동 79 지상 목조 기와지붕 단층 점포 100㎡(등기부상 표시 같은 번지 지상 목조 기와지붕 2층 점포 1층 100㎡ 2층 100㎡)를 인도하라.」

▶ **토지 · 건물의 일부분만을 청구하는 경우**

【예 1】

1.「피고는 원고에게 서울 강남구 대치동 79 대 200㎡ 중 별지도면 표시 1, 3, 7, 8, 10, 13, 18, 1의 각 점을 차례로 연결한 선내 부분 120㎡를 인도하라.」

【예 2】

「1. 원고에게, 별지 목록 기재 건물 중,

1. 가. 피고 甲은 별지 도면 표시 1, 2, 3, 4, 1의 각 점을 차례로 연결한 선내 (가) 부분 방 30㎡를,

나. 피고 乙은 같은 도면 표시 5, 6, 7, 8, 5의 각 점을 차례로 연결한 선내 (나) 부분 창고 30㎡를 각 인도하라.」

참고 ☞ 건물, 토지 등기부 등본은 법원이나 법원등기소 및 인터넷(대법원인터넷등기소)에서 자유롭게 발급이 가능하며, 등기부상의 표시는 등기부에 기재된 내용 즉 지번, 건물의 구조, 층수, 용도, 면적 등을 자세하게 기재하여야 한다(별지를 사용하여 기재한다).

3. 청구원인이란 무엇인지?

청구원인은 소송을 하게 된 원인과 이유를 기재하여 원고가 주장하는 권리 또는 법률관계의 성립 원인인 사실을 말한다. 법을 잘 모르더라도 사건의 경과에 따라서 육하원칙에 의하여 작성하면 될 것이다.

예를 들어 돈을 대여하고 변제하지 않는다면 누가 누구에게 돈을 대여하였으며, 언제, 어디서 어떻게 대여하였는지를 기록하고 변제는 어떻게 하기로 하였으며 그 이자는 어떻게 하기로 하였는지 작성하면 된다(자세한 기재방법은 아래표 참조).

<table>
<tr><th colspan="3">청 구 원 인</th></tr>
<tr><td rowspan="5">1.원고와 피고의 지위</td><td>금전대여</td><td>* 원고: 채권자, * 피고: 채무자</td></tr>
<tr><td>임대 보증금</td><td>* 원고: 임차인, * 피고: 임대인</td></tr>
<tr><td>불법행위</td><td>* 원고: 피해자, * 피고: 가해자</td></tr>
<tr><td>부당이득</td><td>* 원고: 손실자, * 피고: 이득자</td></tr>
<tr><td>연대보증</td><td>* 원고: 채권자, * 피고1: 채무자, 피고2:연대보증인</td></tr>
<tr><td rowspan="10">2. 채권 채무</td><td rowspan="3">금전대여</td><td>* 언제: 20○○. . . * 어떻게: 차용금</td></tr>
<tr><td>* 대여금: 100만원, * 변제기: 20○○. 1. 1.</td></tr>
<tr><td>* 이자약정: 50푼, * 지연이자약정: 연 할 푼</td></tr>
<tr><td rowspan="2">물품대금</td><td>* 거래일: 20○○. . . * 거래물건: 물건 명</td></tr>
<tr><td>* 변제기: 20○○. . . * 지연이자 약정: 연 할 푼</td></tr>
<tr><td rowspan="3">임대보증금</td><td>* 언제: 20○○. . . * 어떻게: 임대차 계약</td></tr>
<tr><td>* 임대차 기간: 20○○. . .부터 20○○. . .까지</td></tr>
<tr><td>* 임대보증금: 금 일천만원</td></tr>
<tr><td>불법행위</td><td>* 언제: * 어디서: * 피해정도: * 가해내용:</td></tr>
<tr><td>부당이득</td><td>* 손실과 이득에 관하여 구체적으로 기재</td></tr>
<tr><td>3. 기타</td><td colspan="2">변제 독촉사실과 상대방의 불이행에 따른 소제기의 불가피성 강조한다.</td></tr>
</table>

4. '소송비용은 피고의 부담으로 한다' 는 의미는?

소송비용의 부담이란 원고가 제기한 소송이 종결되면 판결문에는 소송비용은 원·피고 당사자 중 누가 어느 정도 부담하여야 하는지를 기재하게 되며, 판결에 따라서 소송비용은 소송에 필요한 인지대, 송달료, 검증, 감정 비용 등을 **패소하는 당사자가 부담**하게 된다.

따라서 소송비용에 대하여 누가 부담하게 될 것인지 청구취지에 기재하여야 한다.

실무에서는 소송비용 부담은 이를 부담할 당사자 및 그 비율만을 결정하게 되고 구체적인 비용까지는 확정하는 예가 드물다. 따라서 소송이 종료되고 판결이 확정되면 소송비용에 대한 별도의 신청과 함께 법원의 소송비용확정 결정을 받아야 한다.

5. '가집행 할 수 있다' 라는 의미는?

우리나라 민사소송이 3심제를 취하고 있는 관계로 사건이 1심과 2심을 거쳐 3심 대법원까지 가면 시간이 많이 소요되는 경우가 많다. 이렇게 대법원까지 가서 판결이 확정되기까지 시간이 많이 소요하게 되므로, 확정되기 전에 1심 판결만 받게 되더라도 소송의 목적을 우선 달성하게 만든 제도가 '**가집행 선고 제도**' 이다.

판결문에 '**가집행할 수 있다**' 라는 문구가 기재되면 판결이 확정되기 전이라도 임시로 소송 상대방에게 강제집행을 할 수 있게 만드는 것이다.

가집행 선고가 있는 판결을 받게 되면, 판결문에 송달증명원과 집행문을 첨부하여 상대방에게 강제집행을 실시할 수 있다.

주의할 것은 가집행선고 있는 집행권원(판결문 등)을 가지고 있는 원고는 피고를 상대로 강제집행이 가능한데 이때 피고가 항소를 하였다고 하여도 강제집행이 가능하다. 따라서 피고는 항소를 하여도 1심(종국판결)에서 패소하였다면 강제집행정지를 해야 승소한 원고가 강제집행을 하지 못한다.

참고 송달증명원, 집행문부여신청서와 신청방법은 7장 강제집행 참조

6. 증거서류(입증방법)란 무엇인가?

입증방법이란 소장을 제출할 때 첨부하여 제출하는 증거서류이다. 대부분 원고나 피고는 자신의 주장을 장황하게 설명한 후 아무런 증거도 제시하지 않은 채 자신이 주장이 옳으니 자신의 주장대로 판결 나기를 기대하지만, 백 마디 말보다 한가지 증거서류가 판결에 결정적인 역할을 하게 된다.

한마디로 판사는 '증거'를 가지고 재판의 승패를 결정해 주는 심판관이라고 생각하면 옳을 것이다. 첨부할 증거서류가 있으면, 그 증거 서류들의 제목을 원고는 "갑제1호증", "갑제 2호증" 등으로 표시하고, 피고는 "을제1호증", "을제2호증" 등으로 표시하여 소장이나 답변서 등에 첨부하여 제출하면 된다.

만약 증거서류가 없다면 패소의 확률이 매우 높기 때문에 증거 확보에 총력을 기울여야 하는데 만약 돈을 대여하고 아무런 증거가 없을 경우 상대방에게 차용증이나 현금보관증을 받는다든지 아니면 최소한 내용증명이라도 발송하여 돈을 대여한 사실을 입증하여야 한다.

☞ 기재방법은 다음과 같다.

입 증 방 법

원고의 경우	갑제1호증	차용증 사본
	갑제2호증	내용증명 사본
	갑제3호증의 1 내지 2	통장 사본
피고의 경우	을제1호증	등기부등본
	을제2호증	영수증

그 밖에 입증방법은 추후(변론기일에) 제출하겠습니다.

7. 첨부서류는 무엇이며, 무엇을 첨부하는지?

소장에 첨부하는 서류들의 이름과 그 통수를 기재하는 부분이며, 소장의 부본,[29] 증거서류, 인지 및 송달료[30] 납부서, 위임장 등을 기재한다.

소송에 법인이 포함되어 있으면 법인 등기부등본을, 부동산과 관련된 소송의 경우 부동산 등기부등본, 토지대장, 건축물관리대장 등을 첨부하였음을 기재하고 등기소나 법원, 구청에서 발급하여 소장 뒷부분에 첨부한다. 기재 요령은 아래와 같다.

첨 부 서 류

1. 소장부본 1통 (피고의 수만큼 첨부한다)
1. 법인 등기부등본 1통
1. 송달료 납부서 1통
1. 가족관계 등록부 1통

29) 정본과 동일한 내용이나 사항을 기재한 문서로서, 소장부본, 준비서면 부본, 토지대장 부본, 임야도 부본 등이 있다.

30) 소송상의 서류 등을 상대방이나 당사자에게 전달하는 절차가 송달이며 그 비용이 송달료이다(대부분 등기우편료 등이다).

8. 소장이 완성되면

(1) 소장 표지를 만든다.

소장 표지에는 소장이라고 기재하고 원고와 피고의 이름을 기재(예: 원고 홍길동)하고 법원명(예: 서울중앙지방법원 귀중)을 기재한다. 용지는 A4규격을 세워서 사용하며 소액소송 소장 표지를 참조하거나 중앙법률사무교육원 홈페이지(www.linklaw.co.kr) 법률서식에 게시된 소장양식을 참조한다.

(2) 소장 표지와 다음 장 사이에 하얀 백지(A4용지)를 끼워 넣는다.

이 백지에는 송달료와 인지액을 현금납부하고, 법원용납부서를 첨부하거나 인지액이 1만원 미만일 경우 인지를 별도로 구입하여 법원용 소장에 첩부하여도 무방하다.

(3) 위 양식으로 작성된 소장 본문을 첨부한다.

(4) 증거자료(예: 갑제1호증, 갑제2호증)를 순서대로 첨부한다.

소장에 기재된 첨부서류를 법원용 소장에 첨부한다.

첨부서류는 상대방용(부본)에는 첨부하지 않는다. 또한 법인이 포함될 경우 법인등기부 등본을 첨부하고, 부동산 관련 소장에는 관련 부동산등기부등본을 첨부한다.

(5) 상대방용(부본)을 만든다.

상대방의 수에 해당하는 수량의 부본(법원용과 동일하게)을 만들고, 소장 표지를 제외한 증거자료까지 첨부한다.

(6) 소장과 소장 부본에 간인을 한다.

간인은 문서가 여러 장으로 작성될 경우 앞장 뒷면과 뒷장 앞면에 동시에 도장을 날인하는 것이며, 이는 중간에 빠진 것이 없다는 확인이다.

(7) 법원용과 상대방용 모두 제출자인 원고 이름 옆에 도장을 날인한다.

대리인이 있을 경우 대리인이 날인한다.

(8) 비용을 준비하여 은행에 납부하거나 인지를 구입하여 첨부하고, 소장 및 부본을 직접 법원에 제출하거나 우편으로 제출할 수 있다.

(9) 제출시 통산적으로 전자적(파일형태)로 제출하는데 이를 전자소송이라고 하며, 인지가 10% 할인, 송달료는 원고 본인의 송달료를 납부하지 아니하는 관계로 전자소송을 많이 이용하고 있다.[31]

참조 ☞ 개인이 종이로 소장을 제출할 경우 인감증명서를 첨부하지 아니하고, 인감도장을 날인하지 않아도 무방하며 일반막도장을 날인하여도 무방하다. 법인의 경우도 동일하다.

31) 전자소송에 대한 설명은 후술하기로 한다.

제2절 소송가액(소가)는 무엇이며 산정은 어떻게 하는지?

소가는 원고가 청구취지로서 구하는 범위 내에서 원고의 입장에서 보아 전부 승소할 경우에 직접 받게 될 경제적 이익을 객관적으로 평가하여 정한 금액으로 **'소가'** 또는 **'소송목적의 값'** 이라고도 한다.

따라서 소송인이 일정한 돈의 지급을 청구하는 소송에서 소가는 청구금액(이자 제외)이 된다.

예를 들어 금1,000만원을 빌려주고 빌려간 채무자가 이를 변제하지 않아, 채무자에게 변제하라는 소송을 제기한다면 금1,000만원이 소가가 되는 것이다. 여기에서 청구금액 이외의 이자나 소송비용은 소가에 포함하지 않는다.

그렇다면 소송목적이 원고마다 모두 다를 것이고, 소송목적에 따라 소가가 다르며, 이 소가에 따라서 법원 납부비용이 다르게 산출되므로, 소가 산정표준이 어떻게 다른지를 사전에 파악해야 할 것이다.

주의 ☞ **소장제출시 수수료 기준**

소장 제출시 소송가액에 따라 정해진 인지액(수수료)과 송달료(우편요금)를 납부해야 한다. 따라서 소송가액의 결정이 수수료를 결정하는 기준이 된다.

☞ 아래 내용은 소가 산정기준에 대하여 자세하게 설명하였다.

1. 주요 소가(소송물가액) 기준표[32)]

금전지급 청구의 소	청구금액(이자, 손해배상, 위약금 또는 비용의 청구)이 소송의 부대목적이 되는 때에는 가액에 산입하지 않는다.
증서진부확인의 소	* 유가증권 : 그 가액의 2분의 1 * 기타증서 : 200,000원
확인의 소 (소극적 확인의 소 포함)	권리의 가액 (예 : 채무부존재 확인의 소는 채무액이 소가가 된다)
기간이 확정되지 아니한 정기금	기 발생분 및 1년분의 정기금 합산액
물건의 인도, 명도 또는 방해배제를 구하는 소	* 소유권에 기한 경우 : 목적물건 가액의 2분의 1 * 지상권, 전세권, 임차권, 담보물권에 기한 경우, 또는 그 계약의 해지 · 해제, 계약 기간의 만료를 원인으로 하는 경우 : 목적물건 가액의 2분의 1 * 점유권에 기한 경우 : 목적물건 가액의 3분의 1 * 소유권의 이전을 목적으로 하는 계약에 기한 동산인도 청구 : 목적물건 가액
상린관계상의 청구	부담을 받는 이웃 토지부분 가액의 3분의 1
공유물분할 청구의 소	목직물건 가액에 원고의 공유시분 비율을 곱하여 산출한 가액의 3분의 1
경계확정의 소	다툼이 있는 범위의 토지부분의 가액
사해행위취소의 소	취소되는 법률행위의 목적의 가액을 한도로 한 원고의 채권액

32) 민사소송 등 인지규칙, 시행 2023. 10.19. 기준

2. 등기, 등록 등 절차에 관한 소가(소송물가액)

부동산 관련 소송에서는 목적물 가액을 산정해야 하는데 이때 부동산등기부등본, 토지대장, 건축물관리대장, 개별공시지가확인서를 근거로 소가를 산출한다.

먼저 **토지의 경우 공시지가에 면적을 곱하고(시가표준액),이에 100분의 50을 곱하여 산출된 금액**이 소가이고, 건물의 소가는 매년 발간되는 부동산 **과세시가표준액표**에 **100분의 50을 곱하여** 산출한다.

이는 1㎡당 기준 가격에 따른 구조별, 용도별, 위치별 지수를 곱한 후 경과연수별잔가율을 곱하여 건물면적을 곱하여 토지와 건물의 목적물가액을 합산한다.

기타 본서 2장 2절 **가처분에서 목적물가액 계산 방법을 참조**하여 계산한다.

소유권 이전등기	목적물건 가액
지상권, 임차권	목적물건 가액의 2분의 1
담보물권, 전세권	목적물건 가액을 한도로 한 피담보채권액 (근저당권의 경우에는 채권최고액)
지역권	승역지[33] 가액의 3분의 1

33) 승역지란 다른 토지에 편익을 제공하는 토지를 승역지라 한다.

3. 비 재산권상의 청구나 소가를 산출할 수 없는 경우의 소가

돈을 빌려주고 반환을 청구하는 소송 이외에도 소송에서 전부 승소할 경우에 직접 받게 될 경제적 이익을 객관적으로 평가하기 어려운 사건들이 있다. 이 경우에는 소가를 5,000만원으로 간주하여 수수료를 납부한다. 예를 들면 해고무효확인의 소, 행정소송 등이 이에 해당한다. 다만 특허소송, 회사관계소송 등은 소가를 1억원으로 한다.

1개의 소로서 수개의 비재산권을 목적으로 하는 청구를 병합한 때에는 각 청구의 소가를 합산하며, 비재산권을 목적을 하는 청구와 그 원인된 사실로부터 생기는 재산권을 목적으로 하는 청구를 1개의 소로서 제기하는 때에는 두 소가 중 '다액'으로 한다.

기타의 경우는 부록에 첨부되어 있는 인지 및 표를 참조하시기 바랍니다.

제3절 인지액(수수료) 계산방법과 납부서 양식

1. 수수료의 정의

수수료라 함은 일반적으로 국가 또는 공공단체가 징수하는 수익자 부담의 성질을 갖는 요금이며, 사적 분쟁의 해결을 위해 국가가 설치 운영하는 소송제도의 이용을 구하는 당사자(원고, 신청인)로부터 소의 제기 기타 절차상의 일정한 행위를 구하는 보상으로서 법률이 정하는 바에 따라 징수하는 요금이다.

민사소송등인지법에서는 수수료의 납부를 소장 기타 신청서 등을 제출할 때에 그 서면에 인지(印紙)를 붙이거나 당해 인지액 상당의 금액을 현금으로 납부할 것을 규정하고, 그에 따른 인지를 붙이지 아니하거나 인지액 상당의 현금을 납부하지 아니한 신청은 부적법하다고 규정함으로써 간접적으로 그 납부를 강제하는 방법을 취하고 있다.

따라서 소장 기타 신청서 등을 제출할 경우 필히 수수료를 계산하여 납부하여야 하고 전자소송의 경우 소장에 첨부하는 인지 내역의 90%를 납부하여야 한다.

기타 신청서별 자세한 수수료(인지) 내역은 부록에 표로서 정리하였다.

2. 인지액(수수료) 계산법

(1) 소장에는 소가(소송물가액)에 따라 금액 상당의 인지를 첨부 하여야 한다.

소송물가액(소가)	인지액 계산법
1,000 만원 미만	소송목적의 값 x 10,000분의 50
1,000만원 이상 ~ 1억원 미만	소송목적의 값 x 10,000분의 45 + 5,000원
1억원 이상 ~ 10억원 미만	소송목적의 값 x 10,000분의 40 + 55,000원
10억원 이상	소송목적의 값 x 10,000분의 35 + 555,000원

※ 예) ① 소가(청구금) 금2,000만원의 경우 인지액
= 2,000만원 × 10,000분의 45 + 5,000원
= 금 95,000원

② 소가 1억원의 경우 인지액[34]
= 1억원 × 10,000분의 40 + 55,000원
= 금 455,000원

(2) 항소[35]장, 상고[36]장의 인지액

항소장에는 위 규정액의 1.5배, 상고장에는 2배의 인지를 붙여야 한다(항소와 상고는 후술함).

---

34) 전자소송으로 항소한 경우에는 소가 1억원의 경우 금 409,500원의 인지를 납부한다.

35) 항소는 1심 판결에 대한 불복절차

36) 상고는 2심 판결에 대한 불복절차

※ 예) ① 항소가 금 2,000만원의 경우 인지액
= (2,000만원 x 10,000분의 45 + 5,000원) x 1.5
= 금 142,500원
② 상고가 금2,000만원의 경우 인지액
= (2,000만원 x 10,000분의 45 + 5,000원) x 2
= 금 190,000원
→ 전자소송의 경우 90% 납부

핵심정리 (종이 신청시)

1. 소송등인지의 현금납부서는 총3매 1세트로 용도는 다음과 같다.
   - 3-1 은행보관용 (현금납부서)
   - 3-2 현금영수증
   - 3-3 법원제출용 (현금영수필확인서)

   현금을 납부하고, 영수증과 법원제출용 납부서를 수령하여 법원제출용 2매를 제출용 서면에 첨부한다.

2. 납부금 반환의 경우, 소송등 인지를 현금으로 납부한 당일의 영업시간 마감전에 수납은행으로부터 교부받은 서류의 원본을 수납은행에 반환하는 경우에 한하여 반환이 가능하다.

3. 인지 납부서 양식

소송등인지의 현금납부서 (은행보관용)

법원코드	기번	조작자	수납일	수납점	수납액	법원별	납부번호
							은행번호:

법원코드				관서계좌							

납부인사용란					
	금 액		*구만오천원*	숫자금액	*9 5 0 0 0*
	납부인	성 명	*홍 길 동*	주민(법인)등록번호	*710101- 1500000*
		주 소	*서울시 서초구 서초동 00번지*		
	사건	사건명	*대여금 청구의 소*	사건번호	
		상대방	*유가해*		
	관할법원		*00지방법원*		
	심 급		❶1심 ②단독사건항소 ③합의사건항소 ④행정사건1심 ⑤상고심		

위와 같이 소송등 인지를 현금으로 납부합니다.

20○○ 년 0월 0일

납부인 *홍 길 동* (인) 수납인

주의 ☞ **인지규칙**

산출된 인지액이 1,000원 미만인 때에는 이를 1,000원으로 하고, 1,000원 이상인 경우에 100원 미만의 단수가 있는 때에는 그 단수는 계산하지 않는다.

- 소장 등에 첨부하거나 보정할 인지액이 10만원을 초과하는 때에는 전액을 현금으로 납부하여야 한다.(법원건물에 위치한 은행에 납부)
- 인지액이 10만원을 초과하지 않는 경우에도 현금으로 납부할 수 있다.(일반적으로 우체국에서 인지를 구입하여 첨부하고 있다)
- 현금수납은 송달료 수납은행에 납부하며 대부분 법원구내에 위치하고 있다.
- 인지액 상당의 금액을 현금으로 납부한 후 과오납금이 있음을 발견한 때에는 반환을 청구할 수 있다.

제4절 송달료 계산 및 납부방법

1. 송달료란 무엇인지?

소송상의 서류 즉 소장부본, 준비서면, 판결문 등 서류 내용을 당사자 또는 상대방에게 고지시킬 것을 목적으로 법원이 실시하는 절차를 **'송달' 이라 하며 그 비용을 송달료**(우편요금 등)라 한다. 소장 등을 제출할 때에는 당사자 수에 따른 계산방식에 의한 송달료(우편요금)를 송달료수납은행 (대부분 법원구내 은행)에 납부한 뒤, 그 은행으로부터 교부받은 송달료 납부서를 소장에 첨부하여야 한다.

전자소송의 경우 대법원 전자소송 홈페이지에서 인지와 함께 송달료를 납부한다.

종이소송의 경우 우편집배원이 등기우편물로 소장 등을 송달하므로, 각 사건의 송달료 계산방식은 다음과 같다.[37]

사 건	소가	송달료 계산법
민사 제1심 소액사건	금3,000만원이하	당사자수 × 10회분
민사 제1심 단독사건	소가 금3,000만원 초과 금2억원 이하	당사자수 × 15회분
민사 제1심 합의사건	소가 금2억원 초과	당사자수 × 15회분
민사항소사건	소가 무관	당사자수 × 12회분

37) 전자소송의 경우 원고의 송달료는 아래의 송달료 중 1/2를 선납하고, 피고의 인원에 해당하는 송달료는 전액을 선납하여야 한다.

민사 상고사건(다)	소가 무관	당사자수 × 8회분
민사 조정사건(머)	소가 무관	당사자수 × 5회분
부동산 등 경매사건(타경)	소가 무관	(신청서상의 이해관계인 수 + 3) × 10회분

2. 송달료 납부액 기준

※ 기준 : 1회 송달료 5,500원 / 당사자 2인 기준

(1) 민사 제1심 소액사건(가소) (소가 3천만원 이하 사건)
당사자수 ×1회분의 송달료 × 10회분

(2) 민사 제1심 단독사건(가단) (소가 5억원 이하 사건)
당사자수 ×1회분의 송달료 × 15회분

(3) 민사 제1심 합의사건(가합) (소가 5억원 초과 사건)
당사자수 ×1회분의 송달료 × 15회분

(4) 민사 항소사건(나) (2심 소장 제출시 / 소가 무관)
당사자수 ×1회분의 송달료 × 12회분

(5) 민사 상고사건(다) (3심 대법원 소장 제출시 / 소가 무관)
당사자수 ×1회분의 송달료 × 8회분

(6) 민사 조정사건(머)
당사자수 ×1회분의 송달료 × 5회분

(7) 부동산 경매사건(타경)

(신청서상의 이해관계인 수 + 3) × 1회분의 송달료 × 10회분

(8) 항고신청(라)

당사자수 ×1회분의 송달료 × 5회분

(9) 재항고사건(마) (3심)

당사자수 ×1회분의 송달료 × 5회분

(10) 기타집행(타기) (추심, 전부, 인도 명령)

당사자수 × 1회분의 송달료 × 3회분

(11) 부동산 가압류/가처분 신청사건(카단/카합)

당사자수 × 1회분의 송달료 × 3회분

(12) 부동산 가압류/가처분 이의신청, 결정취소

당사자수 × 1회분의 송달료 × 8회분

(13) 채권, 동산 가압류/가처분 사건(카단/카합)

당사자수 × 1회분의 송달료 × 3회분

(14) 제소전화해 신청사건(자)

당사자수 ×1회분의 송달료 × 4회분

(15) 재산관계 명시신청사건(카명)

당사자수 ×1회분의 송달료 × 5회분

<예시> 송달료

당사자(2명인 경우) × 1회분의 송달료 × 12회분 = 132,000원

3. 송달료 대신 우표로 법원에 납부하는 경우[38)]

(1) 부동산가압류 해제 : 우표- 2회 (등기소 1개당)

(2) 채권가압류 해제 : 우표 - 2회
(제3채무자 1명당 1회분 추가)

(3) 말소등기 : 우표 - 2회

(4) 야간집행 : 우표 - 2회

주의 ☞ **송달료의 예납과 추납**

* 예납 : 사건접수시(신청, 항고, 항소, 상소 등) 납부 - (사건번호 미기재)
* 추납 : 사건진행중 송달료 추가납부요청이나 보정명령서상 송달료 추가납부 요청이 있는 경우 납부하는 우편료 - (사건번호 기재)

38) 법원송달료 기준변경(공탁 및 우표가 사용될 경우 5,280원)됨.

4. 송달료 납부서

송달료(예납 . 추납) 납부서(법원제출용)

은행번호

<table>
<tr><td rowspan="6">납부당사자사용란</td><td>법원명</td><td colspan="2">OO지방법원</td><td>사건번호</td><td></td></tr>
<tr><td>성 명</td><td colspan="2">홍 길 동</td><td>금 액</td><td>000 원</td></tr>
<tr><td>주 소</td><td colspan="3">서울시 서초구 서초동 00번지</td><td>우편번호 1 3 7 0 7 0</td></tr>
<tr><td rowspan="3">잔액환급계좌번호</td><td>조흥은행계좌입금</td><td>조흥은행 지점</td><td>계좌번호</td><td></td></tr>
<tr><td rowspan="2">타은행계좌</td><td>은행 지점</td><td>계좌번호</td><td></td></tr>
<tr><td>예 금 주</td><td>연 락 처 전화번호</td><td></td></tr>
</table>

<table>
<tr><td rowspan="3">법 원 사용란</td><td rowspan="2">사건번호</td><td>연 도</td><td>사건번호</td><td colspan="3">진 행 번 호</td></tr>
<tr><td></td><td></td><td colspan="3"></td></tr>
<tr><td>전산등록</td><td>사건등록(인)</td><td>이송등록(인)</td><td>수이송등록(인)</td><td>재배당등록(인)</td><td>기타( )(인)</td></tr>
</table>

위 사건에 관하여 송달료를 납부합니다.

20○○ 년 0월 0일

OO지방법원 OO지원 귀중

납부자 *홍길동* (인)

핵심정리 (종이소장 제출시)

1. 송달료 납부서는 총 3매 1세트로 용도는 다음과 같다.
   * 3-1 법원제출용, 3-2 영수증, 3-3 은행보관용

현금을 납부하고 영수증과 법원제출용 납부서를 수령하여 법원제출용 1매를 법원제출용 서면에 첨부한다.

2. 납부자의 날인은 인장뿐 아니라 서명도 가능하며, 소송이 종료되어 송달료 잔액환급을 받을 수 있도록 납부자 잔액환급계좌번호를 기재하여야 한다.

3. 송달료 납부서는 법원구내 은행에 비치되어 있다.

제5절 소장은 어느 법원에 제출해야 되는지?

소를 제기하는 원고는 소장을 작성하여 원고의 주소지에서 가장 가까운 법원에 제출하고 소송을 진행하면 좋겠지만 소장의 제출은 국내에 있는 여러 곳의 법원 중 제출할 수 있는 법원이 정해져 있다. 이를 법원의 관할이라고 하며, 다시 말해서 관할이란 우리나라 법원 중 어떤 법원이 어떤 사건을 담당할 것인지 결정한다.

소송의 원고가 되는 사람은 소장을 제출하기 전에 어느 법원에서 소송을 진행할 수 있는지 확인해야 한다. 관할에는 일반적인 경우와 특별한 경우가 있다. 자세한 내용과 각 지역별 법원 관할에 관한 부분은 아래 표를 참조하도록 한다.

1. 일반적으로 인정되는 소장제출 법원

자연인 (일반인)	**- 피고의 주소지 관할법원** - 주소가 없거나 주소를 알 수 없는 때에는 거소(현재 사실상 거주), 거소가 없거나 알 수 없는 때에는 최후의 주소지 관할법원에 제출
법인 기타단체	**- 주된 사무소 또는 영업소(본점) 소재지** - 주된 영업소가 없는 때에는 주된 업무담당자의 주소지 관할법원에 제출해야 한다.

2. 특별히 인정되는 소장 제출법원

민법은 특정물인도채무 이외의 **금전채무의 이행장소에 대해서는 원칙적으로 채무자가 채권자의 주소지에 가서 이행할 것을 요구하고 있는 관계(지참채무의 원칙)로 원고의 주소지 관할 법원에서 소송이 가능**하다. 기타 사항에 대해서는 아래 표를 참조한다.

근무지 법원	사무소 또는 영업소에 계속하여 근무하는 자에 대한 소
거소지 또는 의무 이행지 법원	재산권에 관한 소 * 의무 이행지란(금전; 채권자의 주소지, 물건: 물건의 인도장소)
어음, 수표의 지급지 법원	어음 · 수표에 관한 소
사무소, 영업소 소재지	사무소 또는 영업소가 있는 자에 대한 소는 그 사무소 또는 영업소의 업무에 관한 것에 한하여 그 소재지 법원에 제기할 수 있다.
불법행위지	불법행위에 관한 소는 그 행위지의 법원
부동산 소재지	부동산에 관한 소
등기 · 등록지	등기 · 등록에 관한 소는 등기 또는 등록할 공무소 소재지 법원
특정유형의 소에 대한 특별재판적 (제24조)	지적재산권과 국제거래에 관한 소의 경우 그에 관한 전문재판부가 설치된 고등법원이 있는 곳의 지방법원에 특별재판적을 인정하고 있다.

※ 위와 같이 특별히 인정된 법원이 있는 경우에는 일반적으로지정된 법원과 비교하여 원고에게 유리한 법원을 선택할 수 있다.

3. 당사자의 합의에 의하여 인정되는 소장 제출법원

법률상의 전속관할로 지정된 경우를 제외하고는 당사자가 일정한 법률관계에 기인한 소에 관하여 서면으로써 합의에 의하여 제1심 관할법원을 정할 수도 있다. 구체적으로 계약서에 "분쟁이 발생할 경우 관할법원은 지방법원으로 한다" 라는 문구가 들어가 있다면 그 계약 관련 소송은 관할이 정해져 있는 것이다.

4. 응소관할은 무엇인지?

원고가 관할권이 없는 법원에 소송을 제기할 경우 피고가 변론기일에 출석하여 원고의 청구에 대하여 응소하게 되면 그때부터 관할권이 발생하게 되는데 이를 응소관할이라고 한다. 이 경우 소송은 계속 진행하게 된다.

5. 법원관할구역

일반적으로 소장을 제출할 경우 **피고의 주소지 관할법원에 소장 제출이 가능**하며, 특별재판적으로 **지참채무의 경우 원고의 주소지(특별재판적) 법원에도 소장을 제출**할 수 있다. 주소지 기준 법원 관할구역은 어떻게 되는지 아래 표를 참조하기 바란다.

[별표] 고등법원·지방법원과 그 지원의 관할구역

고등법원	지방법원	지원	관할구역
서울	서울중앙		종로구 · 중구 · 강남구 · 서초구 · 관악구 · 동작구
	서울동부		성동구 · 광진구 · 강동구 · 송파구
	서울남부		영등포구 · 강서구 · 양천구 · 구로구 · 금천구
	서울북부		동대문구 · 중랑구 · 도봉구 · 강북구 · 노원구 · 성북구
	서울서부		서대문구 · 마포구 · 은평구 · 용산구
	의정부		의정부시 · 동두천시 · 양주시 · 연천군 · 포천시 · 강원도 · 철원군
		고양	고양시 · 파주시
		남양주	구리시, 남양주, 가평군
	인 천		인천광역시
		부천	부천시 · 김포시
	춘 천		춘천시 · 화천군 · 양구군 · 인제군 · 홍천군
		강릉	강릉시 · 동해시 · 삼척시
		원주	원주시 · 횡성군
		속초	속초시 · 양양군 · 고성군
		영월	태백시 · 영월군 · 정선군 · 평창군
수원	수 원		수원시 · 오산시 · 용인시 · 화성시
		성남	성남시 · 하남시 · 광주시
		여주	이천시 · 여주시 · 양평군
		평택	평택시 · 안성시
		안산	안산시 · 광명시 · 시흥시
		안양	안양시 · 과천시 · 의왕시 · 군포시
대전	대 전		대전광역시 · 세종특별자치시 · 금산군
		홍성	보령시 · 홍성군 · 예산군 · 서천군
		공주	공주시 · 청양군
		논산	논산시 · 계룡시 · 부여군
		서산	서산시 · 태안군 · 당진군
		천안	천안시 · 아산시
	청 주		청주시 · 진천군 · 보은군 · 괴산군 · 증평군
		충주	충주시 · 음성군
		제천	제천시 · 단양군
		영동	영동군 · 옥천군

고등법원	지방법원	지원	관할구역
대구	**대구**		대구광역시 중구 · 동구 · 남구 · 북구 · 수성구 · 영천시 · 경산시 · 칠곡군 · 청도군
		서부	대구광역시 서구 · 달서구 · 달성군 · 성주군 · 고령군
		안동	안동시 · 영주시 · 봉화군
		경주	경주시
		포항	포항시 · 울릉군
		김천	김천시 · 구미시
		상주	상주시 · 문경시 · 예천군
		의성	의성군 · 군위군 · 청송군
		영덕	영덕군 · 영양군 · 울진군
부산	**부산**		부산광역시중구 · 동구 · 영도구 · 부산진구 · 동래구 · 연제구 · 금정구
		동부	부산광역시 해운대구 · 남구 · 수영구 · 기장군
		서부	부산광역시 · 서구 · 북구 · 사상구 · 강서구 · 사하구
	울산		울산광역시 · 양산시
	창원		창원성산구, 창원의창구,진해구, 김해시
		진주	진주시 · 사천시 · 남해군 · 하동군 · 산청군
		통영	통영시 · 거제시 · 고성군
		밀양	밀양시 · 창녕군
		거창	거창군 · 함양군 · 합천군
		마산	마산합포구, 마산회원구, 함안군, 의령군
광주	**광주**		광주광역시 · 나주시 · 화순군 · 장성군 · 담양군 · 곡성군 · 영광군
		목포	목포시 · 무안군 · 신안군 · 함평군 · 영암군
		장흥	장흥군 · 강진군
		순천	순천시 · 여수시 · 광양시 · 구례군 · 고흥군 · 보성군
		해남	해남군 · 완도군 · 진도군
	전주		전주시 · 김제시 · 완주군 · 임실군 · 진안군 · 무주군
		군산	군산시 · 익산시
		정읍	정읍시 · 부안군 · 고창군
		남원	남원시 · 장수군 · 순창군
	제주		제주시 · 서귀포시

* 각급법원의 설치와 관할 구역에 관한 법률
고등법원 원외재판부: 제주, 전주, 청주, 춘천, 창원, 인천, 울산

제6절 소송별 요건사실

소송별 쟁점이 되는 내용 중 당사자의 표시와 소명별 요건은 무엇을 주장해야 하여야 하며, 소가는 얼마로 하여야 할까?

아래와 같이 각 소명별 쟁점들을 표로서 정리한다.

1. 대여금 청구

원고	채권자	**피고**	채무자
요건사실	◈ 대여금반환청구 ■ 금전소비대차계약(변제기 포함)을 체결한 사실 ■ 금전을 지급한 사실 ■ 변제기가 도래한 사실		
	◈ 부대청구(이자청구) ■ 원본채권의 발생 ■ 이자를 약정한 사실 ■ 목적물의 인도 및 인도시기	◈부대청구(지연손해금청구) ■ 원본채권의 발생 ■ 반환시기 및 그 도과	
소가	청구금액		

2. 임대차보증금반환 청구

원 고	임차인	피 고	임대인
요건사실	◈임대차보증금 반환 ■임대차계약을 체결한사실 ■보증금을 지급한 사실 ■임대차가 종료한 사실	◈부대청구(지연손해금) ■임대목적물을 인도한 사실	
소 가	청구금액		

3. 매매대금 청구

원 고	매도인	피 고	매수인

요건사실 (매매대금)	매매계약체결 사실, 부대청구: 소유권이전, 인도청구 완료한 경우
소 가	청구금액

4. 구상금 청구

원 고	대위변제자 (또는 보증인)	피 고	주채무자(또는 연대채무자)

요건사실	■ 기본적 관계(금전차용, 보증, 공동불법행위 등)가 성립한 사실 ■ 대위변제한 사실
소 가	청구금액

5. 어음금 청구

원 고	소지인	피 고	발행인과 배서인

요건사실	◈ 발행인에 대한 청구 ■ 피고가 어음행위(발행, 배서, 보증 등)를 한 사실 ■ 어음상의 권리가 원고에게 귀속된 사실 ■ 원고가 어음을 소지한 사실
	◈ 배서인에 대한 청구 ■ 피고의 어음배서 사실 ■ 어음상의 권리가 원고에게 귀속된 사실 ■ 적법한 지급제시 및 지급거절된 사실 ■ 지급거절증서의 작성.작성면제의 특약 ■ 원고가 어음을 소지한 사실
소 가	청구금액

6. 공사대금 청구

원 고	수급인	피 고	도급인
요건사실	■도급계약을 체결한 사실 ■건축공사를 전부 또는 일부 완성한 사실		
소 가	청구금액		

7. 양수금 청구

원 고	양수인	피 고	채무자
요건사실	■甲(채권양도인)이 피고에게 돈을 대여(채권존재) 한 사실 ■甲이 원고에게 위 대여금 채권을 양도한 사실 ■甲이 피고에게 양도통지를 하였거나 피고가 승낙한 사실		
소 가	청구금액		

8. 부당이득금 청구

원 고	손실자	피 고	이득자
요건사실	■원고에게 손실이 발생하고 그로 인하여 피고에게 이득이 발생한 사실 ■이득의 발생에 법률상 원인이 없을 것 ■이득을 얻은 물건의 가액		
소 가	청구금액		

9. 가등기에 기한 본등기 청구

원 고	가등기권자(매수인)	피 고	소유자(매도인)
요건사실	■ 돈을 대여한 사실 ■ 대물변제(매매)예약을 한 사실 ■ 가등기한 사실 ■ 대물변제(매매)예약 완결의 의사표시가 도달한 사실 ■ 청산절차를 마친 사실 [가등기담보등에 관한법률]		
소 가	권리의 종류에 따라 제1호 또는 제2호의 규정에 의한 값의 1/2		

10. 소유권이전등기 청구 (매매로 인한)

원 고	매수인	피 고	매도인
요건사실	■ 매매계약체결 사실		
소 가	목적물건의 값		

11. (근)저당권말소 청구

원 고	채무자, 소유자	피 고	(근)저당권자
요건사실	■ 원고 소유인 사실 ■ 피고 명의의 등기가 마쳐진 사실 ■ 등기원인 서류가 위조, 등기원인의 무효.취소.해제 ■ 피담보채무가 변제된 사실(후발적 실효)		
소 가	말소등기 ■ 등기원인 무효, 취소 - 제1호 내지 3호의 규정에 의한 1/2 ■ 계약의 해제나 해지 - 제1호 내지 제3호의 규정에 의한 값		

12. 건물(토지)인도 청구 (임대차종료를 이유로 한)

원 고	소유자 등 권리자	피 고	임차인

요건사실	■임대차계약을 체결한 사실 ■목적물을 임차인에게 인도한 사실 ■임대차가 종료한 사실
부대청구	■임대목적물을 계속 사용 수익한 사실

소 가	물건의 인도 ■소유권에 기한 경우 - 목적물건 값의1/2 ■지상권, 전세권, 임차권 등의 원인 - 목적물건 값의 1/2 ■점유권에 기한 경우 - 목적물건 값의 1/3

13. 손해배상 청구 (일반불법행위로 인한)

원 고	피해자	피 고	가해자

요건사실	■원고의 권리에 대한 피고의 행위 ■피고의 고의 또는 과실 ■원고에게 손해가 발생한 사실 ■피고의 행위와 원고의 손해 사이의 인과관계
소 가	청구금액

14. 손해배상 청구-교통사고로 인한

원 고	피해자	피 고	가해자(또는 보험회사)

요건사실	■자동차의 운행 중 교통사고가 발생하여 원고의 피상속인이 사망하거나 원고가 상해를 입은 사실 ■피고의 고의 또는 과실(피고가 자동차를 운행한 사실 또는 보험회사에 가입한 사실) ■원고 또는 망인의 손해액
소 가	청구금액

15. 배당이의의 소

원 고	배당채권자 또는 채무자	피 고	집행 채권자

요건사실	■배당이의를 한 사실 ■배당순위 오류 또는 배당채권소멸 사실 ■배당수령권이 있는 사실
소 가	배당증가액

16. 사해행위취소 소송

원 고	채권자	피 고	수익자 또는 전득자

요건사실	■원고의 乙(채무자)에 대한 채권이 있는 사실(피보전채권의 발생) ■乙이 피고에게 재산을 처분한 사실(채무자의 사해행위) ■乙이 원고를 해할 의사가 있었다는 사실(사해의사)
소 가	취소되는 법률행위의 목적의 값을 한도로 한 원고의 채권액

17. 추심금(전부금) 청구 소송

원 고	추심(전부) 채권자	피 고	제3채무자

요건사실	■ 추심(전부)채권존재 ■ 추심(전부)명령 ■ 제3채무자에 대한 송달
소 가	청구금액

제5장 재판절차는 어떻게 되는지?

제1절 사건진행 절차

소장을 제출한 이후 조정이나 판결에 이르기까지의 절차도는 아래와 같다.

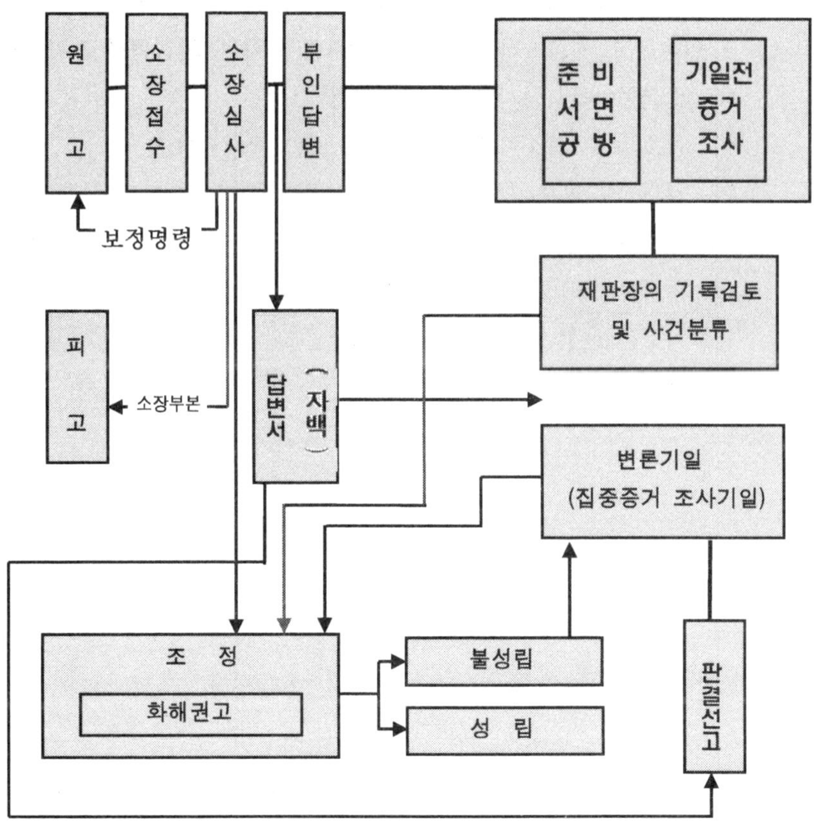

참조 ☞ **소송 진행 순서 및 서류 제출자와 수량 (종이소송의 경우/ 전자소송은 부본 없음)**

1. 소장의 제출(원고) – 법원용 1부, 상대방용
2. 답변서의 제출(피고) – 법원용 1부, 상대방용[39]
3. 준비서면 제출(원고, 피고) – 법원용, 상대방용
4. 증거자료 제출(원고, 피고) – 증거신청 등
5. 변론(원고, 피고)
6. 검증, 감정, 문서송부촉탁, 사실조회신청 등(원고, 피고)
7. 변론(원고, 피고)
8. 변론 종결(원고, 피고) – 결심(판결 선고기일 지정)
9. **판결선고 – 상소하지 아니할 경우 판결 확정/ 가집행선고 가능**
10. 판결문 송달(당사자 또는 대리인)
11. 항소 여부(패소자 항소장 제출, 또는 판결확정)
12. 강제집행 또는 항소심 진행
13. 항소심 판결
14. 판결불복(패소자) – 상고장 제출(2심법원)
15. 상고심 진행 – 법률심
16. 판결 확정(상소 없음)

39) 상대방이 변호사가 선임되어 있을 경우에는 당사자가 많아도 1명으로 본다.

제 2 절 소제기 방법은 어떻게 되는지?

1. 소장의 제출

앞장에서 설명한 방법으로 소장을 준비하고 수수료를 납부하여 소송준비가 되었다면, 이제 법원에 소장을 제출해야 한다. 소의 제기는 소장을 작성하여 법원에 제출하는 방법에 의하는 것이 원칙이며, 직접 제출의 방법과 우편발송의 방법이 있다. 이와 별도로 대법원 홈페이지에 전자적으로 제출하는 방법이 있다.

소장의 용지규격에 관하여는 **A4용지(가로 210mm, 세로 297mm)의 종이를 세워서 쓰는 것을 원칙**으로 하고, 뒷장의 기재가 앞장에 비쳐 보이는 지질의 용지를 사용해서는 안된다.

법원민원실에 비치된 소장양식으로 직접 소장을 작성할 수 있으며, 직접 제출시 제출인의 신분증을 지참하여야 한다.

소액사건의 경우에는 소장의 제출에 의하지 아니하고 원고가 구술(口述)로써 소를 제기할 수 있다. 구술로써 소를 제기하는 때에는 법원 사무관 등의 면전에서 진술하여야 하고 그 경우에 법원사무관 등은 제소 조서를 작성하고 이에 기명날인하여야 한다(실무에서는 구술에 의한 제소 보다는 대부분 소장 양식을 이용하여 소장을 작성하고 법원에 제출하고 있다). 또한 접수와 동시에 사건번호를 지정하고 기일을 지정하게 되므로 첫 기일에는 반드시 출석하여 본인의 의견을 주장하여야 한다(전자소송의 경우 제9장 전자소송 참조).

♤ 참 고 : 실무상 통용되는 당사자의 호칭

① 통상의 소 : 원고, 피고

② 반 소 : 원고(반소피고), 피고(반소원고)

③ 항 소 심 : 원고(항소인), 피고(피항소인)

④ 상 고 심 : 상고인, 피상고인

⑤ 항고 사건 : 항고인, 재항고인, 특별항고인, 상대방

⑥ 독촉 사건 : 채권자, 채무자(다만 채무자가 이의신청을 하면 소송 사건이 되므로, 그 호칭이 원고, 피고로 변한다.)

⑦ 제소전화해사건 : 신청인, 상대방

⑧ 강제집행사건, 임의경매사건 : 채권자, 채무자, 소유자, 제3채무자

⑨ 가압류, 가처분사건 : 신청인, 피신청인(또는 채권자, 채무자)

⑩ 가사소송사건 : 원고, 피고, 사건본인

⑪ 가사비송사건 : 청구인, 관계인 혹은 상대방, 사건본인

⑫ 조정 사건 : 신청인, 피신청인으로 하고, 조정에 직권 회부된 경우에는 원,피고 명칭을 사용한다.

2. 소송요건의 심사

소가 적법한 취급을 받기 위하여 구비하지 않으면 안 될 사항을 소송요건(서류심사)이라 하고, 그 종류는 다음과 같다.

가. 법원에 관한 것

우선 피고에 대한 재판권이 미치고 국제관할권이 있어야 한다. 또한 법원이 토지관할, 사물관할 및 직분관할권을 가지고 있

어야 하며, 민사소송 사항이어야 한다.

나. 당사자(원,피고)에 관한 것

(1) 당사자가 실재하고 당사자능력이 있어야 한다. 허무인을 상대로 한 소송, 망인(사망자)을 상대로 한 소송 등은 모두 이러한 소송요건이 결여된 것이다.

(2) 당사자적격을 가져야 한다.

(3) 소송능력, 법정대리권, 소송행위에 필요한 수권, 법인 등의 대표권이 있어야 한다.

3. 보정명령

소장을 제출하였는데 소송요건이나 꼭 기재해야 할 필요적 기재 사항이 누락되었거나 수수료인 인지가 첩부되지 않은 경우에는 재판장은 원고에게 기간을 정하여 그 보정(보완)을 하게 하고, 보정명령은 보정할 사항, 예컨대 흠결내용, 부족인지의 액수 등을 명시하고 보정하게 한다.

예를 들어 소장 제출 이후 피고의 주소지가 불분명하여 소장 부본이 피고에게 송달되지 않으면 소송이 진행되지 않고, 법원은 원고에게 피고의 주소를 보정(수정 및 보완)하도록 하고 있으며, 주소보정의 경우 아래 양식을 이용할 수 있다.

◈ 주소보정서 (보정명령서 수령의 경우)

주 소 보 정 서

사　건　20○○가단(소)○○호　손해배상(기)
원　고　홍 길 동
피　고　유 가 해

위 당사자간 귀원 20○○가합 ○○호 손해배상(기)사건에 관하여, 귀 원의 명령에 의하여 다음과 같이 주소를 보정합니다. (또는 위 사건에 관하여 원고는 피고의 송달 가능한 주소를 다음과 같이 보정합니다.)

다　음

1.　피고 유가해의 주소
서울시 강남구 역삼동 00번지
우편번호: 000-000

첨　부 : 피고 주민등록 초본　1통

20○○년 ○○월　○○일
원고 홍 길 동 (인)

○○ 지방법원　제 ○ 민사부 귀중

핵심정리

1. 보정서는 인지를 첩부하지 않고 부본을 제출하지 않는다.
2. 송달주소와 주민등록지의 주소가 다르거나 주소보정을 주민등록지가 아닌 실제 거주지로 보정할 경우 주민등록초본은 첨부하지 않는다.

제3절 소장 부본의 송달

1. 송달의 시기

소장이 제출된 후 재판장의 소장 심사를 거쳐 흠결이 없는 것으로 인정되면 피고에게 소장부본(상대방용)을 송달한다. 소액사건에서 원고의 구술에 의한 제소가 된 경우에는 그 제소조서등본을 피고에게 송달하게 되며, 소장이 제출된 경우 금전 등 당사자간 다툼이 없을 것으로 예상되는 소액사건은 법원이 피고에게 이행권고결정을 하여 피고가 이의를 하지 않으면 결정은 확정판결과 같은 효력을 가지게 되어 강제집행이 가능하게 된다(앞장 소액소송 참조).

전자소송의 경우 송달은 메일 및 핸드폰으로 통보하여 송달하고, 이를 기준으로 송달일을 기산한다. 따라서 법원의 메일 또는 문자를 받았을 경우에는 대법원 홈페이지에 방문하여 관련 정보 및 문서를 별도로 확인하여야 한다.

2. 송달불능이 된 경우에는

송달(일반적으로 우체부가 등기로 전달함)을 시행하여 본 결과 송달실시기관(주로 우편집배원)의 보고서에 의하여 송달불능임에 드러난 경우에는 다음과 같이 처리하게 된다.

(1) 주소불명 또는 수취인불명으로 반송된 경우에는 먼저 송달시행 당시의 우편봉투에 기재된 주소 및 성명에 오기가 없었는지를 조사한 후 오기가 있었음이 확인되면 올바르게 기재하여 재송달을 실시한다.

(2) 폐문부재로 반송된 경우에는 일단 재송달을 실시하는 것이 원칙이나, 재송달을 하여도 반송될 만한 사정이 엿보일 때에는 주소보정명령을 할 수 있다.

(3) 그 밖의 사유로 반송된 경우에는 재판장이 원고에게 피고에 대한 송달가능한 주소의 보정을 명하고, 아울러 그 송달불능사유를 알려주거나 보정명령서에 송달불능사유를 기재한다.

(4) 소장 부본이 송달불능 되어 법원에서 원고에게 보정명령이 도착하면, 당사자는 법원에 준비된 아래 양식을 이용하여 관련 자료를(예: 주민등록초본 등) 첨부하여 주소보정, 재송달신청, 특별송달신청, 공시송달신청 등을 해야 된다.

참고 ☞

1) 주소보정
- 주소를 다시 확인하여 법원에 보고하거나 기존 주소를 변경하는 제도

2) 재송달 신청서
- 법원소송서류 등이 송달 불능 되었을 경우 다시 같은 주소지로 송달하는 제도

3) 특별송달신청
- 우편송달이 어려울 때, 집행관이나 법정경위가 직접 송달 할 수 있도록 하는 제도

4) 공시송달신청
- 소송서류를 직접 송달하지 않고 공시, 게시를 통하여 송달한 것으로 간주하는 제도로서 공시송달 요건이 까다로운 편이다(후술).

5) 통합송달신청서
- 위 재송달 신청 및 특별송달 신청(주간, 야간)을 동시에 할 수 있다.

◈ 보정서 (주소보정, 재송달신청서, 특별송달신청, 공시송달신청 공용)

보 정 서	(* 해당사항을 기재하고 해당 번호란에 O표)
사건번호 200 가소(차) 1234호 (단독) 원고(채권자) : 홍 길 동 피고(채무자) : 유 가 해 귀원의 보정명령에 따라 아래와 같이 보정합니다.	
1. 주소보정 성 명 : 유가해 보정할 주소 : 서울시 강남구 역삼동 00번지	
2. 재송달 신청 상대방이 그 주소지에 거주하고 있으면서 고의로 수령을 거부하고 있으므로 같은 주소에 다시 송달하여 주시기 바랍니다.	
3. 주간 특별송달신청(집행관에 의한 송달) 상대방이 송달할 장소에 살고 있으면서 일부러 송달물을 받지 않거나, 집행관에 의하여 송달물을 신속히 송달하지 아니하면 소기의 목적을 달성할 수 없음	
4. 야간 및 휴일 특별송달신청(집행관에 의한 송달) 상대방이 야간 또는 휴일에만 송달물을 받을 수 있음	
5. 공시송달신청(위 1내지 4의 방법에 의한 보정이 불가능) 상대방의 주소, 거소, 기타 송달할 장소를 알 수 없음 첨부서류 : 주민등록 말소 확인서 등	
20○○. ○○. ○○. 위(1항, 2항, 3항, 4항, 5항) 원고 홍 길 동 (인) ○ ○ 법원 귀중	

3. 공시송달 신청방법

소송서류가 이사불명 등으로 송달불능 된 경우, 일반적인 통상의 조사를 다하였으나 당사자의 주소, 거소 기타 법정의 송달장소 중 어느 한 곳도 알지 못한 경우에는 주민등록등(초)본 1통과 최후 주소지의 통·반장이나 인근거주자의 인우보증서(불거주 확인서), 근친자의 확인서를 첨부하여 공시송달을 신청한다.

공시송달이란 상대방에게 실제로 소장 부본, 소송서류 등을 우편 등으로 송달하지 않고, 법원의 게시판에 소송서류를 게시하고 상대방이 소송서류를 받은 것으로 간주하여, 원고는 소장 제출 이후 공시송달이 결정되면 승소하게 된다. 따라서 공시송달의 요건을 갖추지 않으면 이 신청을 받아주지 않는다.

◈ 사례 : 불거주확인서 (공시송달 신청시 첨부)

불 거 주 확 인 서

성명: 유 가 해 (주민번호)
주소: 서울시 강남구 역삼1동 00번지

상기인은 위 상기인의 주소지에 거주하고 있지 않음을 확인합니다.
첨부서류: 인감증명서 또는 주민등록등본

확인자 성명 : 이 반 장(주민등록번호) (인)
주소 : 서울시 강남구 역삼1동 001번지
관계 : 역삼1동 통장(반장)/ 점유자

제 4 절　소장 제출이후 소송절차는 어떻게 되는지?

소장을 작성하여 법원에 소장이 접수되면 법원은 특별한 형식적 하자가 없는 한 그 부본을 즉시 상대방에게 송달하고, **30일 이내에 답변서**를 제출하도록 최고한다(제1절 사건진행 절차도 참조).

그 후 피고가 답변서를 제출하였는지 여부에 따라 절차진행은 전혀 다른 궤도를 밟게 된다. 먼저 기한 내에 답변서가 제출되지 않은 경우에는 즉시 제1회 변론기일을 지정하여 의제자백으로 종결 처리한다.

피고에 대하여 소장부본이 송달 불능되면 주소보정명령, 공시송달신청, 공시송달의 실행 및 관련 증거신청을 기일 전에 모두 마치도록 하여 제1회 변론기일에 결심(변론마감)될 수 있도록 운영한다.

다음, 피고가 실질적 내용이 있는 답변서를 제출하면 이를 원고에게 송달하면서 **3주 내**에 **반박 준비서면을 제출**하도록 안내하고, 그에 따라 원고가 준비서면을 제출하면 다시 피고에게 송달하여 3주 내에 재반박을 하게 한다.

그리고 이때, 쌍방 당사자는 준비서면에 의한 주장의 제출과 더불어 그 주장을 뒷받침하는 증거신청 및 증거의 제출을 모두 해야 한다. 따라서 증거서류는 준비서면에 첨부하여 제출하여야 하고, 문서송부촉탁, 사실조회, 검증, 감정 등 증인신문을 제외한 모든 증거신청도 이 단계에서 마치는 것을 원칙으로 운영한다.

이러한 서면공방절차를 통하여 쌍방으로부터 어느 정도 주장 및 입증자료가 제출되면, 재판장은 그 단계에서 본격적인 기록검토 및 사건 분류를 하여 심리방향을 결정하게 된다.

쟁점정리기일은 원·피고 당사자가 직접 법관 면전에서 사건의 쟁점에 대해 확인하고, 상호 반박의 기회를 가질 수 있도록 하는 제도이다. 이것은 본인의 마음에 품고 있는 말을 모두 할 수 있도록 함으로써 재판에 대해 승복하는 방향으로 운영하고자 하는 목적을 띤다.

그 다음 기일은 변론기일이 되지만, 대부분 증인신문기일로 운영된다. 이 기일에는 각 사건에 관련된 쌍방의 증인 전원을 한꺼번에 집중적으로 신문하고, 증인신문을 마친 사건은 원칙적으로 그로부터 2주내에 판결을 선고한다는 구조로 운영한다. 판결 선고 이후 수일 이내에 판결문이 소송당사자 또는 그 변호사에게 송달되면 상소여부를 판단하여야 한다(법무사에게 대서를 부탁할 경우 법원의 서류는 모두 당사자에게 송달된다).

제5절 소송의 대리 출석은 가능한가?

소장을 접수하고 1차 변론기일에 바쁜 업무나 사정상 법원에 출석할 수 없을 때, 혹은 미성년자나 가족 등과 관련하여 소송에 대리 출석은 가능한지 여부 및 대리권의 범위 등을 표로 정리하였다.

1. 소송대리

대리인의 자격	소송대리인의 자격은 합의사건, 단독사건, 소액사건에 따라 차이가 있다. 어느 경우에나 공통적인 것은 소송능력이 있고 서면으로 소송대리권을 증명하여야 한다.
대리권의 범위	소송대리인이 어느 범위까지 본인을 대리하여 소송행위를 할 수 있는가? ▶ 원칙 : 일체의 소송행위를 할 수 있다. ▶ 예외 : 소 취하, 화해, 청구의 포기, 인낙, 소송탈퇴 등의 경우에는 본인으로부터 특별한 권한을 부여받아야 한다.
합의부에서 심판하는 사건	소송물가액이 2억원을 초과하는 사건을 말한다. 변호사, 지배인, 국가소송수행자 이외에는 소송대리를 할 수 없다(2심의 경우 고등법원에서 진행한다).
단독판사가 심판하는 사건	당사자와 친족, 비변호사 소송대리를 허용할 사건의 범위를 단독 사건 중 대법원 규칙으로 정하는 일정액(2억원을 초과하지 않는)이하의 소가를 가진 사건으로 한정했다. 소송대리인의 자격요건을 당사자와 밀접한 생활관계에 있다고 인정할 수 있는 일정한 범위내의 친족이나 당사자에게 고용되어 해당 사건에 관한 통상 법무를 처리해온 사람으로 제한하고, 법원

	의 허가를 받을 수 있는 사람은 다음 각호 가운데 어느 하나에 해당하여야 한다. 1. 당사자의 배우자 또는 4 촌 안의 친족으로 당사자와의 생활관계에 비추어 상당하다고 인정되는 경우 2. 당사자와 고용, 그 밖에 이에 준하는 계약관계를 맺고 그 사건에 관한 통상 사무를 처리·보조하는 사람으로서 그 사람이 담당하는 사무와 사건의 내용 등에 비추어 상당하다고 인정되는 경우 ▶ 법원으로부터 소송대리허가를 얻으려면 소송을 위임 한다는 위임장과 소송대리허가신청서를 미리 제출하여야 하며, 법원으로부터 허가를 받지 못하면 불출석의 불이익을 받을 수 있다(2심의 경우 지방법원에서 진행한다).
소액사건의 소송대리	소송물가액이 3,000만원을 초과하지 아니하는 금전 기타 대체물이나 유가증권의 일정한 수량의 지급을 목적으로 하는 제1심 민사사건을 말한다. ▶ 소액사건에 있어서 당사자의 배우자, 직계혈족, 형제자매, 호주는 법원의 허가 없이도 소송대리인이 될 수 있다. 이 경우 친족관계를 증명할 수 있는 가족관계증명서 또는 주민등록등본 및 수권관계를 증명할 수 있는 위임장을 제출하여야 한다. ▶ 위의 경우 외에 친족, 고용 등 특별한 관계가 있는 경우에는 법원의 허가를 얻어 소송대리인이 될 수 있다(2심의 경우 지방법원에서 진행한다).

2. 소송대리 허가신청서 양식

(1) 소송대리 허가신청서

소송대리 허가신청서

원　고 : 홍 길 동
피　고 : 유 가 해

위 당사자간 귀원 20○○가소1234호 대여금 청구 사건에 관하여 변호사가 아닌 아래 사람으로 하여금 소송대리를 할 수 있도록 허가하여 주시기 바랍니다.

아　래

성명 : 나 피 해
주소 : 서울시 서초구 서초동 1551-9

신 청 이 유

신청인 홍길동은 위 사건에 관하여 명의신탁자로서 사건에 대한 진행 상황을 잘 모르며, 업무 처리 과정은 나피해가 참여하여 주도적으로 진행하였으므로 이에 나피해를 소송대리인으로 신청합니다.

첨 부 서 류

1. 확인서(가족일 경우: 호적등본 또는 주민등록 등본)
2. 재직증명서 등 증명에 필요한 서류

20○○ .　　.　　.

위 원고(피고) 홍길동 (인)

○○ 지방법원 귀중

(2) 소송대리허가 신청 및 소송 위임장

소송대리허가 신청 및 소송 위임장

사건번호 20○○가소1234 (민사1 단독)
원고(채권자) : 홍 길 동
피고(채무자) : 유 가 해
이 사건에 관하여 아래와 같이 소송대리허가 신청 및 위임을 합니다.

인 지 500원 첨 부

재판장	허	부

1. 소송대리허가신청
소송대리 할 사람의 성명 : 나 피 해
주소 : 서울시 서초구 서초동 1538-8

소송대리허가를 신청하는 이유(간단하게) : 가족관계
첨부서류 : 호적등본

2. 소송위임 할 사항
가. 일체의 소송행위, 반소의 제기 및 응소
나. 재판상 및 재판외의 화해
다. 소의 취하
라. 청구의 포기 및 인락
마. 복대리인의 선임
바. 목적물의 수령
사. 공탁물의 납부, 공탁물 및 이자의 반환청구와 수령
아. 담보권행사, 최고신청, 담보취소신청등 신청에 대한 동의, 담보
취소 결정, 정본의 수령, 동 취소결정에 대한 항고권의 포기
자. 기타 (특정사항 기재요)

20○○. . .

위 신청인 및 위임인 성명 : 원고 홍 길 동 (인)

○○ 지방법원 귀중

제6절 재판기일의 변경은 어떻게 하는지?

법원으로부터 재판기일 통보를 받은 당사자가 기일에 갑자기 법정에 참석하지 못할 상황이 되었다면, 과연 어떻게 할 것인가?

기일이란 법원이 원·피고 등 소송관계인과 회합하여 소송행위를 함께 하는 시간을 말하며, 변론이란 소송이 제기된 법원의 공개법정에서 당사자 쌍방이 말로서 판결을 하는데 있어서 기초가 될 사실과 증거들을 제출하는 것이다.

아래 표를 통하여 최초 기일과 제2차 이후의 기일로 나누어 기일변경 허용 여부와 기일변경 방법에 대하여 설명하였다.

1. 재판기일의 변경

최초기일의 경우	제1차 변론기일의 변경은 양 당사자의 합의만 있으면 당연히 기일변경이 허용된다. 이 경우 합의서나 상대방의 동의서를 첨부하여 기일변경신청서를 해당법원에 직접 또는 우편으로 기일 전에 제출하여야 한다.
제2차 이후 기일의 경우	제2차 이후 기일의 변경은 현저한 사유 (예 : 자기 가족의 혼례·장례에 참석하는 경우, 당해 기일의 통지를 받기 전에 다른 법원으로부터 통지를 받은 경우 등)가 있는 때에 한하여 법원의 허가를 받아야만 변경될 수 있다. 이 경우 현저한 사유를 소명할 수 있는 자료를 첨부하여 법원에 기일변경신청서를 제출하여야 한다.

2. 신청서 사례 (결혼 등의 사유)

기일변경(연기) 신청서

사　건 : 20○○가소 1234　대여금 청구사건
원　고 : 홍 길 동
피　고 : 유 가 해

위 사건에 관하여　20○○. 6. 1. 에 변론기일이 지정되었으나 원고는 다음과 같은 사유로 인해 출석할 수 없으므로 변론기일을 변경(연기)하여 주시기 바랍니다.

다　　음

20○○년 6월 1일은 원고의 자녀 결혼식이 예정되어 있는 관계로　변론기일을 연기하여 주시기 바랍니다.

첨 부 서 류

1. 청첩장

20○○ . 5 . 20 .

위 원고　홍 길 동　(인)

○○ 지방법원　귀중

제7절 재판기일에 불출석하면 어떻게 되는지?

재판기일 이전에 기일 변경이나 연기를 신청하지 못하였거나 법원의 허가를 받지 못한 상태에서 당사자가 재판에 불참하였다면 어떻게 될까?

1. 원고가 불출석할 경우

변론기일에 원고는 불출석하고 피고만 출석한 경우에는 피고의 진술태도 여하에 따라 효과에 차이가 있다.

먼저 피고가 아무런 진술도 하지 않으면 재판장은 다음기일을 정하여 원·피고 쌍방을 소환하고 새로 지정된 기일에도 원·피고 쌍방이 불출석하거나, 피고만이 출석하여 그때도 아무런 진술을 하지 않을 때에는 법원은 아무런 기일을 정하지 않고 두었다가 1개월 이내에 원고로부터 기일지정신청이 없으면 소가 취하된 것으로 처리한다.

한편 원고가 불출석 하더라도 피고가 원고청구에 대하여 진술한 경우에는 원고의 소장진술을 간주하여 재판을 진행할 수 있다.

2. 피고의 불출석

변론기일에 원고와 피고가 모두 불출석한 경우에는 다시 기일을 정하여 재소환하고, 원고가 출석하여 소장을 진술한 경우, 피고가 답변서 기타 준비서면을 제출하지 않았을 때에는 원고 주장사실이 전부 진실하다고 인정할 수 있고 피고가 답변서 기타 준비서면을 제출하였을 때에는 그 서면을 진술한 것으로 간주하여 재판을 진행할 수 있다.

제8절 당사자의 법정출석 시 유의사항은 무엇인지?

법원에 도착하면 먼저 당일 재판할 사건에 관하여 법정 입구에 "오늘의 재판안내문"이 게시되어 사건번호, 시간, 사건명, 당사자 등을 알려주고 있으므로 이를 참고하도록 한다.

1. 법정에서의 준수사항

법정 안에서는 자세와 복장을 단정히 하고, 껌을 씹거나 담배를 피워서는 안 되며, 외투나 모자는 벗어야 한다. 떠들거나 함부로 자리를 떠나서는 안 되고, 휴대용전화기·호출기 등은 전원을 꺼서 작동되지 않도록 하여야 하며, 어린이가 울거나 소란을 피울 때에는 법정 밖으로 데리고 나가야 한다.

이 밖에 재판장의 명령이나 재판장의 명을 받은 직원의 지도에 따라야 한다. 법정 안에서는 누구든지 재판장의 허가 없이 사진촬영, 녹음, 녹화, 중계방송 등을 하여서는 안된다.

위의 준수사항을 위반할 때에는 20일 이하의 감치 또는 100만원 이하의 과태료의 벌을 받게 되며 경우에 따라서는 법정모독죄나 공무집행방해죄 등으로 처벌받을 수도 있다.

2. 소송관계인으로 출석한 경우 유의사항

소송당사자 기타 소송관계인으로 출석하는 사람은 재판장이 사건번호와 성명을 부르면 즉시 재판부에 들리도록 대답하고, 앞으로 나가야 하며, 증인으로 출석한 사람은 미리 배부하는 제출표 또는 선서서에 자필로 직접 그 내용을 기재하여 증인으로 호출될 때에 제출하고, 재판장이 성명, 주소, 생년월일, 주민등록번호, 직업을 물을 때에는 정확하게 대답해야 한다.

소송관계인 및 당사자가 방청석에서 대기하던 중 잠시 자리를 뜨게 될 경우에는 법정경위에게 소송관계인으로 출석하여 잠시 자리를 뜬다는 사실과 돌아올 시간 등을 알려두어야 출석하지 않은 것으로 처리되는 불이익을 방지할 수 있다.

증인여비가 납부된 사건에 있어서 증인으로 출석하여 증언을 마친 때에는 즉시 여비를 지급하고 있으니 이를 수령할 수 있도록 도장을 지참해야 한다.

제9절 변호인이 없는데 변론은 어떻게 해야 하는지?

일반인들이 변론기일에 법원에 직접 참석하여 판사 앞에서 말하거나 재판을 진행한다는 행위 자체만으로 긴장이 되고 두려움이 앞선다. 그러나 그것은 우려에 불과하다.

드라마에서는 변호인이 재판장에게 법조항을 얘기하며 변론을 하지만 우리나라 실제 소송에서는 법원이 같은 날, 같은 법정에서 수많은 사건을 처리해야 하므로 당사자의 주장을 말로 모두 표현하기에는 시간적인 문제가 발생한다.

따라서 법원에서는 말로 표현하기 보다는 준비서면을 제출하게 하고 아래와 같이 진행한다.

1. 준비서면 제출

준비서면은 변론에서 진술하고자 하는 사항을 기재하여 법원에 제출하는 서면을 말한다. 민사소송은 주장이나 증거제출의 책임이 당사자에게 있으므로 주장사실이나 증거방법 등을 준비서면으로 정리하여 제출해야 한다.

통상 준비서면에는 사건번호와 당사자, 주장사실을 논리정연하게 정리하여 기재하고, 주장을 증명하기 위한 증거방법과 상대방의 증거방법에 대한 의견 등을 기재하여야 하며, 증거자료는 준비서면을 제출할 때 같이 첨부하여 제출하여야 한다(예: 갑제 1호증, 을제 1호증 등).

준비서면은 반드시 법원에서 정한 기한 내에 제출하여야 한다. 만약 기한을 지나 늦게 제출할 경우 주장이 각하되는 불이익을 받을 수 있다. 준비서면은 상대방의 수에 상응하는 부본을 첨부하여 직접 법원에 제출하거나 또는 우편으로 제출할 수 있다(별도의 수수료는 없다).

준비서면을 제출하면 법정에서는 "○○년 ○○월 ○○자 준비서면을 진술합니다." 라는 한마디에 미리 제출한 준비서면의 내용을 진술한 것으로 본다.

◈ 준비서면

준 비 서 면

사 건 : 20○○가소 1234호 대여금청구
원 고 : 홍 길 동
피 고 : 유 가 해

위 사건에 관하여 원고(또는 원고의 대리인)는 다음과 같이 변론을 준비 합니다.

다 음

주장하는 내용을 기재한다.

입 증 방 법

1. 갑제 2호증: 확인서 사본 1통
1. 갑제 3호증: 양수도 계약서 사본 1통

* 첨부서류가 있다면 첨부서류 명을 기재한다.

20○○ . 6. 1.

위 원고 홍 길 동 (인)

○ ○ 지방법원 귀중

2. 원고의 소장에 대한 피고의 의견은 어떻게 주장하는지?

피고가 소장 부본을 수령하고 이에 대한 의견이나 주장을 기재하여 최초로 제출하는 서면을 '답변서' 라고 한다.

법원으로부터 소장부본을 받은 피고가 원고의 청구를 다투어 **응소할 의사가 있는 경우 소장부본을 받은 날로부터 30일 이내에 답변서를 제출하여야 한다.** 피고가 제출할 답변서에는 사건번호와 당사자, 원고의 주장사실에 대한 답변을 기재하여야 하며, 주장에 대한 답변은 원고 소장 중 청구원인을 사항별로 인정할 것인가, 부인할 것인가를 구체적·개별적으로 기재하여야 하며 상대방 수에 상응하는 부본을 첨부하고 증거서류는 원본 또는 등본을 상대방 수에 1부를 추가하여 제출하여야 한다(용도 : 법원용 1부, 상대방용 각 1부).

소장에 대한 답변을 작성하는 답변서를 제출하면서 구체적인 내용 없이 단순히 '부인한다' 또는 '모른다' 라고만 기재한 채 변론기일에 출석하지 않을 때에는 진정으로 원고의 제소에 방어할 의사가 없다고 인정되어 불이익을 받게 될 수도 있다. 법원으로부터 받은 소장 부본을 읽고 피고가 **원고의 청구를 그대로 인정한 경우에는 변론기일에 출석하지 않아도 무방하고 답변서를 제출하지 않아도 된다.**

3. 전자소송의 경우

피고는 전자소송 또는 종이(서면)소송에 대한 선택이 가능하고, 전자소송의 경우 대법원 홈페이지에서 서류 제출을 하여야 한다. 다만 대한민국 및 지방자치단체는 의무적으로 전자소송을 하여야 한다.

◈ 답변서 (원고의 청구를 부인할 경우)

답 변 서

사 건 : 20○○가소1234 대여금 청구

원 고 : 홍 길 동

피 고 : 유 가 해

위 사건에 관하여 피고는 다음과 같이 답변합니다.

청구취지에 대한 답변

1. 원고의 청구를 모두 기각한다.
2. 소송비용은 원고의 부담으로 한다.

라는 판결을 구합니다.

청구원인에 대한 답변

부인하는 사유 등을 기재한다.

입 증 방 법

1. 을제1호증: 영수증
2. 을제2호증: 인증서 등

20○○. 6. 30.

위 피고 유 가 해 (인)

○ ○ 지방법원 귀중

🕮 핵심정리

1. 답변서는 원고가 청구한 청구취지와 청구원인에 대한 피고의 항변이며, 원고 제출한 소장과 같이 법원수수료(인지비용과 송달료)를 납부하지 않는다.
2. 법원에서 피고에게 원고가 제출한 소장사본을 발송할 때, 소송안내서 및 사건번호, 사건명, 법원명과 담당재판부를 고지하므로 이를 참조하여 답변서를 작성한다.
3. 이후 원고, 피고가 주장을 정리하여 서류를 제출할 경우 그 서류명은 준비서면이다.

제10절 증거신청은 어떻게 하는지?

소송을 하던 중 당사자가 보관하였던 증거자료(서증/ 서류)를 법원에 모두 제출하였는데, 아무리 생각해도 증거가 불충분할 때에는 어떻게 할 것인가?

우선 사람의 진술이 증거라고 생각되었다면 그 증거방법으로서 **'증인신청'** 을 하여야 하고, 추가로 제출하고자 하는 서류가 관공서에 보관되어 있다면 **'문서송부촉탁신청'** 을 하고, 증거를 재판장이 직접 보거나 들어야 할 경우에는 **'검증신청'** 을 하며, 외부 전문가의 감정이 필요한 경우에는 법원에 **'감정신청'** 을 해야 한다. 그렇다면 각 증거신청 방법과 절차는 어떻게 되는지 알아보자.

1. 증인신청 방법

증인신청을 하기 위해서는 기일 전에 미리 아래 양식에 따라 증인신청을 하여야 하며, 각 증인별로 입증취지 및 당사자와의 관계를 미리 명확히 밝히고, 증인의 출석여부 확인 및 연락 가능한 전화번호 등을 함께 기재하여야 한다.

법원에서 증인을 채택한 때에는 법원에서 정한 바에 따라 증인진술서를 제출하거나 또는 증인신문사항을 제출하여야 하는데, 법원에서 정한 기간 안에 이를 제출하여야 한다. 증인진술서는 상대방 당사자의 수에 2를 더한 통수의 사본을 원본과 함께 제출하여야 하며, 증인신문사항은 상대방 당사자의 수에 3을 더한 통수를 제출하여야 한다. 법원이 증인채택결정을 하였을 경우에 신청인은 증거조사비용(일당, 여비, 숙박료)을 증거조사기일 전에 법원 보관금 취급담당자에게 예납하여야 한다.

만약 증거조사비용을 예납하지 않을 때에는 증인신문을 하지 아니할 수 있으며, 신청인이 증인을 대동한 경우에도 여비 등을 직불할 수는 없다. 그러나 대동증인이 여비 등 청구권 포기서를 제출한 경우에는 비용예납의무가 면제된다.

📖 핵심정리 : 증인신청서

1. 증인이 이 사건에 관여하거나 그 내용을 알게 된 경위는 구체적이고 자세하게 작성해야 한다.
2. 여러 명의 증인을 신청할 때에는 증인별로 따로 증인신청서를 작성하여야 한다.
3. 신청한 증인이 채택된 경우에는 법원이 명하는 바에 따라 비용을 납부하고, 증인진술서나 증인 신문사항을 미리 제출하여야 하고, 지정된 신문기일에 증인이 틀림없이 출석할 수 있도록 필요한 조치를 취하여야 한다.

전자소송의 경우 종이소송과 동일하게 증거제출이 가능하며, 표기방법도 동일하다.

◈ 증인신청서

증 인 신 청 서

1. 사건 : 20○○가합 1234호 대여금청구의 소
2. 증인의 표시

성 명			직 업		
주민등록번호	-				
주 소					
전화번호	자택 ( ) -		사무실 ( ) -		휴대폰 ( ) -
원 · 피고 와의 관계					

3. 증인이 이 사건에 관여하거나 그 내용을 알게 된 경위

4. 신문할 사항의 개요
   ① 증인의 신분관계 등
   ② 증인이 언제, 어디서, 무엇을 어떻게 하였는지?
   ③ 기타사항
5. 기타 참고사항

20○○. 6. 1.

원고 홍 길 동 (인)

○ ○ 지방법원 제 ○ 부 귀중

2. 문서송부촉탁 (형사기록송부촉탁)

교통사고, 폭력 등에 대하여 피해보상을 청구할 경우 증거자료를 확보하는데 어려움이 있다. 이 경우 단순하게 경찰서에서 발급하는 '사고접수증명서' 만으로 피해자인 원고가 어떤 상황에서 어떻게 피해를 입게 되었는지를 밝히는 자료로서는 부족할 것이다. 이 경우 경찰서나 검찰에서 수사하였던 자료가 있다면 사고발생 일시, 장소, 정황 등이 모두 기재되어 있는 관계로 증거자료로서 유용할 것인데 이 자료를 법원의 명령으로 관련 기록을 법원에 제출하게 만드는 절차가 문서송부촉탁신청(형사기록송부촉탁)신청이다.

형사기록 송부 촉탁과 같이 특정한 문서가 증거자료가 될 때, 당사자가 문서의 보관처, 송부촉탁한 문서의 표시, 그리고 문서를 통하여 입증하고자 하는 사항을 기재하여 법원에 문서송부촉탁신청서를 제출하면, 신청한 소송관련 문서를 보관 중인 관련기관이나 문서의 보관처에 문서의 사본을 법원으로 송부하도록 명령하는 제도로써 문서송부촉탁신청은 증거확보 방법으로 많이 사용되고 있는 절차이다.

형사기록 송부촉탁의 경우 아래 양식을 작성하여 수수료를 첨부하지 않고 법원에 제출하게 되면 재판장이 소송에 증거자료로 필요한지 여부를 판단하여 관련 기관에 형사관련 기록일체를 법원에 제출하라는 촉탁서를 발송하게 된다. 촉탁서가 발송되면 당사자(신청자 또는 대리인)는 관련기관(대부분 검찰청)에 방문하여 형사 관련기록을 법원에 제출하였는지 여부를 알아본 뒤, 관련기록이 법원에 도착하면 증거로 사용한다.

◈ 문서송부촉탁신청서 (형사기록 송부 촉탁의 경우)

문 서 송 부 촉 탁 신 청

사　건　20○○가합 1234호　　　손해배상(기)
원　고　홍 길 동
피　고　유 가 해

위 당사자간 귀원 200　가합 1234호 손해배상(기) 청구사건에 관하여, 원고는 그 주장 사실을 입증하기 위하여 다음과 같이 **문서의 송부촉탁(형사기록 송부 촉탁)**을 신청합니다.

다　　음

1. 문서의 보관처
   00지방검찰청 00과 기록보존계
2. 송부촉탁할 문서의 표시
   피고인 유가해에 대한 00지방검찰청 00형제 00호 00피의사건에 대한 수사기록 및 공판기록 일체
3. 증명할 사항
   교통사고(폭력) 사실관계

20○○년　0월　0일

위 원고 홍 길 동　(인)

○○ 지방법원　제 ○ 민사부 귀중

3. 검증, 감정신청

위의 증인신청과 문서송부촉탁신청 이외에 증거확보 절차로서 많이 사용되고 있는 검증·감정신청 제도가 있다. 검증은 재판장이 직접 현상을 보고, 듣고, 느낀 인식을 증거로 사용하는 증거조사방법이며, 감정은 법원의 명령에 의하여 학식이나 경험이 있는 제3자를 감정인으로 지정하여 증거로 사용하는 방법이다. 주로 신체감정, 문서감정, 시가감정, 측량감정, 하자감정 등에 많이 사용되며, 이 신청서가 법원에 제출되면 법원에서는 검증비용, 감정비용 납부 등의 납부를 명하게 되고 이 경우 신청인은 비용을 법원에 납부해야한다.

검증·감정 비용을 법원(은행)에 선납하지 않을 경우 이 신청은 받아들여지지 않는다.

검증·감정신청 모두 ① 사건번호, ② 신청이유, ③ 대상 등을 구체적으로 기재하고 ④ 작성일, ⑤ 신청인의 서명, ⑥ 법원명 등을 기재한 검증, 감정 신청서를 서면으로 제출한다. 여기서 중요한 포인트는 신청이유이며, 검증·감정신청을 통하여 입증하고자 하는 내용이 무엇인지 여부를 밝혀야 한다.

검증·감정 신청비용은 주로 신청인이 선납하지만 소송이 종료되면 법원은 소송비용에 대하여 패소자에게 부담을 명하게 되고, 검증·감정 신청시 납부한 비용은 승소한 당사자가 패소한 당사자에게 다시 재청구할 수 있다. 다만 비용을 납부한 당사자가 패소하였다면 이를 그 상대방에게 청구할 수 없게 되므로 이 점에 유의하여야 한다.

정리하자면 법관이 현장에 직접 방문하여 확인하기를 희망한다면 희망하는 당사자는 법원에 검증을 신청하여야 하고, 전문가로 하여금 전문적인 소견을 듣고자 한다면 감정을 신청하여야 한다. 이때 검정은 비교적 비용이 적은 편이지만 감정의 경우 비용이 종류에 따라서 많아질 수 있음을 알아야 한다.

◈ 감정신청서

감 정 신 청 서

사 건 20○○가합1234호 손해배상(기)
원 고 홍 길 동
피 고 유 가 해

위 당사자간 귀원 200 가합1234호 손해배상(기) 청구사건에 관하여, 원고는 다음과 같이 감정신청을 합니다.

다 음

1. 감정의 목적

이 건 훼손된 건물을 원상복구하려면 원고는 금 000원이 소요된다는 사실을 입증함에 있습니다.(또는 피고의 필적임을 입증하고자 합니다. 등)

2. 감정 목적물

00시 00구 00동 00번지(원고 소유 건축물 등 목적물)

3. 감정사항

이건 건물 파손부분을 원상대로 복구하기 위하여 소요되는 경비를 산출함에 있습니다.

4. 감정인 선임의견

법률에 의하여 개업하고 있는 공인감정사를 선임하여 주시기 바랍니다.

20○○년 0월 0일

위 원고 홍 길 동 (인)

○○ 지방법원 제 ○ 민사부 귀중

◈ 검증신청서

검 증 신 청 서

사　건　20○○가합1234호　　　　　손해배상(기)
원　고　홍 길 동
피　고　유 가 해

위 당사자간 귀원 200　가합1234호 손해배상(기) 청구사건에 관하여, 원고는 다음과 같이 검증을 신청을 합니다.

다　　음

1. 검증의 목적

이 건 훼손된 건물의 상태가 주거가 불가능한 상황임을 입증함에 있습니다.

2. 검증 목적물

00시 00구 00동 00번지(원고 소유 건축물 등 목적물)

3. 검증에 의하여 입증할 사항

이건 건물 파손부분을 원상대로 복구하기 어려워서 철거를 해야 할 위기이며, 이에 대한 피해 정도를 입증하고자 합니다.

20○○년　0월　0일

위 원고 홍 길 동　(인)

○○ 지방법원　제 ○ 민사부 귀중

◈ 신체감정촉탁신청서

신 체 감 정 촉 탁 신 청

사 건 20○○가합1234호 손해배상(자)
원 고 홍 길 동 (주민번호)
피 고 ○○해상보험(주)

위 사건에 관하여 원고는 주장사실을 입증하기 위하여 다음과 같이 신체 감정을 신청합니다.

다 음

1. 피감정인의 표시
   성 명 : 홍 길 동
   생년월일 : 1970. 8. 15.생
   주 소 : 서울시 서초구 서초동 1543-8 서일빌딩 2층

2. 감정할 전문분야 : 신경외과

3. 감정촉탁사항 : 별지와 같습니다.

20○○ . 6. .

원고 홍 길 동 (인)

○ ○ 지방법원 민사 ○ 단독 귀 중

◈ 신체감정촉탁신청서 별지목록

감 정 사 항

피감정인 홍길동은 20○○. 4. 12. 14:00경 발생한 사고로 입은 재해로 인하여

1) 좌족부 종골골절 2) 요추염좌 3) 좌측 완관절 주상골골절 등의 상해를 입었는바,

1. 부상부위와 정도
2. 그 동안의 치료내용 및 결과
3. 기왕의 치료 기간 중에 피감정인이 의복착탈, 식사, 용변 등의 문제해결을 위해 개호인이 필요했는지 여부 및 필요했으면 보통 성인 남녀의 개호로 족했는지 여부 및 개호기간.
4. 현재의 자각 및 타각 증상의 유무 및 내용
5. 현재의 증상이 위 교통사고로 인한 증상인 지 여부
6. 치료가 종결 된지 여부
7. 향후 치료가 필요하다면 그 치료의 내용과 치료기간 및 소요치료비 예상액.
8. 치료 종결 후(향후치료 포함) 피 감정인에게 후유증(구체적으로)이 남게 되는지 여부.
9. 만일 후유증이 있다면 이것이 영구적인지 혹은 개선 가능한 한시적인 것인지 여부.
10. 신체장애에는 치료가 종결되어 증상이 고정되었거나 향후 치료를 하더라도 개선 불가능한 후유증이라는 점을 고려하여,

가. 위 후유증으로 신체장애가 예상되는지.

나. 장해가 남게 되는 기간.

다. 신체장해가 예상된다면 위 후유증이 맥브라이드 노동능력상실표 및 국가배상법 시행령상의 별표 중 어느 항목에 해당되는지 여부.

라. 각 해당항목이 없을 때에는 준용항목 또는 그 노동능력의 감퇴가 어 느 항목의 몇 %에 해당되는 것으로 봄이 상당한지를 표시.

마. 위 후유증은 피감정인에게 신체적으로 어떤 기능장애 또는 운동장애 를 주는지 그 장해내용.

바. 피감정인이 일반도시 또는 농촌일용노동자로 종사하는 경우 그 노동 능력의 상실정도(%로 표시)

사. 피감정인이 앞으로 유리공 그와 유사한 직종에 종사하는 경우 예 상되 는 노동능력 상실정도 (%로 표시)

11. 위의 장해가 피 감정인의 평균수명에 영향이 있는지 여부, 있다면 예상 되는 여명의 단축기간.
12. 피감정인이 보조구를 필요로 할 때에는 보조구의 소요개수와 개당 수명 및 그 단가.

첨 부 서 류

1. 진단서 1통

- 이상 -

제11절 소송의 진행상황 확인방법은?

진행 중인 소송에 대하여 제출한 서류는 상대방에게 송달이 되었는지 여부 및 상대방이 언제 어떤 서류를 제출했는지 여부를 확인하고자 할 경우에는 대법원 홈페이지 나의사건검색 화면(https://www.scourt.go.kr/portal/information/events/search/search.jsp)에서 아래 화면과 같이 법원명, 사건번호, 당사자명, 자동입력방지문자를 입력하고 검색 버튼을 클릭한다.

검색 버튼 클릭 이후 아래와 같이 기일과 변론 장소 및 제출된 서류의 확인 등이 가능하다.

나의 사건검색

재판부	제26민사부(합의)(다)		
접수일	2019.09.30	종국결과	2021.09.17 원고일부승
원고소가	777,542,999	피고소가	
수리구분	제소	병합구분	없음
상소인	원고, 피고, 쌍방	상소일	2021.10.07
상소각하일		보존여부	기록보존됨
인지액	2,848,500원		
송달료,보관금 종결에 따른 잔액조회		잔액조회	
판결도달일	2021.09.24	확정일	2022.06.25

심급내용

법 원	사건번호	결 과
서울고등법원	2021나	2022.06.09 항소기각

최근기일내용

상세보기

일자	시각	기일구분	기일장소	결과
2021.06.29.	16:00	검증기일	서울 서초구	시행
2021.07.16	15:30	변론기일	민사법정 동관 565호 [1번 법정출입구이용]	기일변경
2021.08.27	14:45	변론기일	민사법정 동관 565호 [1번 법정출입구이용]	변론종결
2021.09.17	13:50	판결선고기일	민사법정 동관 565호 [1번 법정출입구이용]	판결선고

, 최근 기일 순으로 일부만 보입니다. 반드시 상세보기로 확인하시기 바랍니다.

제12절 소송(소)취하는 어떻게 하는지?

소송 도중 당사자 간 서로 합의가 되어 소송을 취하할 경우도 있고, 소송 도중 실익이 없다고 판단되어 소의 일부 또는 전부를 취하하고자 할 때에는 아래와 같이 진행 중인 소송을 취소할 수 있다.

1. 소 취하

소의 취하는 소 제기 후 판결의 확정에 이르기까지 가능하므로 항소심이나 상고심의 단계에서도 할 수 있다. 또한 수개의 청구 중 일부는 물론이고, 1개의 청구 중 일부를 취하할 수도 있다. 그러나 소의 취하는 상소(항소, 상고)의 취하와는 그 효력이 다르므로 주의하여야 한다.

소의 취하는 서면으로 하여야 하며, 소장이 이미 상대방에게 송달된 이후에는 상대방의 동의가 없는 경우 상대방 수에 상응한 취하서 부본을 제출하여야 한다. 변론기일 중에는 구술로도 취하가 가능하다. 취하서는 본인이나 제출대행 권한이 있는 변호사, 법무사가 제출하는 경우 외에는 본인의 인감증명을 첨부하여야 하고, 우편으로도 제출할 수 있다.

소를 취하한 이후에 원고는 다시 동일한 소송을 진행할 수 있다. 다만 1심에서 소를 취하하는 것이 아니라 상소심에서 소를 취하할 경우 재소가 금지되므로 유의하여야 한다.

만약 원고가 소 취하를 하려고 하였으나 피고가 소 취하 동의를 하지 아니할 경우에는 소취하서를 제출하면서 그 부본을 법원에 제출하면 법원에서는 소취하서 부본을 피고에게 송달하게 되고, 소취하서를 수령한 피고가 소취하서 수령일로부터 2주 이내에 이의를 하게 되면, 변론이 속행되어 판결로 종국하게 되고, 이의를 하지 아니하면 소 취하 동의간주 처리되어 소송은 종결된다.

이때 소취하가 확정 되거나 동의간주 처리되면 처음부터 소제기가 없는 것으로 간주되어 원고는 동일한 소송에 대하여 제소가 가능함을 유의하여야 한다. 소송을 일부만 취하하고자 할 경우에는 소취하서가 아니라 청구취지 감축신청서를 제출한다.

◈ 소취하서

소 취 하 서

사 건 : 20○○가소 1234호 대여금 청구의 소
원 고 : 홍 길 동 (주민번호)
피 고 : 유 가 해 (주민번호)

위 당사자간 귀원 200 가소 1234호 대여금청구 사건에 관하여 원고는 피고와 원만하게 합의 되었으므로 소를 전부 취하합니다. (또는 사정에 의하여 소를 전부 취하 합니다)

20○○. 6. 1.

위 원고 홍 길 동 (인)

위 취하에 동의함.

위 피고 유 가 해 (인)

○○ 지방법원 제 1 단독 귀중

2. 취하 간주된 경우 기일 지정

또한 당사자 쌍방이 같은 심급에서 2회에 걸쳐 기일에 불출석(기일의 해태)한 경우에도 그로부터 1개월 이내에 기일지정신청을 하지 않으면 소가 취하된 것으로 간주되어 취하가 확정된다. 그러나 1개월 이내에 아래와 같은 기일지정신청서를 제출하면 소송이 다시 진행되어 재판을 받을 수 있다. 기일지정신청은 우편으로도 제출할 수 있다.

◈ 기일지정신청서

기 일 지 정 신 청 서

사 건 : 20○○가소1234호 대여금청구의 소

원 고 : 홍 길 동 (주민번호)
피 고 : 유 가 해 (주민번호)

위 사건에 관하여 20○○년 5월 30일 감정기일에 당사자 쌍방의 불출석으로 인하여(또는 선고기일이 00년 0월 0일로 지정되었으나) 추후지정[40])으로 되어 있사오니 다시 변론기일을 지정하여 주시기 바랍니다.

20○○ . . .
위 원고 홍 길 동 (인)

○○ 지방법원 민사 제 1단독 귀중

---

40) 추후지정이란 추정이라고도 하며, 현재 기일 등이 지정되지 아니하였으며, 미래 지정을 하겠다는 의미이다.

제13절 판결의 선고

원고와 피고가 법정에서 본인의 주장을 모두 진술하였고, 증거를 모두 제출하였다면, 재판을 종결하게 되는데 이를 **'결심'** 이라고 한다.

보통 민사사건의 경우에는 결심이 되면 변론이 종결된 날로부터 2내지 4주 후에 판결을 선고하게 되고, 선고 후 약 10일 이내에 판결문이 원고와 피고에게 도착하게 된다.

1. 판결 선고일에는 어떻게 하는가?

판결 선고일에는 당사자들이 법정에 출석하지 않아도 선고는 진행된다. 보통 변론이 종결되면, 판결을 선고하게 되는데 보통 법정에서는 판결을 선고할 때, 원고 또는 피고가 전부 승소한 경우에는 판사가 '원고승소' 또는 '원고 청구 기각 또는 각하' 라고 간단하게 선고하는 경우가 많지만, 원고가 일부만 승소한 경우에는 원고의 청구 중에서 인정되는 부분을 구체적으로 밝히는 것이 보통이다.

이때 소송당사자가 판결결과를 듣는데 있어서 잘 듣지 못했다면 판결 선고가 끝난 이후 법원사무관 등에게 이를 재차 확인할 수 있다.

2. 판결문 송달

판결문은 판결이 선고된 날로부터 약 10일 정도 지난 후에 소송당사자들에게 도착하며 판결문을 송달받으면 승소한 원고는 통상 붙여지는 가집행 선고에 근거하여 가집행을 할 수 있다. 이 판결문의 경우 변호사 등이 선임되어 있으면 변호사에게만 보내주고 당사자에게는 별도로 보내주지 아니하고, 변호사가 선임되지 아니한 당사자는 직접 우편으로 판결문을 송달하게 된다.

전자소송의 경우 종이 판결문이 별도로 송달되지 아니하며, 대법원 홈페이지에서 확인하여야 하고 출력이 가능하다.

3. 판결문을 수령하였을 경우 어떻게 할 것인지?

제1심에서 모두 승소하였다면 법원에 불복을 하지 않아도 되겠지만, 만약 일부라도 패소하였을 경우에 불복할 의사가 있다면 판결문을 수령하고 그 다음날부터 기산하여 2주일 이내에 법원에 불복 의사를 밝혀야 하는데, 이를 '**항소**' 라고 한다.

예로서 8월 1일 판결문을 수령하였다면 항소 또는 상고 마감일은 8월 15일 밤12시까지이고, 8월 15일이 공휴일이라면 8월 16일이 마감일이 된다.

1심에 대한 불복절차인 '**항소**' 와 2심 판결에 대한 불복절차인 '**상고**' 는 제6장을 참고하기를 바란다.

4. 판결의 확정

1심 소송에서 승소하였더라도 상대방이 항소를 하게 되면 판결은 확정되지 않고, 2심 소송이 계속 진행하게 된다. 판결이 확정되지 않았다고 하더라도 판결문에 가집행 선고에 의하여 상대방의 재산에 대한 강제집행은 가능하다.

예로서 1심판결에서 원고가 승소하고, 피고가 패소하였다면 패소한 피고가 판결에 대한 불복으로서 '항소' 를 할 수 있으므로 항소를 하였다고 가정할 때 항소심이 진행하게 될 것이고, 항소심(2심)이 진행하는 과정 중에 원고는 1심 판결문을 가지고 피고의 재산에 강제집행이 가능하다는 것이다.

판결의 확정은 당사자들이 법원의 판결에 대하여 불복 신청(항소, 상고)을 하지 않거나, 소를 취하하거나, 제기한 항소를 취하하거나 상고를 취하하면 1심 판결은 확정되고, 이에 확정된 판결을 가진 자는 그 상대방의 재산에 강제집행이 가능하다.

판결 확정 이후 강제집행은 제7장 '강제집행' 편을 참조하기를 바란다.

제14절 소송비용을 청구하는 방법은?

1. 소송비용의 청구

판결이 확정되어 소송이 종결 되면 판결문에는 소송비용을 원고·피고 당사자 중 누가 어느 정도를 부담하게 되는지 기재된다. 제1심 법원은 그 재판의 확정 후 당사자의 신청에 의하여 결정으로 소송비용을 확정하게 된다. 실무상 소송비용부담의 재판은 이를 부담할 당사자 및 그 부담의 비율만을 정할 뿐 구체적인 비용액까지 확정하는 예는 거의 없다.

소송비용부담의 재판에서 부담이 명하여진 당사자는 자기가 지출한 소송비용은 스스로 부담하는 동시에 상대방이 지출한 소송비용에 관한 상환의무를 가지며, 강제집행을 하기 위해서는 지출한 소송비용액의 확정이 필요하다.

소송이 재판에 의하지 아니하고 종료되는 경우, 예컨대 소의 취하, 상소의 취하, 지급명령에 대한 이의의 취하, 청구의 포기 및 인낙, 참가의 취하 등의 경우에는 소송비용부담의 재판도 존재하지 아니한 것이므로 소송비용 부담의 재판을 하는 동시에 그 비용액을 확정하게 된다(화해한 경우 소송비용의 부담에 관하여 특별히 정한 바가 없으면 화해비용은 각자 부담으로 의제되므로 비용액 확정의 문제가 생기지 아니한다).

독촉절차에서는 지급명령에 절차의 비용액을 부기하므로 별도의 소송비용액확정절차를 거칠 필요가 없다. 강제집행절차에 있어서의 집행비용은 경락대금에서 우선적으로 변제받게 되지만, 집행불능 등의 사유로 집행이 완료되지 못한 경우에는 소송비용액의 확정을 구할 수 있다.

2. 소송비용 신청 및 관할

소송비용액의 확정결정신청에는 비용계산서, 그 등본과 비용액의 소명(疏明)에 필요한 서면을 제출하여야 한다.

가. 신청서

소송비용액 확정결정신청은 서면 또는 구술로 할 수 있으나, 서면에 의해 접수하는 것이 실무상의 통례이다. 비용액의 소명에 필요한 서면은 당해 사건기록에 나타나지 아니한 비용, 즉 보통 당사자비용에 한하여 제출할 필요가 있다. 신청서에는 1,000원의 인지를 첨부하고 3회분의 송달료를 납부하여야 한다.

나. 관할법원

판결, 결정으로 소송비용 부담의 재판이 행해진 때에는 제1심

수소법원이 관할한다. 상소심에서 부담의 재판이 변경된 경우도 마찬가지이다. 관할법원을 이와 같이 정한 것은 제1심 법원에서 소송기록을 보관하게 되기 때문이다.

3. 상대방에 대한 최고

법원은 소송비용액 확정결정을 하기 전에 상대방에게 대하여 비용계산서의 등본을 교부하고, 그에 대한 진술을 할 것과 일정한 기간 내에 상대방 자신의 비용계산서와 그 비용액의 소명[41]에 필요한 서면을 제출할 것을 최고한다. 신청서에는 신청인을 신청인으로 표기하고, 상대방을 피신청인으로 기재하며, 소송비용액 결정에 대하여 이의가 있을 경우 당사자 모두 항고할 수 있다.

최고서를 받고 답변서를 제출하지 않아도 법원에서는 소송비용에 대하여 면밀히 검토하고 소송비용을 결정한다. 변호사를 선임할 경우 승소한 당사자의 변호사 선임비용은 전액을 청구하는 것이 아니라 대법원규칙에 의거하여 청구가 가능하며, 청구가 가능한 금원은 아래 표와 같다.

법무사의 경우 법무사 협회 보수표를 참조하여 그 이하의 금액에 한하여 실제 지급한 금원에 대하여 청구가 가능하다.

---

41) **소명이란** 당사자가 주장하는 사실에 대해서 법관에게 진실한 것으로 추측케 하는 것 또는 그렇게 하기 위하여 당사자가 증거를 제출하는 것을 말한다.

◈ [별표] 변호사보수표 (대법원 규칙. 2020. 12. 28. 기준)

소송목적의 값(소가)	소송비용에 산입되는 비율
300만원 까지	30만원
300만원 초과하여 2,000만 원까지 부분 [30만 원+(소송목적의 값-300만 원) × 10/100]	10%
2,000만 원을 초과하여 5,000만 원까지 부분 [200만 원+(소송목적의 값-2,000만 원) × 8/100]	8%
5,000만 원을 초과하여 1억 원까지 부분 [440만 원+(소송목적의 값-5,000만 원) × 6/100]	6%
1억 원을 초과하여 1억 5천만 원까지 부분 [740만 원+(소송목적의 값-1억 원) × 4/100]	4%
1억 5천만 원을 초과하여 2억 원까지 부분 [940만 원+(소송목적의 값-1억5천만 원) × 2/100]	2%
2억 원을 초과하여 5억 원까지 부분 [1,040만 원+(소송목적의 값 -2억 원) × 1/100]	1%
5억 원을 초과하는 부분 [1,340만 원+(소송목적의 값 -5억 원) × 0.5/100]	0.5%

* 법무사 선임의 경우

소송비용은 법률비용(법원납부 비용)과 별도로 법무사 선임비용을 모두 청구하되, 영수증(세금계산서 포함)을 각 첨부한다. 다만 법무사 선임비용 중 일부만 소송비용으로 인정될 가능성도 있다.

주의

1. **변호사보수를 소송비용으로 계산할 때에는 여러 변호사가 소송을 대리하였더라도 한명의 변호사가 대리한 것**으로 본다.
2. 계산의 기준은 소가(소송목적의 값)에 준하여 계산한다.
3. 예로서 소가가 1억 5천만원이라고 가정한다면 변호사의 보수는 최고 금940만원을 청구할 수 있다는 것이고, 무조건 금940만원을 청구하는 것은 아니다.

   100% 승소한 당사자가 변호사 보수로서 실제 금400만원을 지급하였다면 승소한 당사자는 패소한 당사자에게 금400만원을 구할 수 있을 것이다.

   그러나 변호사에게 금1,500만원을 지급하였다면 상대방에게는 금940만원을 청구할 수 있다.

   이때 일정한 비율로 승소를 하였다면 전체 소송비용에서 본인부담금을 제외한 나머지 금원을 상대방에게 청구할 수 있다.

◈ 소송비용액확정결정신청서 사례

소송비용액 확정결정신청서

신 청 인　　　홍 길 동 (주민등록번호)
서울시 서초구 반포대로 87 대천빌딩 2층
연락처: 02-525-1007

피신청인　　　유 가 해 (주민등록번호)
서울시 강남구 역삼동 00번지

신 청 취 지

1 피신청인이 신청인에게 부담하여야 할 소송비용은 금 000원으로 확정한다.

라는 판결을 구합니다.

신 청 이 유

1. 귀원에서는 00지방법원 20○○가합000호 약정금 청구사건에 관하여 00년 0월 0일 아래와 같은 판결을 하였습니다.

주문내용

1) 피고는 원고에게 00원 및 이에 대하여 00년 0월 0일 부터 다 갚는 날까지 연20%의 비율에 의한 돈을 지급하라.

2) 소송비용은 피고의 부담으로 한다.

3) 제1항은 가집행할 수 있다.

2. 이에 피신청인은 00고등법원에 항소하였으나(200 나 0000호), 00년 0월 0일 00고등법원은 피신청인의 항소를 기각하면서 "항소비용은 피고의 부담으로 한다" 라고 판결하였습니다.

3. 이에 신청인은, 피신청인(피고)이 신청인에게 부담하여야 할 소송비용(금 000원)을 별첨 "비용계산서"와 같이 신청하오니, 이를 확정하여 주시기 바

랍니다.

첨 부 서 류

1. 판결문 사본 2통
1. 소송비용 계산서 1통
1. 영 수 증 1통

20○○년 6월 1일

위 신청인 홍 길 동 (인)

○○지방법원 귀중

핵심정리

1. 소송비용액 확정결정신청에는 비용계산서, 판결문 사본과 소명에 필요한 서면을 제출하여야 하며, 이는 1심 법원에 제출한다. (일부 예외있음)
2. 신청서에는 1,000원의 인지를 첨부하고, 당사자 수에 따른 3회분의 송달료를 납부한다.

제6장 판결에 대한 불복은 어떻게 할 것인지?

자기에게 불이익한 재판을 받은 당사자가 판결에 불복하고 싶다면 어떻게 해야 할까?

재판의 확정 전에 상급 법원에 그 재판의 취소나 변경을 구하는 불복신청을 **'상소'** 라고 하고, 상소는 제1심 판결에 대한 불복을 **'항소'** , 제2심 판결에 대한 불복을 **'상고'** 라 한다.

상소제도는 불이익한 재판을 받은 당사자에게 재판에 대하여 불복신청을 할 권리를 부여하여 재심사를 함으로써, 재판의 부당 또는 위법을 시정하여 재판의 위신과 공정을 유지함과 아울러 법령해석의 통일성을 기하자는 데에 그 목적이 있다.

전자소송도 상소가 가능하며, 아래에서 판결에 따른 불복절차를 알아보자.

제1절 항 소

1. 항소장의 제출

항소의 제기는 항소장을 제1심 법원(항소장에 법원의 표시는 2심법원을 기재한다)에 제출하여야 한다. 항소장을 제출할 경우 불복하는 범위 내에서 1심소가 기준 1.5배의 인지를 첨부하여야 하고 송달료를 납부하여야 한다. 또한 상대방수에 상응한 부본도 제출(전자소송 예외)하여야 한다.

2. 비용의 예납

항소를 제기하고자 할 때에는 원심법원의 수납은행에 소정액의 송달료(당사자 1인에 대하여 각 12회분[42]씩에 해당하는 금액)를 납부한 후 인지를 첩부하여, 소를 처음 제기하는 경우와 마찬가지로 송달료납부서 1통을 항소장에 첨부하여 원심법원에 제출하여야 한다.

참고 ☞ **항소심 송달료**

상대방이 1인일 경우 : 5,500원 × 12회 × (상대방의 수 + 1)

상대방이 2인일 경우 : 5,500원 × 12회 × 3 = 금 198,000원

항소심의 인지대 계산은 불복하는 범위를 기준으로 소(항소)가에 따라서 산정한 값에 1.5배를 납부해야 하는데 인지대계산은 앞장에서 설명한 소가와 인지 부분을 참조하기 바란다(전자소송의 경우 추가로 1/10 할인).

참고 ☞ **소가 금2,000만원의 경우 항소심 인지**

1심 인지대 : 금2,000만원 x 1,000분의 4.5 + 5,000원 = 금 95,000원
항소심 인지대 : 금 95,000 x 1.5배 = 금 142,500원

☞ **소가 금134,250,000원의 경우 항소심 인지**

1심 인지대 : 소가 x 1,000분의 4 + 55,000원 = 금 592,000원
항소심 인지대 : 금 592,000 x 1.5배 = 금 888,000원
전자신청의 경우 인지대: 금 799,200원 (10% 할인)

42) 전자소송의 경우 신청인의 송달료는 6회분을 납부한다.

3. 항소기간

항소는 **판결이 송달된 다음날로부터 2주일 내에 제기**하여야 하며, 판결의 송달 전에도 항소할 수 있다. 위 2주일의 기간은 불변기간이므로 법원이 임의로 위 기간을 연장 또는 단축할 수 없고, 당사자가 그 책임을 질 수 없는 사유로 항소기간을 준수할 수 없었을 경우에 한하여 추완 항소가 가능하다.

또 위 2주일의 기간은 제1심 판결이 송달된 다음 날로부터 기산하여 기간의 말일의 종료로써 만료된다. 기간의 말일이 토요일, 일요일, 기타의 휴일에 해당하는 경우에는 그 다음날 만료된다. 즉 기간의 말일이 토요일·추석공휴일과 같은 연휴의 초일이나 중간에 해당하는 경우에는 그 연휴 기간의 종료 다음 날로 만료된다.

다만 민사소송 절차에서 당사자가 그 책임을 질 수 없는 사유로 인하여 불변기간(不變期間) 동안에 행하여야 할 소송행위를 게을리하였을 경우 스스로 책임을 질 사유가 없는 것을 이유로 하여 그 사유가 없어진 후 2주일(사유가 없어질 당시 외국에 있는 당사자는 30일) 내에 필요한 소송행위를 하는 것을 추완이라고 하고, 2심을 추완항소, 3심을 추완상고라고 한다. 추완항소의 경우 일반적인 항소심 절차에 준하여 진행된다.

예로서 소송절차에서 **공시송달로 판결이 확정**되어 채무자가 이러한 사실을 알지 못하여 판결이 확정된 경우, 또는 소송절차를 진행하다가 소송당사자의 사정상 판결문을 수령하지 못하여 위 불복기간을 도과한 자 등은 항소기간(판결문을 수령하고 그 익일로부터 2주)이 도과되었다고 하더라도 항소를 할 수 있는 제도가 "추완항소" 43)인 것이다.

4. 가집행의 선고

항소법원은 제1심 판결에 대한 불복신청이 없는 부분에 한하여 당사자의 신청에 의하여 결정으로 가집행선고를 할 수 있다. 금전청구는 대부분 가집행선고를 동시에 하고 있으며, 이 가집행할 수 있는 문구가 있는 판결의 경우 판결이 확정되지 아니하여도 원고인 집행채권자는 강제집행이 가능하다.

43) 소장이나 판결정본 등이 공시송달의 방법에 의하여 송달되었다면 특별한 사정이 없는 한, 피고는 과실 없이 그 판결의 송달을 알지 못한 것이라고 할 것이고, 이러한 경우 피고는 그 책임을 질 수 없는 사유로 인하여 불변기간을 준수할 수 없었던 때에 해당하여 그 사유가 종료된 후 2주일 이내(그 사유가 종료될 당시 외국에 있었던 경우에는 30일 내)에 추완항소를 할 수 있는바, 여기에서 '사유가 종료된 때'라 함은 당사자나 소송대리인이 단순히 판결이 있었던 사실을 안 때가 아니고, 나아가 그 판결이 공시송달의 방법으로 송달된 사실을 안 때를 의미한다(출처 : 대법원 1994.12.13. 선고 94다24299 판결【가등기말소】).

제2절 항소 절차는 어떻게 되는지?

소송절차는 항소심에도 1심 소송절차와 비슷하지만 다음 사항은 유의하여야 한다. 특히 항소장의 제출, 비용 등이 1심과 다르고, 소액소송의 경우 소송당사자의 가족 등이 대리를 할 수 있었는데, 항소심부터는 변호사 대리원칙이므로 가족 또는 생계를 같이 하는 자가 소송대리를 할 수 없다는 점에 유의하여야 한다. 물론 회사의 지배인 등은 항소심에서도 소송대리가 가능하다.

소송절차에서 패소한 당사자는 항소장을 제출(법원용 1부, 부본 : 상대방의 수)하면, 법원은 항소장을 심사하고, 2심법원으로 송달한 이후 항소심 법원은 부본을 피항소인에게 송달한다.

이에 피항소인은 답변서를 제출하여야 하는데 법원용과 상대방의인원에 해당하는 답변서를 제출한다. 전자소송의 경우 부본은 필요하지 아니한다.

1. 항소이유를 기재한 항소장(항소인)

(1) 불복하는 범위와 그 이유를 명백히 밝혀야 한다.

① 제1심 판결 중 인정하는 부분을 먼저 기재하고, 불복하는 부분에 관하여는 어느 부분이 어떻게 잘못되었는지를 항목별로 구분하여 구체적으로 간결하게 기재하여야 한다.

② 불복사유를 뒷받침하는 문서나 증인이 있을 때에는 주장 사실별로 이를 명시한다.

(2) 항소심에서 새로운 주장이나 증거는 더 이상 없고, 제1심 주장 및 증거자료로 다시 판단해 주기만을 바라는 취지라면 신속한 재판을 위하여 그 뜻을 분명히 밝혀야 한다.

(3) 항소심에서 새로 주장할 사항이 있거나 제출할 증거가 있으면 이를 한꺼번에 모두 기재하되, 증거는 위 준비서면에 첨부하여 소장제출시와 같은 방법으로 작성하여 제출한다.

(4) 항소이유를 구체적으로 기재한 준비서면을 기한 내에 제출하지 아니하거나 주장사실 및 증거관계를 미리 밝히지 아니한 경우에는, 항소심 변론에서 이를 새로이 주장 또는 증거신청을 하더라도 제출기한이 지났다는 이유로 각하되는 불이익을 받을 수 있다.

(5) 항소이유 기재 준비서면은 원본 외에 상대방의 숫자만큼 부본을 동시에 제출해야 한다. 증거문서(서증)도 동일하다.

(6) 재판기일이 지정된 사건의 경우 제출할 서류가 있으면 최소한 재판기일 3일 전까지 제출하고, 재판 당일 법정에서의 서류제출은 가능하지만 가급적 삼가해야 한다.

2. 항소이유를 기재하지 않는 항소장(항소인)

(1) 항소 취지에 불복하는 범위와 그 이유를 명백히 기재하였지만, 그 이유를 기재하지 않고 항소장 제출이 가능하다. 이때 항소장도 불변기간(2주)은 지켜야 한다.

(2) 항소이유를 기재하지 않는 항소장의 제출은 가능하지만, 법

원에서 항소이유를 기재한 서면을 제출하라는 통지서가 발송된다.

(3) 이때 항소인 반드시 그 통지서를 수령한 날로부터 40일 이내에 법원에 사건번호를 기재하고 이유서를 제출하여야 한다. 이를 해태한 경우 한소는 각하될 수 있다(민소 402조 3). 이는 즉시항고가 가능하다.

(4) 특별한 사정이 있어서 제출하지 못할 경우 1개월 범위내에서 연장이 가능하며, 별도로 신청하여야 한다.

3. 답변서의 경우(피항소인)

(1) 답변서는 항소장을 수령한 피항소인이 항소인의 항소 취지 및 항소이유에 대한 답변을 말한다. 이는 소장의 답변서를 참조하고, 그 양식은 중앙법률사무교육원 홈페이지 법률사례와 서식을 참조하여 작성한다.

(2) 답변서를 제출할 경우 비용은 납부하지 아니하고, 항솔인에게 송달할 부본을 제출하여야 한다. 전자소송은 부본을 제출하지 아니한다.

4. 반박 준비서면의 작성 방법(항소인, 피항소인 모두 해당)

(1) 상대방의 항소이유 또는 주장에 대한 반박 준비서면을 작성할 때에는 상대방의 주장과 대조하여 자신의 견해를 조목조목 작성하고, 자신의 주장을 뒷받침할 수 있는 증거가 있는 경우에는 이를 반드시 함께 기재하여야 한다.

(2) 증거(서증 및 증인)의 제출, 증거설명서 및 증인신청서의 제출, 검증·감정 등의 신청, 반박준비서면 부(不)제출의 효과, 제출 방법, 수령 등은 항소이유 기재 준비서면 기재 방법과 동일하다.

5. 피고 불출석으로 제1심에서 승소한 원고(피항소인)의 유의사항

제1심에서 피고가 답변서를 제출하지 않아 변론 없이 승소하거나 또는 피고 불출석(자백간주)으로 승소한 원고의 경우, 비록 제1심에서 승소하였다 하더라도 항소심 변론기일에 출석하여 증거를 제출하지 않으면 제1심 판결이 취소될 수 있으므로 주의하여야 한다.

6. 기타 유의사항

(1) 당연히 당사자 본인은 소송 진행이 가능하지만, 소송대리인은 변호사나 등기된 지배인만 가능하다. 제1심 재판과는 달리 항소심에서는 가족이나 임직원에 의한 소송대리가 불가하다.

(2) 만일 사건이 조정절차에 의하여 원만히 해결되기를 원하는 경우에는 그 뜻을 명시하여야 한다.

(3) 재판 진행 중 주소변경이 있으면 반드시 주소변경 신고서를 제출하여야 한다.

(4) 법원에서는 변론기일을 특정요일로 지정하여 계속 같은 요일에 변론기일을 지정하고 있다.

(5) 기타 진행사항은 1심 소송절차에 준하여 진행되므로, 1심 소송절차를 참조한다.

7. 항소취지 작성방법

위 항소장의 청구취지는 원고가 전부 패소한 경우를 예로 하였으나, 기타 항소심 청구취지는 아래와 같이 기재한다. 또한 아래 원고 일부패소의 경우 2항 항소금액은 1심에서 패소한 금액을 기재한다.

1심판결에서 패소한 일부 및 전액을 항소할 수 있으며, 이를 항소가라 하고, 이를 기준으로 인지를 납부한다.

▶ 원고 일부 패소의 경우

1. 원판결 중 원고 패소 부분을 취소한다.
2. 피고는 원고에게 금000원 및 이에 대하여 00년 0월 0일부터 다 갚는 날까지 연 12%의 비율에 의한 금원을 지급하라.
3. 소송비용은 제1,2심 모두 피고의 부담으로 한다.
4. 제2항은 가집행할 수 있다.

라는 판결을 구합니다.

▶ 피고 전부 패소의 경우

1. 원판결을 취소한다.
2. 원고의 청구를 기각한다.
3. 소송비용은 제1,2심 모두 원고의 부담으로 한다.

라는 판결을 구합니다.

▶ **피고 일부 패소의 경우**

1. 원판결 중 피고 패소부분을 취소하고 그 부분에 대한 원고의 청구를 기각한다. 2. 소송비용은 제1,2심 모두 원고의 부담으로 한다. 라는 판결을 구합니다

8. 증거절차 등

(1) 1심에서 원고가 서증를 제출하되, 갑제 9호증까지 제출하였다면 항소심에서는 갑제 10호증부터 제출하고, 피고 역시 원심에 제출하였던 증거번호를 이어서 제출한다.

(2) 서증 이외에 기타의 증거절차 신청도 가능하다.

(3) 증거가 모두 제출되었을 경우에는 변론을 통하여 주장을 하고, 변론을 종결하고, 판결선고기일을 지정하게 된다.

(4) 판결 이후에는 1심과 동일하게 패소한 당사자는 상고를 검토할 수 있다.

◈ 항소장 (원고 패소의 경우)

항 소 장

사 건	20○○가합(단)1234호 대여금청구
항소인(원고)	홍 길 동 (주민번호) 서울시 서초구 서초동 1551-9 연락처: 02-525-1007
피항소인(피고)	유 가 해 (주민번호) 서울시 강남구 역삼동 00번지

대여금 청구의 항소

항소인(원고)는 귀원 20○○가합1234호 대여금청구사건에 관하여 동원이 20○○.○○.○○. 선고한 판결에 대하여 모두 불복이므로 이에 항소를 제기합니다.

아 래

원심판결의 표시

1. 원고의 청구를 기각한다.
2. 소송비용은 원고의 부담으로 한다.

[항소인(원고)는 위 판결을 0000. 0. 0. 에 송달 받았음]

항 소 취 지

1. 원 판결을 취소한다.
2. 피고는 원고에게 금 00원 및 이에 대한 00년 0월 0일부터 00년 0월 0일까지는 연0푼, 그 다음날부터 완제일까지 연0할 0푼의 각 비율에 의한 금원을 지급하라.
3. 소송비용은 1, 2심 모두 피고의 부담으로 한다.
4. 제 2항은 가집행할 수 있다.

라는 판결을 구합니다.

항 소 이 유

1. 추후 제출하겠습니다.(또는 항소 이유를 기재)

서 증 목 록

1. 11호증 ○○ 사본 1부

첨 부 서 류

1. 항소장부본 1부
1. 납부서 1부

20○○년 ○○월 ○○일

위 항소인(원고) 홍 길 동 (인)

○○ 고 등 법 원 (또는 지방법원 항소부) 귀 중

제3절 상 고

1심 소송과 무관하게 항소심(2심)를 진행하였는데, 2심 소송에서도 패소하였다면, 아래와 같이 대법원에서 진행하는 3심(상고) 제도가 있으므로 상고심에 대하여 검토해 보자.

1. 상고의 목적

상고는 원칙적으로 항소심의 종국판결에 법령의 위반이 있음을 주장하여 심판을 구하는 제도이다. 상고에 의하여 원심판결에 대한 불복 주장을 할 수 있는 경우는 원심판결에 영향을 미친 헌법·법률·명령 또는 규칙의 위반이 있음을 이유로 하는 경우에 한정된다.

이러한 의미에서 상고심은 **'법률심'** 이라 불리며 상고제도는 법령의 해석, 적용에 통일을 기하고자 하는 데에 그 목적이 있다.

2. 상고제기의 방법

상고와 상고심의 소송절차에는 특별한 규정이 없는 한 항소심 및 제1심의 소송절차에 관한 규정이 적용된다.

가. 상고장의 제출

상고장은 판결이 송달된 날로부터 **2주일 내에 항소심법원(고등법원 또는 지방법원 항소부)에 제출**하여야 하며 상고(대법원) 법원에 직접 제출하면 그 효력이 없다.

상고장에는 상고한다는 취지의 기재가 있으면 되고 상고인이 패소한 부분에 관하여 인지를 첨부하여야 한다.

나. 비용의 납부

상고인은 상고장을 제출할 때 첩부할 인지액은 소장에 첩부할 인지액의 2배액[44]이며, 원심법원의 수납 은행에 송달료(당사자 1인에 대하여 각 8회분에 해당하는 금액) 및 인지를 납부한 후 송달료납부서, 소송 등 인지의 현금납부서를 각 첨부하여 제출한다(전자소송의 경우 1/2 납부한다).

참고 ☞ **상고심 송달료**[45]

상대방이 다수일 경우 : 5,500 × 8회 × (상대방의 수 + 1)

상대방이 2인일 경우 : 5,500원 × 8회 × 3 = 금 132,000원

상고액의 인지 납부의 경우 원심(항소심)에 불복하는 범위에서 불복하는 상고가를 계산하고 이에 인지기준표를 적용하여 통상적인 1심 소가의 2배액에 해당하는 인지를 납부하여야 한다.

참고 ☞ **상고 금액 금2,000만원의 경우 상고심 인지**

1심 인지대 : 금2,000만원 x 1,000분의 4.5 + 5,000원 = 금 95,000원

상고심 인지대는 95,000 x 2배 = 금190,000원

(다만 전자소송의 경우 추가 1/10 할인 가능)

☞ **상고 금액 금2억원의 경우 상고심 인지**

1심 인지대 : 금2억원 x 1,000분의 4 + 55,000원 = 금 855,000원

상고심 인지대는 855,000 x 2배 = 금 1,710,000원

---

44) 무조건 2배가 아니라 불복하는 상고 금액을 정하고 이를 기준으로 소장에 첩부하는 인지의 2배이다.

45) 전자소송의 경우 상고인의 송달료는 4회분을 납부한다.

3. 상고심의 절차

가. 상고이유서의 제출

(1) 제출기간

상고장에 상고의 이유를 기재하지 아니한 때에는 상고인은 소송기록접수 통지를 받은 날로부터 **20일 내에 상고이유서를 대법원에 제출**하여야 한다. 상고인이 상고장에 상고이유를 기재하거나, 이미 상고이유서를 제출하였다 하더라도 위 20일 내에는 상고이유서를 추가로 제출할 수 있다. 그러나 위 기간을 경과한 후에 추가로 제출된 상고이유서는 기간 내에 제출된 상고이유서에서 주장된 사항을 보충하는 의미만 있을 뿐이므로, 새로운 주장이 포함되어 있더라도 적법한 상고이유로 인정될 수 없다.

(2) 기재사항

상고이유서에는 ① 당사자의 성명, ② 사건의 표시, ③ 상고이유, ④ 부속서류의 표시, ⑤ 연월일을 기재하고 상고인 또는 대리인이 서명날인 하여야 한다.

(3) 제출통수

상고이유서를 제출할 때에는 법원용과 상대방의 수에 6**을 더한 수의 부본을 첨부**하여야 하고, 상고장에 상고이유서를 기재한 때에는 그 상고장의 부본을 위 통수만큼 제출한다.

(4) 송 달

상고이유서의 제출을 받은 상고법원은 그 부본이나 등본을 상대방에게 송달한다. 상고이유서를 상대방에게 송달하는 것은 어떠한 상고이유로 불복하였는지를 알리고 답변서를 제출케 하여 방어의 준비를 하도록 하기 위해서이다.

나. 답변서의 제출

(1) 제출기간

상고이유서를 송달받은 상대방은 그 송달을 받은 날로부터 10일 내에 답변서를 제출할 수 있다. 상고이유서의 송달을 받기 전에 답변서를 제출하여도 무방하다.

(2) 제출할 통수

답변서도 상고이유서와 마찬가지로 상대방(상피고인)의 수에 6을 더한 수의 부본(또는 등본)을 제출하여야 한다.

(3) 송 달

답변서가 제출되면 참여사무관 등은 그 부본 또는 등본을 상고인에게 송달하여야 한다.

다. 기타 절차

3심의 상고심은 대법원에서 진행하는데 원심과 달리 변론이 없고, 법률관계만 검토하여 판결하게 된다. 이 판결은 더 이상 상소할 수 없으므로 3심에서 패소하였다면 판결은 확정되고, 3심에서 승소하였을 경우 2심 판결을 파기하고, 다시 2심법원으로 환송할 수 있다.

이때 당사자들은 2심에서 변론을 진행한다.

◈ 상고장 [원고(항소인) 패소의 경우]

상 고 장

사 건 20○○나1234호(2심 사건번호 기재)
상 고 인(원고) 홍 길 동 (주민번호)
서울 서초구 서초동 1551-9번지
연락처: 02-525-1007

피상고인(피고) 중앙 주식회사
서울 강남구 역삼동 00번지
대표이사 유 가 해 (주민번호)

0 0 0 청구의 상고

원고(상고인)는 귀원 20○○ 나 1234호 0 0 0 청구사건에 관하여 동원이 00년 0월 0일 선고한 판결에 대하여 모두 불복이므로 이에 상고를 제기합니다.

아 래

제2심판결 주문의 표시
1. 원고의 항소를 기각한다.
2. 항소비용은 원고의 부담으로 한다.
(원고(상고인)는 위 판결을 00년 0월 0일에 송달 받았음)

상 고 취 지

1. 원 판결을 취소하고 이 사건을 서울고등법원으로 환송한다.

라는 판결을 구합니다.

상 고 이 유

1. 추후 제출하겠습니다.

첨 부 서 류

1. 상고장부본 1부
1. 납부서 1부

20○○ 년 6월 1일

위 원고(상고인) 홍 길 동 (인)

대 법 원 귀 중

제7장 강제집행은 어떻게 하는지?

판결문을 수령하고 판결이 확정되었거나 지급명령 등 확정된 집행권원을 가졌을 경우에는 채무자로부터 채무를 변제받게 되면, 별도로 채무자의 재산에 강제집행을 하지 않아도 되겠지만 채무자가 판결을 이행하지 않는다면 채무자의 재산에 강제집행을 실시하여 판결주문을 만족하여야 할 것이다. 이때 채무자의 재산에 강제집행을 실시하여 금전채권을 만족하고자 할 경우 채무자의 재산을 파악하여야 한다.

그런데 채무자의 재산을 파악하기 어렵다면 어떤 방법으로 채무자의 재산을 파악하고, **채권자의 입장에서 각종의 강제집행의 방법과 채무자의 구제 방법을** 살펴보자.

제1절 채권자의 강제집행 신청 절차

강제집행을 하려면 우선 집행력을 갖춘 **집행권원**이 있어야 하는데, **판결, 화해조서**, **인낙조서**, **조정조서**, **확정된 지급명령**, **공정증서** 등이 이에 해당한다.

다음은 위 집행권원에 집행문[46]을 부여받고 송달증명, 확정

46) 집행문이란 그 집행권원에 기하여 강제집행을 할 수 있다는 증명서이다. 판결을 받고 그 이후에 별도로 법원에 신청하며, 판결 정본을 법원에 제출하여 집행문을 붙이게 된다.(집행문에는 집행채권자 및 집행채무자가 기재

증명 등을 부여받아 집행권원(판결문 등)에 첨부해야 한다.

(1) 집행문을 부여받으려면, 판결은 소송기록이 있는 법원(항소심에 계류 중이면 항소심법원)에, 화해 · 조정 · 인낙 조서는 해당법원, 공정증서는 공정증서를 작성한 공증인사무소에 집행권원을 첨부하여 집행문부여신청을 해야 한다(아래 양식 참조).

(2) 법원에 제출할 집행문부여신청서 및 송달증명원, 확정증명원에는 각 500원의 인지를 첩부하여야 하며, 공증인에 대하여 신청하는 때에는 2,000원의 수수료를 납부하여야 한다.

(3) 집행문부여신청, 송달증명원, 확정증명원의 신청서는 각 법원 민원실에 비치되어 있고, 우편으로도 신청이 가능하다.

위와 같은 서류 등이 구비되면 채무자의 재산 중 강제집행의 대상을 선택하여 강제집행절차(만족절차)를 진행해야 하는데, 그 대상이 부동산이나 채권 · 기타재산권인 때에는 법원에, 유체동산인 경우에는 집행관에게 신청한다. 다만 지급명령 또는 이행권고 결정은 별도로 집행문, 송달증명원, 확정증명원을 부여받지 않아도 채권자의 채무자에 대한 강제집행 신청이 가능하다.

이에 진행 방법은 뒤에서 자세하게 설명하기로 한다.

된다)

◈ 집행문, 송달증명, 확정증명 신청서

<table>
<tr><td>신 청 서</td><td>(*해당사항을 기재하고 해당번호란에 "○" 표)</td></tr>
<tr><td colspan="2">사 건 번 호 : 20○○ 가소1234호 (민사1 단독 20○○ . 6. 1. 선고)
원고(채권자) : 홍 길 동
피고(채무자) : 유 가 해</td></tr>
<tr><td colspan="2">1. 집행문부여신청
위 당사자간 사건의(<u>판결</u>, 결정, 명령, 화해조서, 인낙조서, 조정조서) 정본에 집행문을 부여하여 주시기 바랍니다.</td></tr>
<tr><td colspan="2">2. 송달증명원
위 사건의 (<u>판결</u>, 결정, 명령, 화해조서, 인낙조서, 조정조서) 정본이 . . . 자로 상대방에 송달되었음을 증명하여 주시기 바랍니다.</td></tr>
<tr><td colspan="2">3. 확정증명원
위 사건의(<u>판결</u>, 결정, 명령,)이 . . .자로 확정되었음을 증명하여 주시기 바랍니다.</td></tr>
<tr><td colspan="2">20○○. 0 . 0.
위 (1항, 2항, 3항) 신청인 원고(채권자) 홍 길 동 (인)
서울중앙지방 법원 귀중</td></tr>
<tr><td colspan="2">위(송달, 확정) 사실을 증명합니다.
20○○ . . .
법원 법원사무관(주사) (인)</td></tr>
</table>

제2절 채무자는 강제집행 정지신청이 가능하다.

예로서 채권자인 원고가 1심 판결에서 승소하였고, 판결에서는 '가집행 할 수 있다' 라는 문구가 기재된 판결로서 피고의 재산에 대하여 강제집행을 신청할 것으로 예상되고, 채무자인 피고는 1심 판결에 불복(항소)할 예정이라고 가정할 경우 피고는 채권자의 강제집행에 대하여 어떻게 대처 할 것인가?

1. 가집행 선고

판결의 내용이 소유권이전등기절차를 이행하라고 하는 등의 가 집행선고가 없는 판결은 판결이 확정되기 전에는 강제집행을 할 수 없다. 그러나 판결문 기재 내용 중 **"가집행 할 수 있다"** 라는 문구가 있게 되면 판결문을 송달받은 후 2주일 내에 상소(항소, 상고)를 제기하여 판결이 확정되지 않은 상황에서도 채권자는 채무자를 상대로 **강제집행이 가능하다.**

판결에 가집행선고가 있는 경우에는 상소가 제기되어 판결이 확정되지 않았더라도 채권자는 집행문과 송달증명원을 부여받아 강제집행을 실시하여 목적 달성을 할 수 있기 때문에 이 경우 채무자는 강제집행정지신청을 하여 **판결 확정시까지 강제집행을 일시정지하여야 한다.**

다만 이때 법원에서는 채무자인 피고에게 담보(현금)제공명령을 하고, 판결에 대한 이자는 채무자인 피고가 담보를 제공하였지만 소송촉진특례법(이하 '소촉법')에 의한 이자(연 12%)는 계속 발생한다.

2. 패소한 당사자(채무자)가 강제집행정지신청을 하려면

(1) 항소장을 원심법원에 접수하고,
(2) 항소장 접수증명서를 교부받아 아래 강제집행정지신청서에 첨부하고,
(3) 신청서에 1,000원의 인지를 첨부하고,
(4) 송달료 2회분을 법원에 제출하면,
(5) 법원은 상당한 이유가 있는 경우 강제집행 정지에 따르는 공탁(대부분 현금)을 명하게 되고,
(6) 신청인은 공탁금을 준비하고 공탁서를 작성한 후 공탁공무원에게 이를 제출하여 인가를 받고,
(7) 해당은행에 가서 공탁금을 납부한 후 공탁서 사본을 법원에 제출하면,
(8) 강제집행의 일시정지를 명하는 결정을 하게 된다.

☞ 강제집행 정지신청을 하지 아니할 경우

항소심에서 소송이 계속 진행된다고 하더라도 강제집행은 별도로 진행하게 되고, 특히 명도 또는 인도의 경우 소송에서 승소한다고 하더라도 가집행선고에 의하여 강제로 명도를 당하게 되면 다시 회복하기 어려운 상황이 연출될 가능성이 있으므로 이에 빠른 결정과 조치를 취하여야 한다.

◈ 강제집행정지신청서

강제집행 정지결정 신청서

신 청 인 : 유 가 해 (주민번호)
주　　소 : 서울시 강남구 역삼동 00번지
전화번호 : 02-000-0000

피신청인 : 홍 길 동 (주민번호)
주　　소 : 서울시 서초구 서초동 1543-8 서일빌딩 2층
전화번호 : 02-525-1007

신 청 취 지

위 당사자간 ○○지방법원 20○○가단 1234호 대여금 청구사건에 관하여 동 법원이 20○○ . 6. 1.에 선고한 가집행선고부 판결에 기한 강제집행은 ○○고등법원 항소심 판결선고 시까지 이를 정지한다.

라는 판결을 구합니다.

신 청 이 유

항소장 제출과 관련하여 법원명, 사건번호 등을 기재하고 강제집행이 되었을 경우 채무자가 어떠한 피해가 예상되는 지 등을 기재한다.

소 명 방 법

항소제기 증명서, 판결사본 1통, 송달료 납부서

20○○ . 7. 1.

위 신청인 유 가 해 (인)

○○ 지 방 법 원 귀 중

제3절 부동산 강제집행

채권자가 강제집행을 목적으로 채무자의 재산을 조사한다면, 부동산 강제집행보다는 신속하고 간편하게 진행할 수 있는 채권이나 동산에 대한 강제집행을 우선 생각할 수 있다. 그러나 채권 등의 재산을 확인하지 못하였거나 그 금액이 판결금 전액을 만족하기 어려운 경우에는 채권자가 강제집행을 실시하는 있어서 다소 시간이 많이 소요된다 할지라도 채무자의 부동산에 대한 강제집행을 진행하게 될 것이다.

부동산 강제집행은 채권의 강제집행이나 동산의 강제집행에 비하여 다소 시간이 많이 소요된다는(최소 6개월 이상 1년 정도 시간이 소요) 문제점이 있지만 고가인 부동산의 성격상 강제집행 1회 실시로 변제받고자 하는 전액을 충당할 수 있다는 장점도 있다.

1. 부동산 강제집행 종류

강제경매신청	강제경매의 대상이 되는 부동산에는 토지와 건물, 자동차, 건설기계 및 항공기 등이 있다. 강제경매는 채무자가 집행권원에 따른 급부 의무를 임의로 이행하지 않는 경우에 집행문이 부여된 집행권원, 송달증명원, 확정증명원, 부동산등기부등본 등을 구비하여 **부동산소재지 지방법원(또는 지원)에 부동산경매신청**을 한다(전속관할).
임의경매신청	임의경매는 저당권, 질권, 전세권 등 담보물권을 설정한 후 이행기에 채무자가 이행을 하지 않을 경우 담보권실행을 위하여 부동산소재지 지방법원에 담보권을 증명하는 등기부등본 및 설정계약서 등을 첨부하여 경매신청을 하는 것을 말한다. 임의경매는 집행권원이 필요하지 않으며 나머지 경매절차는 강제경매와 같다.

2. 수수료

부동산 강제경매와 임의경매 신청시 수수료를 납부해야 하며, 비용을 선납해야 한다.

부동산경매를 신청하려면 경매기입등기를 하여야 하므로, 채권 금액의 1,000분의 2에 해당하는 등록세와 그 등록세의 100분의 20에 해당하는 교육세를 납부하여야 한다.

송달료는 {(신청서상의 **이해관계인** 수+ 3) × 10회분}을 예납한다.

> **참고** ☞ **이해관계인 이란?**
>
> 채무자 및 소유자, 등기부에 기입된 부동산 위의 권리자 및 압류채권자이다. 기타 집행력 있는 정본에 의하여 배당을 요구한 자와 그 권리를 증명한 자 모두가 여기에서 말하는 이해관계인이다.

☞ 대한민국 법원 법원경매정보 참조

www.courtauction.go.kr

기타 비용으로 집행관의 현황조사 수수료, 감정인의 감정평가료, 경매공고비용, 경매수수료를 부동산목록 10통과 함께 제출하여야 한다.

☞ 경매신청비용 계산은 아래와 같다.

(1) 등록세 : 청구금액 x 2/1,000

(2) 교육세 : 등록세 x 20/100

(3) 인지대 : 설정계약서나 집행권원 수 x 5,000원

(4) 송달료 : (이해관계인 수 + 3) x 5,500원 x 10

(5) 증지대 : 부동산 1개당 3,000원(아파트일 경우)
(단독주택은 2필지로 계산 6,000원)

(6) 부동산 경매신청 비용 계산방법(법원 홈페이지 참조)

번호	목록	법원 기준	금10,000,000원 **기준 사례**
1	**인 지**	집행권원 수 x 5,000	금5,000원
2	**송달료**	[이해관계인 +3] x 55,000 참조: 이해관계인: 채권자, 채무자, 근저당권자, 세입자, 소유자 등 기준	[4+3] x 55,000 = 금385,000원 (이해관계인 4인기준)
3	**등록세**	청구금액 x 2/1,000	금20,000원

<table>
<tr><td>4</td><td colspan="2">교육세</td><td>등록세의 20%</td><td>금4,000원</td></tr>
<tr><td>5</td><td colspan="2">증 지</td><td>부동산 1개당 4,000원
단독:2필지, 아파트, 빌라 등 1필지</td><td>금4,000원</td></tr>
<tr><td>6</td><td colspan="2">유찰
수수료</td><td>1회당 6,000원 / 3회 기준</td><td>금18,000원</td></tr>
<tr><td>7</td><td rowspan="3">경
매
예
납
금</td><td>신문
공고
료</td><td>부동산 220,000원(추가 가능)
-참조: 민사소송비용법 10조, 8조</td><td>금220,000원</td></tr>
<tr><td>8</td><td>현황
조사
료</td><td>건당 70,000원
-참조: 집행관 수수료 규칙 15조,22조</td><td>금70,000원</td></tr>
<tr><td>9</td><td>감정
수수
료</td><td>* 토지와 일반건물(아파트 제외)

토지, 일반건물(아파트 제외), 권리(광업권, 어업권 등) 등 일반감정의 경우
<table>
<tr><th>기준금액
(개별공시지가, 시가표준액 등)</th><th>감정평가수수료
(A)</th><th>실비
(B)</th><th>부가가치세
10%(C)</th><th>감정료
(A+B+C)</th></tr>
<tr><td>197,727,272원까지</td><td>290,000원</td><td>48,000원</td><td>(A+B)×0.1</td><td></td></tr>
<tr><td>197,727,272원 초과 2억 원까지</td><td>(200,000원+5천만원
초과액의 11/10,000)×0.8</td><td>48,000원</td><td>(A+B)×0.1</td><td></td></tr>
<tr><td>2억 원 초과 5억 원까지</td><td>(200,000원+5천만원
초과액의 11/10,000)×0.8</td><td>88,000원</td><td>(A+B)×0.1</td><td></td></tr>
<tr><td>5억 원 초과 10억 원까지</td><td>(695,000+5억원
초과액의 9/10,000)×0.8</td><td>88,000원</td><td>(A+B)×0.1</td><td></td></tr>
<tr><td>10억 원 초과 50억 원까지</td><td>(1,145,000+10억원
초과액의 8/10,000)×0.8</td><td>88,000원</td><td>(A+B)×0.1</td><td></td></tr>
<tr><td>50억 원 초과 100억 원까지</td><td>(4,345,000+50억원
초과액의 7/10,000)×0.8</td><td>88,000원</td><td>(A+B)×0.1</td><td></td></tr>
<tr><td>100억 원 초과 11,925,000,000원 까지</td><td>(7,845,000+100억원
초과액의 6/10,000)×0.8</td><td>88,000원</td><td>(A+B)×0.1</td><td></td></tr>
<tr><td>11,925,000,000원 초과</td><td>7,200,000원</td><td>88,000원</td><td>(A+B)×0.1</td><td></td></tr>
</table>
</td><td>33,800</td></tr>
</table>

<table>
<tr>
<td>10</td>
<td></td>
<td></td>
<td>
아파트 감정의 경우

<table>
<tr><th>기준금액
(시가표준액)</th><th>감정평가수수료
(A)</th><th>실비
(B)</th><th>부가가치세
10%(C)</th><th>감정료
(A+B+C)</th></tr>
<tr><td>2억 원까지</td><td>290,000원</td><td>48,000원</td><td>(A+B)×0.1</td><td></td></tr>
<tr><td>2억 원 초과 244,804,545원까지</td><td>250,000원</td><td>88,000원</td><td>(A+B)×0.1</td><td></td></tr>
<tr><td>244,804,545원 초과 5억 원까지</td><td>(200,000원+5천만원
초과액의 11/10,000)×0.7</td><td>88,000원</td><td>(A+B)×0.1</td><td></td></tr>
<tr><td>5억 원 초과 10억 원까지</td><td>(695,000+5억원
초과액의 9/10,000)×0.7</td><td>88,000원</td><td>(A+B)×0.1</td><td></td></tr>
<tr><td>10억 원 초과 50억 원까지</td><td>(1,145,000+10억원
초과액의 8/10,000)×0.7</td><td>88,000원</td><td>(A+B)×0.1</td><td></td></tr>
<tr><td>50억 원 초과 100억 원까지</td><td>(4,345,000+50억원
초과액의 7/10,000)×0.7</td><td>88,000원</td><td>(A+B)×0.1</td><td></td></tr>
<tr><td>100억 원 초과 14,067,856,666원 까지</td><td>(7,845,000+100억원
초과액의 6/10,000)×0.7</td><td>88,000원</td><td>(A+B)×0.1</td><td></td></tr>
<tr><td>14,067,856,666원 초과</td><td>7,200,000원</td><td>88,000원</td><td>(A+B)×0.1</td><td></td></tr>
</table>

-참조: 감정인 등 선정과 감정료 산정기준 등에 관한 예규 참조-
</td>
<td></td>
</tr>
<tr>
<td>10</td>
<td></td>
<td>매각
수수
료</td>
<td>
- 기준금액 10만 원 이하 : 5,000원
- 기준금액 10만 원 초과 1,000만 원 이하 : (기준금액-10만원) × 0.02 + 5,000원
- 기준금액 1,000만 원 초과 5,000만 원 이하 : (기준금액-1천만원) × 0.015 + 203,000원
- 기준금액 5,000만 원 초과 1억 원 이하 : (기준금액-5천만원) × 0.01 + 803,000원
- 기준금액 1억 원 초과 3억 원 이하 : (기준금액-1억원) × 0.005 + 1,303,000원
- 기준금액 3억 원 초과 5억 원 이하 : (기준금액-3억원) × 0.003 + 2,303,000원
- 기준금액 5억 원 초과 10억 원 이하 : (기준금액-5억원) × 0.002 + 2,903,000원
- 기준금액 10억원 초과 : 3,903,000원

-참조: 집행관 수수료규칙 16조, 17조
</td>
<td>203,000</td>
</tr>
<tr>
<td></td>
<td>합
계</td>
<td>부
본</td>
<td>* 부본 없음
* 부동산 목록: 기본 10통 첨부
* 등록세 과표: 원금 및 이자 포함(대판)</td>
<td>금962,800원</td>
</tr>
</table>

◈ 부동산강제경매신청서

부동산강제경매신청서

수입인지
5,000원

채 권 자 성 명 : 홍 길 동 (주민번호)
주 소 : 서울시 서초구 서초동 1543-8 서일빌딩 2층
전화번호: 02-525-1007
채 무 자 성 명 : 유 가 해 (주민번호)
주 소 : 서울시 강남구 역삼동 00번지

청 구 금 액 : 원금 50,000,000원 및 이에 대한 : 20○○년 7월 1 일 부터 다 갚을 때까지 연 12%의 비율에 의한 금원

경매할 부동산의 표시 : 별지 목록 기재와 같음

항소사건 경매의 원인된 채권과 집행 할 수 있는 채무명의

채무자는 채권자에게 00지방법원 20○○가단 1234호 대여금 청구 사건의 20○○년 6월 30일 선고한 판결(또는 공증인 작성 호 공정증서)의 집행력 있는 정본에 기하여 위 청구금액을 변제하여야 할 것이나 이를 이행하지 아니하므로 위 부동산에 대한 강제경매절차를 개시하여 주시기 바랍니다.

첨 부 서 류

1. 집행력있는 판결정본 1통
2. 송달증명서 1통
3. 부동산등기부등본 1통

20○○. 7. 1.

위 채권자 홍 길 동 (인)

○○ 지방법원 귀중

< 별지목록 사례 >

1동 건물의 표시: 서울시 강남구 역삼동 00번지 000아파트 제 100동

전유부분 건물의표시

건물의 번호: 100-5-501

구조: 철근콘크리트조

면적: 5층 501호 79.20㎡

대지권의 표시

토지의표시: 서울시 강남구 역삼동 00번지 대4,000㎡

대지권의 종류: 소유권 대지권

대지권의 비율: 4,000분의 20

- 이상 -

* 별지목록은 부동산 등기부등본을 발급하여 등기부등록에 기재된 사항을 기재한다.

3. 부동산의 표시(별지목록) 기재요령

(1) 토지만 존재할 경우

부동산의 표시

1. 서울특별시 은평구 ○○동 22-7 대 1264 ㎡

- 끝 -

(2) 아파트 경우

부동산의 표시

1동건물의 표시 : 서울특별시 강남구 ○○동 4-3 ○○아파트
제401동

전유 부분건물의 표시

건물의 번호 : 401 - ○○ - ○○○○

구 조 : 철근콘크리트조

면 적 : 12층 1201호 84.60 ㎡

대지권의 표시

토지의 표시 : 1. 서울특별시 강남구 ○○동 3-3
대 3372.6 ㎡

대지권 종류 : 1. 소유권대지권

대지권 비율 : 3372.60 분의 28.13

- 이 상 -

(3) 단독주택일 경우

부동산의 표시

1. 서울특별시 서대문구 ○○동 86-15 대 86㎡
2. 위 지상 벽돌조 슬래브위 부분 기와지붕
다가구용 단독주택 (4가구)
1층 48.75㎡
2층 47.25㎡
3층 48.75㎡

- 끝 -

(4) 지분의 표시

부동산의 표시

1. 서울특별시 서초구 ○○동 1103-4 대 353.2 ㎡
(이상 공유자 한정○ 지분 2/11, 한민○ 지분 2/11, 한용○ 지분 2/11, 한 관○ 지분 2/11 전부)

2. 서울특별시 서초구 ○○동 1103-3, 1103-4, 612-117
철근콘크리트조 평스래브 위 누름 콘크리트지붕 6층 업무시설

1층 433.14 ㎡ 2층 413.18㎡
3층 413.18㎡ 4층 413.18㎡
5층 413.18㎡ 6층 413.18㎡
옥탑 53.58 ㎡ 지하1층 516.41㎡
지하2층 566.48㎡
층별용도
지하2층 : 주차장 지하1층 : 금융업소
1층 : 사무실 2층 : 사무실
3층 : 근린생활시설(소매점)
4층 : 사무실(259.98㎡)
의약품도매(125.00㎡)
근린생활시설(28.20㎡)
5층 : 사무실
6층 : 사무실
옥탑층 : 공조실

(이상 공유자 한정○ 지분 2/22, 한민○ 지분 2/22, 한용○ 지분 2/22, 한 관○ 지분 2/22 전부) - 이상 -

(5) 동시에 신청할 경우

부동산의 표시

1. 경기도 광주시 ○○읍 ○○리 55-11 공장용지 9760 ㎡
(소유자 권○○ 소유지분 10분의 7 전부)
2. 경기도 광주시 ○○읍 ○○리 55-14 도로 192 ㎡
(소유자 권○○ 소유지분 10분의 7 전부)
3. 경기도 광주시 ○○읍 ○○리 55-15 임야 351 ㎡
(소유자 권○○ 소유지분 10분의 7 전부)

- 끝 -

주의

1. 경매의 신청은 부동산의 주소지를 관할하는 지방법원 전속관할이다.
2. 등록세 교육세는 부동산 물건지 해당 시군구청에 납부서를 발급받아서 은행에 선납한다.
3. 신청서에 청구금액은 판결 등의 신청 당일 원금 및 이자까지 합산하여 청구한다.

제4절 채권의 강제집행

예로서 채무자가 은행 등에 예금을 하고 있어서 채무자가 은행에 예금반환청구권을 가질 경우 채권자는 채무자의 채무자인 은행, 즉 제3채무자에 대하여 가지는 예금반환청구권을 압류할 수 있다.

예금뿐만 아니라 채무자가 직장생활을 할 경우에는 채무자는 재직하는 회사에 임금청구권이 존재하므로 채권자는 이를 압류할 수 있을 것이다.

이처럼 채무자가 제3채무자에게 수령 또는 변제받을 채권이 있음을 알게 될 경우 채권자는 채무자의 제3채무자[47]에 대한 금전채권을 (가)압류가 가능하다 할 것이므로 이에 대하여 알아본다.

1. 금전채권

금전채권이란 채권자가 채무자에게 대하여 가지는 권리 또는 채무자가 제3채무자에 대하여 가지는 금전의 지급을 목적으로 하는 채권을 말한다.

통상 압류의 대상이 되는 채권의 종류에는 매매대금, 대여금, 급료, 임대차보증금, 도급대금, 공탁금출급청구권, 예금채권 등이 있다. 압류할 채권의 종류 및 기재방법(별지목록)은 본서 1편 제2장 가압류할 채권의 표시(별지목록) 사례와 동일하므로 이를 참조하기로 한다.

---

47) 제3채무자란 채무자의 채무자를 제3채무자로 지칭한다. 예로써 채무자가 예금을 가입하였다면 예금을 가입한 금융기관이 제3채무자가 되고, 채무자가 회사에 재직 중이면 제3채무자는 재직 중인 회사(급여 지급)이다. 임대차보증금의 경우 제3채무자는 건물주(임대인)이고, 채무자가 국가공무원인 경우 제3채무자는 국가이다.

신청방식 및 요건	압류명령을 신청하기 위하여 집행문이 부여된 집행권원, 집행권원의 송달증명, 집행문 및 증명서등본의 송달, 이행일시의 도래, 담보제공증명서의 제출 및 그 등본의 송달, 반대급부제공 등의 요건을 갖추어야 한다. 신청서에는 집행력있는 정본, 송달증명원, 집행당사자 및 제3채무자가 법인인 때에는 법인등기부등본, 대리인에 의한 신청일 때에는 위임장 등의 서면을 첨부하여야 한다. 압류명령 신청서에는 2,000원의 인지를 첩부하고, 송달료 [3회분]를 납부하여 채무자 주소지관할 지방법원에 제출하여야 한다. 압류명령과 추심명령, 전부명령을 동시에 신청하는 경우에는 4,000원의 인지를 첩부하여야 한다.
압류의 효과	압류명령이 제3채무자에게 송달이 되면 채무자에게는 송달이 되지 않았다 하더라도 효력이 발생하며, 압류명령을 받은 제3채무자는 채무자에 대한 지급이 금지된다. 압류신청과 동시 또는 압류가 된 후에 채권자는 추심명령을 신청하여 그 명령서를 가지고 채무자 대신 압류된 채권을 제3채무자로부터 받아갈 수 있고, 전부명령을 신청하여 제3채무자에 대한 채권을 직접 압류채권자에게 이전하는 방법을 취할 수도 있다.

◈ 채권압류 및 추심명령 신청서

채권압류 및 추심명령신청

채 권 자 : 홍 길 동 (주민번호)
서울시 서초구 반포대로 87 대천빌딩 2층
연락처: 02-525-1007

채 무 자 : 유 가 해 (주민번호)
서울시 강남구 역삼동 00번지

제 3 채무자 : (주)국민은행
서울시 중구 을지로 6가 00번지
대표이사 0 0 0

청구채권의 표시

1. 금 12,300,000 원
2. 압류할 채권의 종류 및 수액: 별지목록 기재와 같음

신 청 취 지

1. 채무자가 제3채무자에 대하여 가지고 있는 위 채권을 압류한다.
2. 제 3채무자에 대하여 위 압류된 채권의 지급을 하여서는 아니된다.
3. 채무자는 위 압류된 채권의 처분과 영수를 하여서는 아니된다.
4. 위 압류된 채권은 채권자가 추심할 수 있다.

라는 재판을 구합니다.

신 청 원 인

채권자는 채무자에 대하여 위 청구채권 기재의 채무명의에 기하여 위 청구채권을 가지고 있는 바, 채무자는 그 채권을 변제하지 아니하고 있습니다. 따라서 채권자는 채무자의 제3채무자에

대한 위 압류채권에 관하여 채권압류 및 추심명령을 신청하는 것입니다.

첨 부 서 류

1. 집행력 있는 판결정본, 위 송달, 확정증명원, 법인등기부등본, 별지목록5통, 송달료 납부서 등
2. 제3자 진술최고신청서

20○○. 7. 1.

위 채권자 홍 길 동 (인)

○ ○ 지방법원 기타 집행계 귀중

※ 참조 : **민사집행법 제246조(압류금지채권)**

① **다음 각호의 채권은 압류하지 못한다. <개정 2024.09.20>**

1. 법령에 규정된 부양료 및 유족부조료(유족부조료)
2. 채무자가 구호사업이나 제3자의 도움으로 계속 받는 수입
3. 병사의 급료
4. 급료·연금·봉급·상여금·퇴직연금, 그 밖에 이와 비슷한 성질을 가진 급여채권의 2분의 1에 해당하는 금액. 다만, 그 금액이 국민기초생활보장법에 의한 최저생계비를 감안하여 대통령령이 정하는 금액에 미치지 못하는 경우 또는 표준적인 가구의 생계비를 감안하여 대통령령이 정하는 금액을 초과하는 경우에는 각각 당해 대통령령이 정하는 금액으로 한다.

185만원 이하: 압류금지,
185만원 ~ 370만원 이하: 185만원 초과금 압류,
370만원 ~ 600만원: 1/2압류,
600만원 초과: 300만원 +[{(임금x1/2)-300만원}x1/2] 이외 금액 압류

5. 퇴직금 그 밖에 이와 비슷한 성질을 가진 급여채권의 2분의 1에 해당하는 금액
6. 「주택임대차보호법」 제8조, 같은 법 시행령의 규정에 따라 우선변제를 받을 수 있는 금액

<table>
<tr><th rowspan="2">번호</th><th rowspan="2">지역 및 기준</th><th colspan="2">2023. 7. 11. 시행</th></tr>
<tr><th>주택임대차보호법
우선변제임차인</th><th>면제/우선배당</th></tr>
<tr><td>1</td><td>서 울 시</td><td>1억6천5백만원</td><td>5,500만원</td></tr>
<tr><td>2</td><td>과밀억제권역
세종, 용인, 화성, 김포</td><td>1억4천5백만원</td><td>4,800만원</td></tr>
<tr><td>3</td><td>광역시,안산, 광주, 파주, 이천, 평택</td><td>8,500만원</td><td>2,800만원</td></tr>
<tr><td>4</td><td>그 밖의 지역</td><td>7,500만원</td><td>2,500만원</td></tr>
</table>

7. 생명, 상해, 질병, 사고 등을 원인으로 채무자가 지급받는 보장성보험의 보험금(해약환급 및 만기환급금을 포함한다). 다만, 압류금지의 범위는 생계유지, 치료 및 장애 회복에 소요될 것으로 예상되는 비용 등을 고려하여 대통령령으로 정한다

시행령 제6조(압류금지 보장성 보험금 등의 범위)

① 법 제246조제1항제7호에 따라 다음 각 호에 해당하는 보장성보험의 보험금, 해약환급금 및 만기환급금에 관한 채권은 압류하지 못한다.

1. 사망보험금 중 1천만원 이하의 보험금
2. 상해 · 질병 · 사고 등을 원인으로 채무자가 지급받는 보장성보험의 보험금 중 다음 각 목에 해당하는 보험금

가. 진료비, 치료비, 수술비, 입원비, 약제비 등 치료 및 장애 회복을 위하여 실제 지출되는 비용을 보장하기 위한 보험금

나. 치료 및 장애 회복을 위한 보험금 중 가목에 해당하는 보험금을 제외한 보험금의 2분의 1에 해당하는 금액

3. 보장성보험의 해약환급금 중 다음 각 목에 해당하는 환급금

가. 「민법」 제404조에 따라 채권자가 채무자의 보험계약 해지권을 대위행사하거나 추심명령(추심명령) 또는 전부명령(전부명령)을 받은 채권자가 해지권을 행사하여 발생하는 해약환급금

나. 가목에서 규정한 해약사유 외의 사유로 발생하는 해약환급금 중 150만원 이하의 금액

4. 보장성보험의 만기환급금 중 150만원 이하의 금액

② 채무자가 보장성보험의 보험금, 해약환급금 또는 만기환급금 채권을 취득하는 보험계약이 둘 이상인 경우에는 다음 각 호의 구분에 따라 제1항 각 호의 금액을 계산한다.

1. 제1항제1호, 제3호나목 및 제4호: 해당하는 보험계약별 사망보험금, 해약환급금, 만기환급금을 각각 합산한 금액에 대하여 해당 압류금지채권의 상한을 계산한다.

2. 제1항제2호나목 및 제3호가목: 보험계약별로 계산한다.

제7조(압류금지 예금등의 범위) 법 제246조제1항제8호에 따라 압류하지 못하는 예금등의 금액은 **개인별 잔액이 185만원 이하인 예금등으로 한다.** 다만, 법 제195조제3호에 따라 압류하지 못한 금전이 있으면 185만원에서 그 금액을 뺀 금액으로 한다. <개정 2019. 3. 5.>

8. 채무자의 1월간 생계유지에 필요한 예금(적금·부금·예탁금과 우편대체를 포함한다). 다만, 그 금액은 「국민기초생활 보장법」에 따른 최저생계비, 제195조제3호에서 정한 금액 등을 고려하여 대통령령으로 정한다.[금185만원]

② 법원은 제1항제1호부터 제7호까지에 규정된 종류의 금원이 금융기관에 개설된 채무자의 계좌에 이체되는 경우 채무자의 신청에 따라 그에 해당하는 부분의 압류명령을 취소하여야 한다. <신설 2011.4.5>

③ 법원은 당사자가 신청하면 채권자와 채무자의 생활형편, 그 밖의 사정을 고려하여 압류명령의 전부 또는 일부를 취소하거나 제1항의 압류금지채권에 대하여 압류명령을 할 수 있다. <개정 2011.4.5>

④ 제3항의 경우에는 제196조제2항 내지 제5항의 규정을 준용한다. <시행 2019. 4. 1.>

기타 ★ 민사집행법 시행령 ★ 민집행규칙 참조 -이상-

2. 추심명령과 전부명령

가. 추심명령과 전부명령의 차이

(1) **추심명령** : 추심이란 채권자가 채무자를 대신하여 제3채무자에게 직접 채권을 수령하는 것을 지칭하고, 채권의 이전이 없으나 추심권을 포기하고 다른 집행이 가능하다. 추심 이후 법원에 신고하여야 하며, 채권을 추심하여 배당요구가 가능하다.

① 신청채권자보다 우선하는 가압류 및 압류, 추심명령이 존재할 경우에도 신청이 가능하다.
② 압류 및 추심명령 신청은 동시 신청이므로 별도로 신청이 가능하다.
③ 추심명령이 취소되어도 압류명령은 유효하다.
④ 압류 및 추심명령의 효력은 결정문이 제3채무자에게 송달된 때이다
⑤ 채권자의 추심 이후 추심신고를 하지 아니할 경우 채무자의 제3채권자는 추심채권자를 대상으로 추심한 채권을 법원에 공탁하도록 신청이 가능하고, 이 신청에 의하여 추심채권자가 추심한 채권을 법원에 공탁하면 배당절차가 진행된다.

(2) **전부명령** : 채무자의 제3채무자에 대한 채권이 전부채권자에게 변제에 갈음하여 이전되므로 전부명령이 확정되면 변제의 효력이 있다. 전부명령 효력발생과 동시에 강제집행 절차가 종료되고, 채권 전액이 전부되었다면 채권자는 채무자의 다른 재산에 집행을 할 수 없고, 제3채권자들과 배당하지도 아니한다. 또한 추심명령과 같이 법원

에 신고하지도 아니한다.

① 신청채권자보다 우선하는 가압류 및 압류, 추심명령이 존재할 경우에는 무효이다.
② 압류 및 전부명령 신청은 동시 신청이므로 별도로 신청이 가능하다.
③ 전부명령이 취소되어도 압류명령은 유효하다.
④ 압류 및 전부명령의 효력은 결정문이 제3채무자에게 송달된 때이다.

따라서 추심명령과 전부명령 중 어떤 신청을 할 것인지 신중해야 한다.

☞ **추심명령과 전부명령의 차이표**

구 분	추 심 명 령	전 부 명 령
집행범위	금전 및 금전 이외의 유체물의 인도를 목적으로 하는 채권	금전채권에 대해서만 할 수 있다.
선택시기	압류하고자 하는 채권에 제3자의 가압류, 압류, 추심명령 등이 경합하는 경우 등에 활용하는 것으로 경합하는 채권자간에 추심된 금액을 배당받는다.	압류하고자 하는 채권을 제3자가 아직 가압류하지 않은 상태에서 독자적으로 확보하고자 할 때 활용한다(1순위 때).
신청방법	서면 또는 구술로써 압류명령 신청과 병합하거나 단독으로 신청 가능	추심명령과 동일하다.
권리이전	압류명령 자체로는 권리이전이 되지 않고 추심권만 이전한다.	압류명령 자체로 전부채권자에게 이전한다.

위험부담	제3채무자의 무자력으로 인한 손실에 따른 위험은 채무자에 귀속한다.	전부명령을 얻으면 변제의 효력이 발생하며 제3채무자의 변제능력이 없는 경우에도 채무자에게 변제 청구할 수 없다.
배당요구	채권을 추심(영수)하여 집행법원에 신고할 때까지 다른 채권자가 배당요구할 수 있다.	명령이 제3채무자에게 송달될 때까지 다른 채권자에게 배당요구를 할 수 있지만 송달 후에는 배당요구 불가능
행사책임	일정한 기간내에 추심권을 행사할 책임이 있고 만일 이를 게을리하면 손해배상 책임발생	전부채권자는 완전한 자기채권이기 때문에 하등의 의무를 부담하지 않는다.
소멸시기	배당을 받거나 현실로 만족을 얻었을 때에 소멸한다.	전부명령의 확정을 정지조건으로 전부명령 송달시에 소급하여 소멸한다.
집행의 변경	추심할 가망이 적으면 추심권을 포기하고 다른 집행방법을 행사할 수 있다.	압류한 채권이 부존재라면 몰라도 그렇지 않으면 다른 집행방법을 행사할 수 없다.
신고의무	채권자가 압류한 채권을 추심하였으면 이를 집행법원에 신고하여야 한다.	신고 의무 없다.
자발적 미이행시	추심금 청구의 소 제기 원고: 채권자, 피고: 제3채무자	전부금 청구의 소 제기 원고: 채권자, 피고: 제3채무자

◈ 채권압류 및 전부명령 신청서

채권압류 및 전부명령신청

채 권 자 : 홍 길 동 (주민번호)
서울시 서초구 서초동 1551-9
02-525-1007

채 무 자 : 유 가 해 (주민번호)
서울시 강남구 역삼동 00번지

제 3 채무자 : (주)국민은행
서울시 중구 을지로 6가 00번지
대표이사 0 0 0

청구채권의 표시

1. 금 12,300,000 원
2. 압류할 채권의 종류 및 수액: 별지목록 기재와 같음

신 청 취 지

1. 채무자가 제3채무자에 대하여 가지고 있는 위 채권을 압류한다.
2. 제3채무자에 대하여 위 압류된 채권의 지급을 하여서는 아니된다.
3. 위 압류된 채권은 지급에 갈음하여 채권자에게 전부한다.

라는 재판을 구합니다.

신 청 원 인

채권압류 및 추심명령과 동일

첨 부 서 류

채권압류 및 추심명령과 동일

20○○ . . .

위 채권자 홍 길 동 (인)

○ ○ 지방법원 귀중

나. 본 압류의 이전

채무자의 제3채무자에 대한 청구채권에 대하여 가압류가 집행되었다면 본압류 단계에서는 **"가압류를 본 압류로 이전하는 채권압류 및 추심(전부)명령"** 을 신청하게 된다.

임금채권이라면 가압류 당시보다 상당한 금원이 계속 쌓여갈 것이고, 임금과 같이 연속적인 수입이 아닌 예금, 물품대금, 매매대금 등과 같이 시간이 흘러도 금액에 변동이 거의 없는 채권도 존재하여 다양한 채권을 압류할 수 있을 것이다. 이때 본 압류로 이전된 이후에는 집행채권자(추심권자, 전부권자)는 제3채무자에게 추심금 또는 전부금을 지급하여 줄 것을 요청할 수 있고, 제3채무자는 추심채권자 또는 전부채권자에게 이를 지급할 수 있다.

다만 전부채권자는 채권을 이전받은 것이므로 전부명령이 확정되는 순간 변제를 받은 것이 되고, 추심채권자는 법원에 신고를 하여야 채무자의 채권자에 대한 변제의 효력이 발생한다.

이때 제3채무자의 상황에서 채무자의 다양한 채권자들이 압류 또는 추심명령, 가압류 등이 중복되었을 경우 법원에 공탁을 하는 방법이 있고, 채권자 중에 한명에게 지급하거나 배당에 의하여 지급하는 방안이 있을 것이다.

판례는 추심채권자가 다수일 경우 어느 한명에게 지급하여도 무방하다고 본다. 하지만 이중압류 등으로 누구에게 지급할지 모르고, 제3채무자가 갖는 위험을 감수하기 싫다면 제3채무자는 법원에 공탁[48]하는 방법이 있다.

48) 이러한 공탁을 집행공탁이라 한다.

3. 제3채무자의 진술의무

가. 제3채무자 진술최고(陳述催告)의 신청

압류채권자는 제3채무자로 하여금 압류명령의 송달을 받은 날부터 1주 이내에 서면으로 민사집행법 237조 1항에 정해진 아래사항을 진술하게 하도록 집행법원에 신청할 수 있다.

이는 압류채권자로 하여금 당해 압류채권의 집행으로 채권만족의 목적을 달성할 수 있을 것인지 여부에 관한 판단자료를 제3채무자로부터 얻도록 하기 위한 제도이다.

진술최고를 신청하는 시기는 압류명령의 신청과 함께 하거나 적어도 압류명령을 발송하기 전이라야 하며, 신청은 서면으로 하여야 하고, **500원의 인지**를 붙이는 외에(송민 91-1) 최고서의 송달료 및 제3채무자의 진술서 제출용 우편료를 예납하여야 한다.

나. 제3채무자의 진술

집행법원의 최고를 받은 제3채무자는 진술최고서를 받으면 그 정해진 1주 이내에 서면으로 그에 기재된 사항을 진술할 의무가 있다.

진술은 제3채무자 본인 이외에 대리인을 통하여 하더라도 무방하다. 진술의 상대방은 집행법원이고 압류채권자가 아니다. 진술의 내용은 분명하여야 한다. 진술기간은 압류명령의 송달을 받은 때로부터 1주일이지만 이는 훈시규정으로서 다소 지연되었다 하더라도 유효한 진술이 된다. (인지 금500원 납부)

(1) 진술할 사항은 다음과 같다.

① 채권을 인정하는지 여부 및 인정한다면 그 한도(1호)

② 채권에 대하여 지급할 의사가 있는지 여부 및 의사가 있다면 그 한도(2호)

③ 채권에 대하여 다른 사람으로부터 청구가 있는지의 여부 및 청구가 있다면 그 종류(3호)

④ 다른 채권자에게 채권을 압류 당한 사실이 있는지 여부 및 그 사실이 있다면 그 청구의 종류(4호)

(2) 제3채무자의 진술은 단순한 사실의 진술에 불과하고 채무의 승인으로는 볼 수 없어 손해배상책임을 지는 것은 별도로 하고, 그 자체만으로는 아무런 구속력이 없다. 따라서 압류채권자로서는 제3채무자의 진술에 구애되지 않고 행동할 수 있다. 예컨대 제3채무자가 압류된 채권이 존재하지 않는다고 진술하더라도 그에 대하여 전부명령을 신청하거나 추심소송을 제기할 수 있고, 집행법원으로서도 제3채무자의 진술을 이유로 전부명령 등을 거부할 수 없다.

제3채무자는 일단 채권이 존재한다고 진술한 뒤에도 이후의 추심소송에서 채권이 발생하지 않았다거나 무효라고 주장할 수 있고, 변제의 의사가 있다고 진술한 뒤에도 채무자에 대한 반대채권으로 상계하거나 소멸시효를 주장할 수 있다. 다만 특별한 경우에는 제3채무자의 주장이 이전의 진술과는 모순되는 것으로서 신의칙상 허용되지 않을 수도 있다. 또한 압류된 채권의 소멸시효를 중단시키는 효과도 발생하지 않는다.

제3채무자가 고의 또는 과실로 허위의 진술을 함으로 말미암아 압류채권자에게 손해가 발생한 때에는 그 손해를 배상할 의무가 있다.

법원의 진술최고에 대하여 제3채무자는 채무자의 채권에 대하여 아래 진술 사항에 대한 내용을 진술하여야 하지만 제3채무자가 법원에 진술을 하지 아니하였다고 하더라도 제3채무자를 처벌할 수 있는 것이 아니어서 채권자는 제3채무자에게 진술을 하도록 협조를 당부할 필요성이 있다할 것이다.

◈ 제3채무자에 대한 진술최고 신청서

제3채무자 진술최고신청서

사　　건　20
채 권 자　○ ○ ○
채 무 자　○ ○ ○
제3채무자　○ ○ ○

위 당사자 사이 귀원 0000 채권압류 및 추심명령 사건에 관하여 제3채무에 대하여 압류명령의 송달을 받은 날로부터 1주일이내에 다음 사항을 서면으로 진술하라는 취지의 명령을 하여 줄 것을 신청합니다.

다　　　음

1. 채권을 인정하는지의 여부와 인정한다면 그 한도
2. 채권에 대하여 지급할 의사가 있는지의 여부 및 있다면 그 한도
3. 채권에 대하여 다른 사람으로부터 청구가 있는지의 여부 및 있다면 종류
4. 다른 채권자에게 채권을 가압류 또는 압류 당한 사실이 있는 지의 여부 및 그 사실이 있다면 그 종류

0000 .　0 .　0 .

위 채권자 ○ ○ ○ ㊞

○ ○지방법원　　　　귀중

제5절 동산 강제집행

1. 동산에 대한 강제집행

신청방법	동산집행에 있어서는 집행관이 집행기관이 된다. 따라서 채권자는 압류할 대상을 정한 다음 집행문이 부여된 집행권원과 송달증명서를 구비하여 집행목적물이 소재하는 지방법원소속 집행관에게 서면으로 집행신청을 하여야 한다. 신청서에는 채권자, 채무자 및 대리인의 표시, 집행권원의 표시, 강제집행의 목적물인 유체동산의 소재장소 등을 기재하여야 한다. 신청서는 집행관 사무실에 비치하고 있으며, 아래 양식과 동일하다. 강제집행 신청이 있으면 집행비용을 은행에 납부하고 담당 집행관에게 이 사실을 통보하면 집행날짜와 집행시간을 결정하게 된다. 채권자가 시간상 참여하지 못하더라도 집행은 가능하며, 채권자의 강제집행 참가도 가능하다. 다만 채권자의 참여시 집행 당일 집행시간의 결정은 집행관 사무실에 오전 9시 이전에 도착하여 다른 채권자들과의 상황에 따라서 결정하고 있다.
집행절차	채권자가 집행관에 대하여 집행위임을 하면 집행관은 채무자소유의 유체동산 중 압류가 금지되는 물건(민사집행법 제195조에서 규정하고 있음)을 제외하고 압류를 실시한 후 압류물을 경매방법으로 또는 적의 매각의 방법으로 환가하여 영수한 매득금을 채권자에게 인도하는 방법으로 진행한다.
자동차 양도명령 신청	민사집행규칙 124조1항에 의하여 자동차 집행절차의 신속성 및 적정성을 제고하기 위한 제도로 경매신청채권자가 경매신청과 동시에 또는 집행법원에 감정평가서가 제출된 이후 집행법원에 양도명령신청서를 제출하는 제도이다.

2. 강제집행신청서 양식

<table>
<tr><td colspan="7">강 제 집 행 신 청 서
○○ 지방법원 집행관사무소 집행관 귀 하</td></tr>
<tr><td rowspan="4">채권자</td><td rowspan="2">성 명</td><td rowspan="2">홍길동</td><td rowspan="2">주민등록번호
(사업자등록번호)</td><td rowspan="2">000000-
0000000</td><td>전화번호</td><td>02-525-1007</td></tr>
<tr><td>우편번호</td><td>□□□-□□□</td></tr>
<tr><td>주 소</td><td colspan="5">서울시 서초구 서초 동(로) 가 15번지 호(통 반)
아파트 동 호</td></tr>
<tr><td>대리인</td><td colspan="3">성명( )
주민등록번호( )</td><td>전화번호</td><td></td></tr>
<tr><td rowspan="3">채무자</td><td rowspan="2">성 명</td><td rowspan="2">유가해</td><td rowspan="2">주민등록번호
(사업자등록번호)</td><td rowspan="2">000000-
0000000</td><td>전화번호</td><td></td></tr>
<tr><td>우편번호</td><td>□□□-□□□</td></tr>
<tr><td>주 소</td><td colspan="5">서울시 강남구 역삼동(로) 가 100번지 호(통 반)
영토아파트 4동 402 호</td></tr>
<tr><td colspan="2">집행목적물 소재지</td><td colspan="5">채무자의 주소지와 같음 (※다른 경우는 아래에 기재함)
시 구 동(로) 가 번지 호(통 반)
아파트 동 호</td></tr>
<tr><td colspan="2">집 행 권 원</td><td colspan="5">20○○가소 1234호 판결문(대여금) 에 기한 강제집행</td></tr>
<tr><td colspan="2">집행의 목적물 및
집 행 방 법</td><td colspan="5">동산압류, 동산가압류, 동산가처분, 부동산점유이전금지가처분,
건물명도, 철거, 부동산인도, 자동차인도, 기타( )</td></tr>
<tr><td colspan="2">청 구 금 액</td><td colspan="5">금 일천만원(10,000,000) 원(내역은 뒷면과 같음)</td></tr>
<tr><td colspan="7">위 집행권원에 기한 집행을 하여 주시기 바랍니다.
※ 첨부서류
1. 집행권원 1통 20○○ . 6. 1.
2. 송달증명서 1통 채권자 홍길동 (인)
3. 위임장 1통 대리인 (인)</td></tr>
<tr><td colspan="7">※특약사항
1. 본인이 수령할 예납금잔액을 본인의 비용부담하에 오른쪽에 표시한 예금계좌에 입금하여 주실 것을 신청합니다.
채권자 홍길동 (인)

예금계좌: 개설은행 ( ) / 예 금 주 ( ) / 계좌번호 ( )

2. 집행관이 계산한 수수료 기타 비용의 예납통지 또는 강제집행 속행의사 유무 확인 촉구를 2 회 이상 받고도 채권자가 상당한 기간내에 그 예납 또는 속행의 의사표시를 하지 아니한 때에는 본건 강제 집행 위임을 취하한 것으로 보고 종결처분하여도 이의 없습니다.
채권자 홍길동 (인)</td></tr>
</table>

<table>
<tr><th colspan="2">청구금액계산서</th></tr>
<tr><td>내 용</td><td>금 액</td></tr>
<tr><td>1. 대여금 : 원금

2. 200 . 2. 1 ~ 200 . 1. 31
연 5% 이자
(365/365 × 원금 × 0.05)

3. 200 . 2. 1 ~ 신청일
(200 . 5. 30)
연 12% 이자
(119/365 × 1,000만원 × 0.12)</td><td>1. 금 1,000 만원

2. 금 50 만원

3. 금 381,230 원</td></tr>
<tr><td>합 계</td><td>금 10,881,230 원</td></tr>
<tr><th colspan="2">집행목적물 소재지 약도</th></tr>
<tr><td colspan="2">약도 그리기 또는 인터넷 약도를 출력하여 첨부</td></tr>
</table>

제6절 채무자의 재산파악을 하지 못한 경우

강제집행이 가능한 판결문, 조서 등을 가지고 있는 채권자가 채무를 변제하지 아니한 채무자를 상대로 채권을 회수하기 위해 강제집행을 실시하려고 채무자의 숨겨진 재산을 파악하려고 하였으나 채무자의 재산 파악이 어려워 강제집행이 불가능 하다면 어떻게 할 것인가?

채무자의 재산목록을 채무자가 직접 법원에 신고하여 채무자의 재산이 파악되면 채권자가 강제집행을 실시하는데 유리할 것이므로 그 방법에 대해 살펴보자.

1. 재산명시절차[49)]

재산명시절차는 일정한 집행권원에 의한 금전채무를 이행하지 아니하는 경우에 법원이 그 채무자로 하여금 강제집행의 대상이 되는 재산관계를 명시한 재산목록을 제출하게 하고 그 재산목록의 진실함을 선서하는 법적절차를 말한다.

인지 1,000원, 송달료는 송달이 필요한 기관의 수에 해당하는 만큼 납부하고 집행력 있는 판결정본 원본과 사본을 준비하여 법원에 제출하면, 법원이 정본을 확인한 이후 정본은 환부한다. 재산관계명시절차 관할법원은 채무자의 주소지관할 법원이다.

재산명시기일에 채무자가 법원에 출석하여 재산목록을 제출하고, 선서를 하게 되며, 불출석시에는 20일 이내에 감치할 수 있다. 채무자가 거짓의 재산목록을 제출한 경우에는 3년 이하의

---

49) 민집규 35, 25 / 재산조회 규칙 7, 8

징역 또는 500만 원 이하의 벌금에 처한다.

2. 재산관계 명시 요건

(1) 금전의 지급을 목적으로 하는 집행권원 중 가집행의 선고가 붙어 집행력을 가지는 집행권원을 제외한 집행권원에 기초할 것(가집행 선고로써 재산명시신청은 받아들이지 않는다)
(2) 채권자가 강제집행을 개시할 수 있는 상태에 있을 것
(3) 채무자의 재산을 쉽게 찾을 수 없을 것
(4) 채무자가 채무를 이행하지 않을 것

3. 재산관계 명시명령

법원은 재산명시 신청에 이유가 있다고 인정한 때에는 결정의 형식으로 재산상태를 명시한 재산목록을 제출하도록 명하고 이 명령을 채권자 및 채무자에게 송달한다.

재산명시명령에 대하여 채무자의 이의신청이 없거나, 이를 기각한 때에는 법원은 재산명시를 위한 기일을 정하여 채무자에게 출석할 것을 요구하여야 하고 이 기일을 통지한다. 앞에서 설명한 공시송달은 안된다. 따라서 채무자의 주소지 확인은 필수적이다.

재산명시기일에는 재산목록을 제출받고 선서를 시키는데, 채무자에 대하여 강제집행을 개시할 수 있는 채권자는 재산목록을 열람하거나 등사를 신청하여 신고한 재산에 강제집행을 실시한다.

4. 재산조회 신청제도를 활용해 보자.

위에서 채권자가 재산명시를 신청하였으나 채무자가 정확한 재산 신고를 하지 않았다고 판단되었다면, 채권자는 법원에 재산조회제도를 신청해 볼 필요가 있다.

재산명시 절차가 채무자의 협조를 얻어 강제집행 할 재산을 찾는 절차인 반면 재산조회 제도는 채무자의 협조 없이 공공기관 등의 전산망 자료를 이용하여 채무자 명의의 재산을 적극적으로 찾는 절차이다.

(1) 재산조회 절차의 요건

재산조회는 재산명시절차가 끝난 후 그 재산명시를 신청한 채권자만이 신청할 수 있으며, 조회대상 기관이 정당한 사유없이 자료의 제출을 거부할 때에는 과태료에 처해질 수 있다.

(2) 신청사유

① 채무자가 재산명시기일에 불출석하거나 재산명시기일에 출석하더라도 재산목록 제출 또는 명시선서를 거부한 경우
② 채무자가 거짓으로 재산목록을 제출한 경우
③ 채무자가 제출한 재산목록만으로는 집행채권의 만족을 얻기에 부족한 경우이다.

(3) 관할법원과 비용

관할법원은 재산명시신청을 실시한 법원이고 토지관할 전속관할이다. 신청서에는 1,000원의 인지를 첨부한다.

재산조회 결과 재산목록의 경우와 마찬가지로 재산조회 신

청인은 물론 재산조회 신청인이 아니더라도 채무자에 대하여 강제집행을 개시할 수 있는 채권자는 재산목록을 보거나 복사할 것을 신청할 수 있다.

(4) 조회기관 및 단체

2019. 1. 1. 기준

순번	기 관·단 체	조회할 재산
1	법원행정처	토지·건물의 소유권
2	국토교통부	건물의 소유권
3	특허청	특허권·실용신안권·디자인권·상표권
4	「은행법」에 의한 금융기관	「금융실명거래 및 비밀보장에관한법률」 제2조제2호에 규정된 금융자산(다음부터 "금융자산"이라 한다)중 계좌별로 시가 합계액이 50만원 이상인 것
5	「자본시장과 금융투자업에 관한 법률」에 의한 투자매매업자, 투자중개업자, 집합투자업자, 신탁업자, 증권금융회사, 종합금융회사, 자금중개회사, 단기금융회사, 명의개서대행회사	금융자산중 계좌별로 시가 합계액이 50만원 이상인 것

6	「상호저축은행법」에 의한 상호저축은행	금융자산중 계좌별로 시가 합계액이 50만원 이상인 것
7	「농업협동조합법」에 의한 지역조합과 품목조합	금융자산중 계좌별로 시가 합계액이 50만원 이상인 것
8	「수산업협동조합법」에 의한 수산업협동조합과 그 중앙회	금융자산중 계좌별로 시가 합계액이 50만원 이상인 것
9	「신용협동조합법」에 의한 신용협동조합	금융자산중 계좌별로 시가 합계액이 50만원 이상인 것
10	「산림조합법」에 의한 산림조합	금융자산중 계좌별로 시가 합계액이 50만원 이상인 것
11	「새마을금고법」에 의한 새마을금고	금융자산중 계좌별로 시가 합계액이 50만원 이상인 것
12	「보험업법」에 의한 보험사업자	해약환급금이 50만원 이상인 보험계약
13	과학기술정보통신부	금융자산중 계좌별로 시가 합계액이 50만원 이상인 것
14	한국교통안전공단	자동차 · 건설기계의 소유권

제7절 집행 채무자의 불복

강제집행 절차에서 집행채무자가 집행채권자에게 대항할 수 몇 가지 사례를 살펴본다.

1. 이의신청

이의신청은 즉시항고와 더불어 강제집행에서 절차상 하자에 대하여 채무자 등이 할 수 있으며, 집행에 관한 이의와 사법보좌관의처분에 관한 이의가 있다.

주로 강제집행 절차에서 즉시항고를 할 수 없는 경우 이의를 할 수 있으며, 집행관의 집행처분도 포함한다.[50)]

담보권의 실행(임의경매)을 위한 경매에 있어서 담보권의부존재, 소멸 등 실체적 이유도 이의가 가능하며(민집265), 이의신청은 기간의 제한이 없다.

2. 즉시항고

법원의 채무자에 대한 강제집행 절차에서 집행채무자는 즉시항고가 가능하다(민집 15조1항). 다만 사법보좌관이 처리한 경우에는 즉시항고에 앞서 위 이의신청 절차를 거쳐야 한다(법원조직법 54조3항).

즉시항고에는 집행정지의 효력이 없으며, 항고법원은 잠정처분으로서 집행의 정지 등을 할 수 있다(민집 15조 6항).

여기서 주의할 점은 즉시항고는 법조문에 기재된 즉시항고 조

---

50) 법원실무제요 (1) p89

항이 있는 경우에만 가능하고, 통상적인 항고는 채무자의 이익이 있을 경우 조문과 무관하게 할 수 있다.

3. 청구이의의 소

이의신청과 즉시항고가 강제집행의 절차상의 하자에 대한 규정이라면 집행채권자의 청구권의 소멸, 부존재 등 실체상의 하자에 대한 집행채무자의 불복에는 청구이의의 소 또는 제3자 이의의 소가 있다.

다시 말해서 확정된 종국판결에 대하여 집행채무자가 판결에 대하여 변제, 면제, 면책 등의 사유로 인하여 판결채권이 소멸되었거나 부존재 함에도 집행채권자가 강제집행을 할 경우 집행채무자는 청구이의의 소를 제기할 수 있으며, 이 소송은 판결에 대한 집행력 배제의 소송이다.

법원은 원심법원에 제기하여야 하며, 집행증서, 확정된 지급명령, 이행권고결정 등 집행력만 있고, 기판력이 없는 경우에는 처음부터 원고는 집행채무자이고, 피고는 집행채권자 또는 그 승계인이다.

4. 제3자 이의의 소

강제집행의 목적물이 집행채무자의 소유가 아니라 제3자의 소유임에도 집행채무자의 소유로 오인하여 강제집행이 진행될 경우 목적물의 소유자는 해당목적물의 강제집행 배제를 위한 소송이 제3자 이의의 소이다.

이는 담보권실행을 위한 경매절차에서도 가능하며(민집275), 가압류, 가처분절차에서도 인정된다.

소유권자, 점유권자는 본 소가 가능하며, 부동산 등 명의신탁자도 가능하다. 그러나 용익물권인 지상권, 지역권, 전세 기간이 만료되지 아니한 전세권자는 그 권리행사에 방해받지 아니하므로(민집83조 2항), 이의 원인이 되지 아니한다.

질권, 유치권 등 점유를 수반하는 담보물권은 강제집행에 있어서 점유가 침해되는 경우에는 이의원인이 된다. 관할법원은 집행법원이며(민집48조), 부당한 강제집행에 있어서 집행절차가 종료된 경우에는 부당이득 또는 손해배상을 청구할 수 있다(기타 자세한 사항은 '강제집행실무' 교재 참조).

제8장 피고 또는 채무자일 경우 대응방법

앞장에서는 대부분 원고나 채권자의 입장에서 소송 경험이 없는 사람이 법원을 통하여 권리를 구제받는 절차에 대하여 알아보았다. 그렇다면 피고나 채무자의 입장에서 어느 날 법원으로부터 지급명령결정이나, 이행권고결정문, 소장부본 등이 도착하면 피고인 당사자는 어떻게 해야 할까?

피고의 입장에서 원고·신청인·채권자의 주장 사실이 모두 사실이라서 적극적으로 다툴 의사가 없고, 채무를 이행한다면 별 문제는 없을 것이다. 그러나 채권자(원고)의 주장 사실이 사실과 달라서 사실관계를 적극적으로 다투고 방어를 하여야 한다면 어떻게 대응해야 할까?

독촉절차인 지급명령과 가압류·가처분, 조정조서, 소장 등으로 나누어 살펴본다.

제1절 지급명령 결정의 경우

지급명령 결정문이 도착할 경우에는 그 결정에 승복하는 경우와 승복하지 못하는 경우로 나누어서 살펴볼 수 있다.

1. 지급명령에 승복할 경우

지급명령이란 지급명령에서 채무자로 되어 있는 사람이 채권자로 되어 있는 사람에게 돈을 갚을 것이 있는데 이를 인정하겠느냐는 것이다.

만일 이를 인정하면 따로 절차를 밟을 필요 없이 그에 상당하는 돈을 준비하여 채권자에게 지급해야 하고, 지급하지 않는 경우에는 채권자가 채무자의 재산에 대해 강제집행을 하게 된다. 채무자의 변제가 늦어질 경우 지연손해금(년 15%/ 소촉법)가 발생함에 유의해야 한다.

2. 지급명령에 승복하지 못할 경우

채무자(피신청인은) 반드시 지급명령을 받은 날로부터 **2주 이내에 이의신청**을 해야 하는데 만일 이 기간동안 이의신청서가 접수되지 않으면 지급명령은 확정되어 채권자가 채무자의 재산에 강제집행을 할 수 있게 된다.

이의신청서가 접수되면 지급명령 절차는 종료되고 소송절차로 넘어가게 된다.

◈ 이의신청서

지급명령에 대한 이의신청서

사　　건: 20　차 1234호 대여금
채 권 자: 홍 길 동(주민등록 번호)
　　　　　서울시 서초구 서초동 1551-9
　　　　　연락처: 02-525-1007
채 무 자: 유 가 해(주민등록번호)
　　　　　서울시 강남구 역삼동 00번지
　　　　　연락처: 02-000-0000

위 사건에 관하여 채무자는 20　. 6. 1. 자 지급명령결정문의 송달을 20　. 6. 4. 수령하였으나, 신청인은 동 결정에 대하여 이유가 없으므로 이의를 신청합니다.

20　. 6. 10.
위신청인 채무자: 유가해 (인)

OO 지방법원 귀중

제2절 민사조정의 경우

민사조정에는 조정기일 출석요구서가 날아온 경우와 조정에 갈음하는 결정이 날아온 경우로 나누어 볼 수 있다.

1. 조정기일 출석요구서가 날아온 경우

조정이란 소송이 아니라 판사나 조정위원이 합의에 의해 분쟁이 해결되도록 유도하는 절차이다. 따라서 조정에서 빨리 끝내는 편이 좋겠다고 판단되면 소송으로 진행되기 전에 보내온 조정기일에 출석하여 판사나 조정위원에게 본인의 생각을 전달하고, 본인의 생각과 같이 조정이 되도록 하는 것이 소송으로 발전하는 경우보다 유리할 것이다.

2. 조정에 갈음하는 결정이 날아온 경우

조정기일에 불출석했거나 출석했더라도 합의가 되지 않았을 경우 판사나 조정위원은 강제로 '**조정에 갈음하는 결정**' 을 내린다.

조정에 갈음하는 결정정본을 수령한 당사자는 조정내용에 불복할 경우 결정정본을 송달받은 날로부터 2주 이내에 이의신청을 할 수 있으며, 이 때 이의신청을 하게 되면 자동적으로 소송절차가 진행된다.

이의신청을 하게 되면, 조정신청인이 원고가 되고 피신청인이 피고가 된다. 피신청인은 소송으로의 진행을 위해 아래와 같이 간단하게 이의신청서를 제출하면 소송이 진행된다.

◈ 이의신청서 (조정에 갈음하는 결정에 대한 이의시)

조정에 갈음하는 결정에 대한 이의신청서

사건: 20○○ 머 1234호 대여금
신청인: 홍 길 동(주민등록 번호)
서울시 서초구 서초동 1551-9
연락처: 02-525-1007

피신청인: 유 가 해(주민등록번호)
서울시 강남구 역삼동 00번지

위 사건에 관하여 귀원에서 20○○. 6. 1. 자 조정에 갈음하는 결정의 송달을 받았으나, 신청인은 동 결정에 대하여 불복하는 바입니다.

20○○ . 7. 2.
위신청인: 홍 길 동 (인)

○○ 지방법원 귀중

참고 ☞ 조징에 갈음하는 결정에 대한 이의신청서에는 인지 및 송달료를 납부하지 않는다. 이의신청을 아니 할 경우 위 조정에 갈음하는 조서는 확정되고, 신청인이 강제집행이 가능해진 집행권원이 된다.

제3절 가압류 · 가처분의 경우

부동산, 채권, 유체동산 등에 가압류 · 가처분된 것만으로도 당사자는 권리행사를 하지 못하여 피해를 입을 수 있는데, 이럴 경우 채무자는 ① 제소명령신청, ② 이의신청이나 ③ 가압류해방금액의 공탁에 의한 가압류 · 가처분 집행취소신청을 할 수 있다.

그러나 반드시 해야 하는 것은 아니며, 본안 소송절차에서 승소하면 해당하는 판결문으로 가압류, 가처분을 집행해제 또는 말소등기 등을 청구할 수 있다.

1. 제소명령 신청

상대방이 가압류 · 가처분만 해놓고 본안소송을 제기하지 않고 시간만 끌고 있는 경우, 가압류 · 가처분의 피당사자인 채무자의 경우 제소명령신청을 할 수 있다.

만약 신청이 받아들여져서 법원이 제소명령을 내리게 되면, 상대방은 본안소송을 제기해야 하고, 만약 본안소송을 제기하지 않으면 이를 이유로 가압류 · 가처분 결정을 취소시킬 수 있다.

채무자는 아래와 같은 제소명령 신청서를 법원에 제출하면 제소명령 신청을 받은 법원은 제소명령신청서를 검토한 후 상대방에 대하여 보통 7일의 기간을 주어 그 기간 내에 본안소송을 제기하도록 명령한다.

채권자가 제소명령 결정문을 수령하고 소송을 제기하게 되면 제5장 재판절차를 참고한다.

◈ 제소명령신청서

제소명령 신청서

사 건: 20○○카합 1234호 부동산 가압류 (부동산 처분금지 가처분)
채권자(피신청인): 유 가 해 (주민번호)
서울시 강남구 역삼동 00번지
채무자(신 청 인): 홍 길 동 (주민번호)
서울시 서초구 서초동 1551-9
연락처: 02-525-1007

신 청 취 지

채권자는 제소명령 결정이 송달된 날로부터 7일 안에 관할법원에 본안의소를 제기하라.
라는 결정을 구합니다.

신 청 원 인

채권자는 20○○. 2. 1. 귀원 200 카합1234호 부동산 가압류/가처분 사건에 관하여 가압류 결정만 받아 놓고 본안의 소를 제기하지 않고 있으므로, 이 사건 신청에 이르렀습니다.

20○○ . 6. 1.
위 신청인 홍 길 동 (인)

○○ 지방법원 귀중

참고 ☞ 제소명령신청서 첩부인지 1,000원

2. 이의신청

가압류·가처분이 효력을 가지고 있는 한 언제든지 이의신청을 할 수 있는데, 이의신청을 받은 법원은 처음부터 변론을 열어서 가압류·가처분의 타당성을 심리하게 된다.

즉, 채권자는 원고, 채무자는 피고에 해당되며 채권자의 가압류·가처분 신청서는 소장에 해당되고, 채무자의 이의신청서는 답변서에 해당된다.

이의신청이 가압류·가처분 결정의 효력 자체를 다투는 반면, 제소명령은 가압류·가처분의 효력은 유지하면서 본안소송에서 채권자가 청구권을 다투는 점이 이의신청과 제소명령의 차이점이다.

◈ 가압류 결정에 대한 이의신청서

부동산 가압류 결정에 대한 이의

인지 10,000원

사 건: 20○○카단 1234호 부동산 가압류

채권자(피신청인): 유 가 해 (주민번호)
서울시 강남구 역삼동 00번지
연락처:

채무자(신 청 인): 홍 길 동 (주민번호)
서울시 서초구 서초동 1551-9
연락처: 02-525-1007

신 청 취 지

1. 채권자가 채무자를 상대로 한 00 지방법원 20○○ 카단 1234호 부동산 가압류 신청사건에 관하여 동원이 200 ○○ . 2. 1. 에 한 가압류 결정은 이를 취소한다.
2. 채권자의가압류 신청을 기각한다.
3. 소송비용은 채권자의 부담으로 한다.

4. 위 제1항은 가집행 할 수 있다.

라는 재판을 구합니다.

신 청 이 유

1. 채권자는 채무자에게 금전을 대여한 사실이 있다고 주장하면서 그 집행을 보전하기 위하여 신청취지 기재의 가압류 결정을 받아 채무자 소유의 별지목록 기재 부동산에 가압류 집행을 하였습니다.
2. 그러나 채무자는 채권자에게 금전을 차용한 사실이 없기에 채권자는 위 가압류 집행은 부당하므로 이 사건 신청에 이르렀습니다.

첨 부 서 류

1. 부동산 등기부등본 1통

20○○. 6. 1.

위 채무자(이의신청인) 홍 길 동 (인)

○○ 지방법원 귀중

참고 1. 가압류 이의신청서는 인지 2,000원 첩부

2. 송달료는 8회분 납부

3. 별지목록 작성은 제2장 가압류 · 가처분 참조

3. 가압류 해방금액의 공탁

위의 부동산 가압류 결정에 대한 이의신청은 소송을 진행해야 하므로 다소 시간이 소요될 수 있다. 따라서 가압류를 빨리 해제되기를 원한다면 가압류결정문에 기재된 가압류해방금액을 법원에 공탁하고 가압류집행취소를 받는 방법을 선택할 수 있다.

가압류 해방공탁을 할 경우 현금으로 공탁하는 경우가 많은데 이 현금은 본안소송이 종결된 이후 본안소송에서 승소하면 채무자가 수령하고, 채무자가 패소하면 공탁금에 대하여 판결금 등으로 채권자가 강제집행을 하게 될 것이다.

제4절 소장을 수령한 경우(피고의 경우)

1. 상대방의 주장이 사실이라면

소장을 수령한 경우 상대방의 주장이 사실이라면, 재판기일 전 또는 재판기일에 상대방과 화해하든지 또는 법원에 조정을 해달라는 취지의 답변서를 제출하거나, 아예 재판 날짜에 나가지 않고 패소판결문을 받으면 된다.

2. 상대방의 주장이 부당하다고 생각되면

가. 답변서의 제출

원고의 소장 부본에 대응하여 피고 자신의 주장을 정리해서 최초로 법원에 제출하는 서면을 답변서라고 한다. 만약 원고의 청구를 인정하지 않는 경우에는 되도록 빨리(판결문 수령 이후

30일 이내) 답변서를 제출해야 한다.[51] 이때에는 원고 숫자만큼의 사본을 만들어서 답변서 뒤에 첨부해야 한다.

피고가 제출할 답변서에는 사건번호와 당사자, 원고의 주장사실에 대한 답변을 기재하여야 하는데, 주장에 대한 답변은 원고 소장 중 청구원인을 사항별로 인정할 것인가, 부인할 것인가를 구체적·개별적으로 기재하여야 하며, 상대방 수에 상응하는 답변서 부본과 증거자료를 제출하여야 한다.

피고가 답변서(법원용 1부, 상대방용 1부)를 직접 또는 우편으로 법원에 제출하면 상대방이 답변에 대한 준비서면[52]을 제출할 수 있고, 준비서면을 수령한 피고는 이후 답변서라고 하지 않고 준비서면이라는 제목으로 서면을 제출한다.

원고의 소장 중 청구취지와 청구원인을 조목조목 다투고, 이를 서면으로 제출하거나 대법원 홈페이지에서 전자로 답변서 제출이 가능하다.

답변서 제출 이후에 변론을 준비하였다면 '준비서면' 이라는 이름으로 서류를 제출하고, 해당하는 증거도 준비서면 뒤에 첨부하여 제출 할 수 있다. 준비서면은 1회만 제출하여야 하는 것은 아니고 수회 제출하여도 무방하다.

---

51) 소장을 수령하고 30일이 도과해도 무방하다.

52) 준비서면이란 변론할 내용을 글로 작성하여 제출하는 문서로서 답변서 이후에는 진술서를 제출하고 싶을 경우 원고, 피고(당사자) 모두 준비서면이라는 제목으로 서류를 제출한다.

나. 답변서 사례

답 변 서

사 건 20○○가합 6○○호 매매계약해제확인
원 고 최 ○○
피 고 김 ○○

위 사건에 관하여 피고는 다음과 같이 답변합니다.

청구취지에 대한 답변

1. 원고의 청구를 기각한다.
2. 소송비용은 원고의 부담으로 한다.

라는 판결을 구합니다.

청구원인에 대한 답변

1. 원고와 피고간에 20○○. 12. 30. 매매대금을 6억8천만원으로 하고, 피고가 원고의 융자금 5억2천만원을 인수하고, 계약금 500만원은 계약 당일 지급하고, 중도금은 원고가 이 사건 건물의 3, 4층을 임차하기로 하여 임차보증금 1억5천만원으로 충당하고, 합계 1332만원 지급하였으며(을제4호증의 1 내지 4: 각 부동산중개수수료영수증), 20○○. 1. 2. 잔금 500만원을 지급하였습니다.(을제5호증: 무통장입금증)

2. 원고는 위 매매계약을 체결한 후 계약의 전반적인 내용이 원고에게 현저히 불리하게 체결된 것으로 판단되어 계약을 체결한 다음날인 20○○. 12. 31. 곧바로 피고에게 전화로 위 계약을 해제한다는 내용을 통보하였다고 하나, 이는 사실이 아닙

니다.

- 중략 - 원고가 계약을 해제한다는 통보는 전혀 없었습니다.

3. 그리고 20○○. 1. 3. 원고는 피고를 만나 계약을 해제한다는 의사를 다시 한번 표시하면서 계약금 500만원에 대한 배액인 금 1000만원을 피고에게 제공하였으나 피고는 수령을 거부하였다는 주장 역시 완전한 거짓말입니다.

피고는 20○○. 1. 2. 잔금 500만원을 지급한 이후 매매계약서 별첨에 기재된 것과 같이 가등기를 경료 받으려고 하였으나 부동산중개인으로부터 가등기문제로 상의할 것이 있다며 20○○. 1. 3. 17:00 경에 부동산중개사무실로 나와 달라는 연락을 받았습니다.

그리하여 피고는 약속시간에 부동산중개사무실에 나갔더니 이미 원고와 원고가 대동한 새마을금고 직원이라는 사람이 기다리고 있었는데, 피고가 들어서자마자 원고는 인사 한마디 없이 다짜고짜 융자금액도 맞지 않고, 4층 임차인의 이사 날짜도 잘못 정하였다는 등의 이유를 대면서 추가대출이 되지 않으면 해약을 해야 되는 것이 아니냐고 하였으나 피고는 계약대로 이행할 것을 요구하였고, - 중략-

이후 부동산중개인은 이 사건 부동산을 대상으로 추가대출 4000만원이 가능한 것인지를 은행에 확인하여 가능하다는 결과를 원고에게 알려주기까지 하였습니다.

4. 피고는 계약이행을 촉구하기 위하여 20○○. 1. 6. 내용증명을 보냈으나(을제6호증: 계약이행촉구서), 원고는 같은 달 7.자로 계약해지를 통고(을제7호증: 계약해지통고서)하여 피고는 같은 달 8.에 수령하였습니다.

5. 원고는 계약을 해지한다는 의사를 표시하고 계약금의 배액을 제공하였으므로 계약이 해제되었다고 주장하나, 피고는 이미 20○○. 1. 2. 잔금 500만원을 지급한 후 매매계약의 이행을 촉구한 반면 원고는 20○○. 1. 7.자 내용증명을 통하여 해제통지를 하여 피고가 다음날인 20○○. 1. 8.에 수령하였을 뿐이므로 원고의 해제통지는 아무런 효력이 없습니다.

그러므로 원고는 피고에게 매매계약에 따른 채무를 이행하여야만 할 것입니다.

입 증 방 법

1. 을제 1호증		부동산매매계약서	1부
1. 을제 2호증		부동산임대차계약서	1부
1. 을제 3호증		계약금영수증	1부
1. 을제 4호증의	1	부동산중개수수료영수증(매수자용)	1부
	2	〃 (임대자용)	1부
	3	〃 (매도자용)	1부
	4	〃 (임차자용)	1부
1. 을제 5호증		무통장입금증	1부
1. 을제 6호증		계약이행촉구서	1부
1. 을제 7호증		계약해제통지서	1부

20○○. 3. .

위 피고 김 ○○

서울북부지방법원 귀중

3. 피고의 소송별 주요 항변사항

(1) 대여금 청구

주요 항변사항	① 변제.상계항변 ② 면책적 채무인수 항변 ③ 상속포기나 한정승인 항변 ④ 소멸시효 항변 ⑤ 채권의 압류추심 및 전부 항변 ⑥ 취소 항변

(2) 임대차보증금반환 청구

주요 항변사항	① 묵시의 갱신 항변 ② 상계항변 ③ 임대인지위 양도 항변 ④ 동시이행 항변 ⑤ 보증금반환채권이 양도 . 전부되었다는 항변

(3) 매매대금 청구

주요 항변사항	① 동시이행 항변 ② 취소의 항변 ③ 소멸시효의항변 ④ 하자담보책임 항변 ⑤ 계약해제의 항변 ⑥ 변제

(4) 구상금 청구

주요항변	① 사전통지결여 항변 ② 사후통지 결여 항변

(5) 어음금 청구

주요항변	① 물적 항변 ② 인적항변

(6) 공사대금 청구

주요항변	① 동시이행 항변 ② 해제 항변 ③ 상계항변

(7) 양수금 청구

주요항변	① 양도금지 항변 ② 채권의 이전항변 ③ 통지결여 항변

(8) 부당이득금 청구

주요항변	① 불법원인 급여 항변 ② 악의의 변제 또는 도의관념 적합항변

(9) 가등기에 기한 본등기 청구

주요항변	① 동시이행 항변 ② 취소 항변 ③ 해제 항변

(10) 소유권이전등기 청구 (매매로 인한)

주요항변	① (가)압류항변 ② 동시이행항변 ③ 계약해제항변

(11) (근)저당권말소 청구

주요항변	① 등기의 유용 항변

(12) 건물(토지)인도 청구 (임대차종료를 이유로 한)

주요항변	① 묵시의 갱신항변 ② 동시이행 항변 ③ 유치권 항변 ④ 부속물매수청구권 항변 ⑤ 지상물매수청구권 항변

(13) 손해배상 청구 (일반불법행위로 인한)

주요항변	① 책임무능력 항변 ② 위법성 조각 항변 ③ 소멸시효 항변 ④ 과실상계 항변

(14) 손해배상 청구-교통사고로 인한

주요항변	① 면책 항변 ② 운행자지위상실 항변 ③ 위법성조각 항변 ④ 소멸시효 항변 ⑤ 과실상계 항변 ⑥ 손익상계 항변

(15) 배당이의의 소

주요항변	① 본안 전 : 제소기간 도과 항변 ② 본안 : 배당수령권에 대한 장해, 소멸, 저지 항변

(16) 사해행위취소 소송

주요항변	① 본안 전 : 제척기간 도과 항변 ② 본안 : 원고의 채권소멸 항변, 선의 항변

(17) 추심금(전부금) 청구 소송

주요항변	① 추심(전부)권의 소멸 항변 ② 상계 항변 또는 피압류 채권의 부존재 항변

제9장 전자소송

'독촉절차에서의 전자문서이용에 관한 법률' 에 따라 실시된 지급명령의 전자소송을 시작으로 2010. 4. 26. 특허법원 사건이 전자소송으로 진행되고 있으며, 2011. 5. 2.부터 민사 본안 사건과 조정사건이 전자소송 서비스 범위에 새롭게 추가되어 진행 중이다. 현재 가사사건, 행정사건, 민사집행사건, 도산사건, 비송사건, 형사사건 등 모든 사건이 전자신청(파일제출)이 가능하다.[53]

1. 의의

전자소송이라 함은 대법원이 운영하는 전자소송시스템을 이용하여 소송수행에 필요한 서류를 인터넷으로 제출하는 재판방식이다.

기존에 소장 등을 제출할 경우 한글(hwp)이나 MS-Word(doc)프로그램을 사용하여 이를 종이에 출력하였고, 종이문서로 소장 등을 법원에 제출하였다면 전자소송의 경우 기록을 종이형태가 아닌 전자문서 형태로 관리하며 당사자는 소송수행에 필요한 소장 및 답변서 등 기타 각종 소송서류를 전자문서로 제출하고 전자적으로 송달받게 되며, 소송기록의 열람 및 출력을 인터넷으로 연결하여 전자적으로 처리하는 것을 말한다.

다만 변론의 경우 인터넷을 통하여 화면의 창을 보면서 동영

53) 대법원 전자소송 홈페이지(http://ecfs.scourt.go.kr) 참조

상으로 진행하는 것은 아니라 법정에서 진술(변론)하는 것은 전자소송도 종이소송과 동일하며, 소송서류의 작성과 제출이 전자적으로 이루어지는 것이다.[54)]

2. 전자소송의 특징

(1) 선택의 자유

전자소송을 하겠다는 동의는 원칙적으로 당사자의 자유이다. 정보화 또는 인터넷의 사용이 불가능한 자를 위하여 기존의 종이소송 방식도 동시에 진행되므로 종이소송을 진행하였던 당사자 또는 대리인은 즉시 전자소송만을 해야 하는 것은 아니다.

다만, 국가·지방자치단체, 일정한 공공기관에 대하여는 의무적으로 전자소송을 하여야 하고, 원고가 전자소송을 진행할 경우에도 당연하게 피고인 국가 등은 전자소송으로 소송을 진행하지만 원고가 종이소송을 진행하고, 피고가 공공기관이라도 법원은 소송기록을 전자기록 관리하고, 피고인 국가 및 공공기관에 대한 송달은 원고의 동의 여부와 관계없이 전자송달로 이루어진다.

따라서 의무적으로 전자소송을 진행하여야 하는 기관단체 등은 사전에 전자소송홈페이지에 접속하여 회원가입, 공동인증, 담당자 등록 등의 절차를 진행하여야 한다.

(2) 비용의 절약

『민사소송 등 인지법』 일부 개정 법률이 2011. 7. 18.(월)부터 시행되어 전자소송시스템을 통한 소장 및 신청서 접수 시 기존의 종이소송에 비하여 **인지액을 10% 인하하**

54) 송달료 및 인지 등 소송비용 납부도 전자적으로 납부한다.

였다.

전자소송 시행일 이후 전자소송시스템을 통하여 **소장 접수, 반소장 접수, 재심소장 접수, 항소장 접수, 상고장 접수, 청구변경신청서를 제출하는 경우 종이소송절차에 비해 10% 감경된 인지를 납부한다**(민사소송 등 인지법 제16조 제1항).

송달료 또한 메일로 발송되는 문서의 경우 무료이며, SMS로 통보될 경우에는 저렴한 비용이 발생한다. 이에 종이소송 절차에 비하여 전자소송절차의 비용이 저렴하다.

다만 전자소송을 이용할 경우 종이소송에서는 발생하지 아니한 카드수수료가 발생할 수 있다.

(3) 전자 기록관리 및 출력

이전에는 소송기록을 종이문서로 보관하여 법원청사 내에 상당한 공간이 필요하였으나 향후 종이문서를 스캐너로 스캔하여 시스템에 등재하여 전자적으로 관리하거나 일부의 기록은 자기디스켓 등으로 보존한다. 이에 법원직원들의 업무가 증가될 것으로 예상되지만 기록등사신청시 시간이 단축되고 보관하기 용이하며, 등사 및 출력이 용이하다는 장점이 있다.

(4) 사전 동의

전자소송 전 또는 소송 중간에 사건별로 전자소송에 대한 동의 여부를 각 당사자에게 선택하도록 하되, 1년 이내의 기간으로 사전에 포괄동의가 가능하다. 그러나 이는 선택사항이지 의무사항은 아니다. 포괄동의는 개별 사건에 관하여 전자소송 동의를 하는 대신, 1년의 범위에서 일정한 기간을 정하여 그 기간 안에 전자소송의 당사자 또는 민사소송 등에서의 전자문서 이용 등에 관한 규칙 제3조 각 호의 자가 될 것을 예정하여 전자소송시스템을 이용한 재판진행에 동의하는 것을 의미한다.
포괄동의자는 개개의 사건에 대하여 별도의 전자소송 동의를 하지 않더라도 모든 사건에 대하여 전자소송시스템에 의한 재판절차가 진행되어 소장 부본 등 모든 소송서류를 전자적으로 제출하고 송달받을 수 있다.

기존의 특허법원 사건을 위한 전자소송 홈페이지는 2011. 5. 2.부터 민사전자소송 홈페이지와 통합되었고, 통합 이전에 포괄동의를 한 회원의 경우, 그 포괄동의의 효력은 특허법원 사건뿐만 아니라 민사전자소송 서비스 시행 이후에 제기되는 민사본안 및 조정신청 사건에까지 미치게 된다.
만일, 포괄동의의 효력이 확장되는 것을 원하지 아니하는 경우 **전자소송 홈페이지 (http://ecfs.scourt.go.kr)** 의 나의전자소송 → 사전포괄동의신청 화면에서 포괄동의를 철회할 수 있으며, 포괄동의를 철회하는 경우 그 철회의 효력은 특허법원 사건에까지 미치게 된다.

(5) 소송형태 전환

종이소송 절차 중 전자소송으로 전환은 제한없이 허용하는 반면, 전자소송에서 종이소송으로 전환은 재판장 허가가 있어야 한다.

(6) 공동인증서를 이용한 전자서명

전자문서 제출 시에는 전자서명이 반드시 필요하다. 공동인증서 사용이 가능하고, 전자소송으로 용도가 제한된 용도제한(전자소송용) 인증서를 사용하여도 무방하다.

공동인증서는 전자서명 생성과 실명확인을 위하여 이용된 정보가 가입자에게 유일하게 속한다는 사실 등을 확인하고 이를 증명하는 전자적 정보로서 공동인증기관이 발행한 인증서로서 가입자 이름, 가입자의 전자서명 검증정보, 전자서명 방식, 공동인증서 일련번호, 공동인증서의 유효기간, 발급 기관명 등이 포함되어 있다.

전자소송용 공동인증서는 발급기관에서 인증서 신청서 작성과 수수료 결제 후 신청서를 출력하여 가까운 서류제출기관을 직접 방문하여 신청서와 제출서류를 접수하고, 발급안내 이메일의 첨부파일을 통한 전자소송용 공동인증서를 발급받을 수 있다.

전자소송전용 공동인증서는 개인용과 사업자(법인)가 사용하는 사업자용이 있다. 개인사업자의 경우 개인용 공동인증서를 발급받아야 한다.

(7) 접수파일 형식

접수파일은 PDF(portable document format)를 원칙으로 하고 있다. 대법원전자소송 홈페이지에서 한글, 엑셀 등 문서파일 등을 PDF로 변환하는 프로그램을 제공하므로 소장은 필수사항을 빈칸채우기 방식으로 직접 입력하고 나머지 필요한 부분은 전자문서(PDF)로 등재 할 수 있다(민전규 제11조).

다만 첨부파일로서 전자소송 홈페이지에 파일을 첨부하는데 있어서 PDF파일만 가능한 것은 아니고 통상적인 한글워드(hwp) 파일과 ms워드 파일의 첨부도 가능하다.

(8) 송달방식

당사자 중 1인이라도 전자소송을 원하면 신청한 당사자만 전자소송으로 진행하고, 한쪽 당사자만 전자소송을 이용할 경우 전자소송 이용자가 전자문서를 제출하게 되면 그 상대방은 종이로 수령하게 되고, 서류의 제출도 종이로 제출하게 된다.

등록사용자, 전자소송 사전동의자 등에 대하여만 전자적으로 송달할 수 있고, 등록사용자 또는 전자소송 사전동의자가 아닌 경우에는 전자소송 의무사용자를 제외하고는 전자문서를 출력하여 우편송달한다. 이때 전자소송을 신청하였거나 전자소송 의무당사자에게는 법원에 신고한 핸드폰 문자 및 메일주소로 송달 사실을 통보하게 되고, 소송당사자 및 대리인은 대법원 전자소송 홈페이지에 연결하여 해당문서를 확인하면 송달한 것으로 간주한다.

여기서 **주의할 것은**

소송절차에서 각 기간은 종이소송과 동일하지만 송달과 관련하여 법원에서 소송당사자 및 대리인에게 문자 및 메일을 발송할 경우 이로부터 기산하여 7일이 도과할 경우 해당문서를 송달받은 것으로 간주하므로, 문자 및 메일을 수령하고 반드시 대법원전자소송홈페이지를 방문하여 해당문서를 확인하여야 할 것이다.

3. 전자소송 절차

(1) 전자문서 제출자

당사자(독립당사자참가인, 승계참가인, 인수참가인, 공동소송참가인을 포함한다. 이하 같다)와 소송대리인 이외에 전자소송시스템을 이용하여 전자문서를 제출할 수 있는 자는 다음과 같다.[55)]

① 법정대리인
② 특별대리인
③ 보조참가인
④ 공동소송적 보조참가인
⑤ 증인
⑥ 전문심리위원
⑦ 「민사소송법」 제294조에 따라 조사 또는 문서의 송부를 촉탁받은 기관 등
⑧ 감정인, 감정을 촉탁받은 기관
⑨ 문서제출명령을 받은 자 및 「민사소송법」 제352조에 따라 문서의 송부를 촉탁받은 자
⑩ 조정위원 및 상임 조정위원
⑪ 그 밖에 이해관계를 소명한 제3자로서 전자문서를 제출할 수 있는 정당한 권한이 있는 자

(2) 전자 소송 절차

1) 원고

① 소송준비(컴퓨터, 프린터, 인터넷, 스캐너)
② 공동인증서 준비(개인, 법인, 행정)
③ 회원가입(전자소송 홈페이지 / 개인, 법인, 대리인, 법무사)
④ 전자소송 동의
⑤ 전자문서(소장작성) 준비

---

55) 민사소송 등에서의 전자문서 이용 등에 관한 규칙 제3조

⑥ 전자서명
⑦ 소송비용 전자 납부(인지, 송달료, 수수료)
⑧ 소장제출(증거 파일 첨부)
⑨ 사건번호 부여(보정명령)

2) 피고

① 소장부본 수령(종이 또는 전자수령)
② 전자소송 진행 동의(종이 소송가능 / 국가 지자채 강제)
③ 답변서 입력(파일첨부)
④ 전자서명(공동인증서)
⑤ 답변서 제출

3) 공통

① 재판기록의 열람 및 출력(당사자, 대리인)
② 추가 문서제출(준비서면, 반소장 등)
③ 변론 및 증거절차(검증, 감정, 서증 등)
④ 판결 선고(판결문 전자 수령 / 상소가능)

4. 전자소송시 사전준비사항

(1) 컴퓨터 및 프린터와 스캐너

인터넷 접속이 가능한 데스크탑 또는 노트북 컴퓨터를 준비하고,(권장사항은 CPU는 펜티엄 4급이상, 메모리는 1GB이상, 하드디스크는 500MB이상)[56] 흔글, MS워드, 인터넷 사용프로그램 등의 소프트웨어 기능이 내재되어야 한다.

---

56) 최신 컴퓨터의 사양은 이 기능 보다 성능이 뛰어나므로 최신사양을 선택하면 된다.

(2) 인터넷

인터넷 접속을 위한 상용 서비스 연결 및 인터넷 Explorer 등의 연결 프로그램을 설치한다.

(3) 공동인증서

1) 공동인증서 개요

공동인증서란 인터넷에서 사용되는 『사람의 신원 및 거래를 증명하는 암호화된 전자적 정보』(즉 전자상의 신분증)로 현재 일상 거래에서 사용되고 있는 일종의 인감증명서 같은 역할을 한다.

2) 대법원 전자소송에서 인증서 발급 및 필요성

공동인증서(또는 행정전자서명용 인증서)는 '대법원 전자소송'의 회원가입 시 본인 신원확인 및 전자문서에 대한 전자서명, 문서제출자의 신원확인 및 부인방지, 송달문서 확인 시 열람자의 신원확인 및 전자서명 등 소송의 모든 서비스를 이용하기 위해서 공동인증서(또는 행정전자서명용 인증서)가 필요하다.

3) 인증서의 종류

개인은 개인의 공동인증서를 법인은 법인의 공동인증서, 국가, 행정청, 지방자치단체인 등록사용자는 행정전자서명인증서(GPKI)를 사용한다(전자정부법 제 2조 9호).

① 일반 공동인증서

공동인증서는 은행, 증권사, 신용카드사 등의 금융기관에서 발행을 대행하며 기존에 발급받은 공동인증서가 있는 경우 그대로 사용이 가능하며, 공동인증서가 없는 경우에는 금융기관을 방문하여 공동인증서를 발급 받아야 한다. 공동인증서는 개인의 주민등록번호로 발급받는 개인용 인증서와 법인이나 단체의 사업자등록번호로 발급받는 법인인증서가 있다.

② 전자소송용 용도제한 인증서 발급

2011년 3월부터는 금융거래 등에 사용하는 일반 공동인증서 외에 전자소송 홈페이지에서만 사용 가능한 전자소송용 공동인증서를 발급받아 사용할 수 있다.[57]

회원유형	세부유형	사용가능인증서
개인	개인(내국인)	공동인증서(개인용)
	외국인	공동인증서(개인용)
	재외국민	공동인증서(개인용)
법인	법인	공동인증서(법인용)
	비법인(단체)	공동인증서(법인용)
	국가	행정전자서명인증서(각 검찰청의 기관용)
	행정청	행정전자서명인증서(기관용)
	지방자치단체	행정전자서명인증서(기관용)
대리인	변호사	공동인증서(개인용)
	변리사	공동인증서(개인용)

57) 법인 등의 소속사용자는 개인용 공동인증서를 사용하나 국가, 행정청, 지방자치단체의 소속사용자는 개인용 행정전자서명인증서를 사용한다.

회원유형	세부유형	사용가능인증서
	법무법인	공동인증서(법인용)
	특허법인	공동인증서(법인용)
	소송수행자	행정전자서명인증서(개인용)
법무사	법무사	공동인증서(개인용)
	법무사합동법인	공동인증서(법인용)

4) 인증서의 설치방법

설치방법은 각 발급기관의 홈페이지에 접속하여 『공동인증센터』의 공동인증서 발급선택한 후 발급 받으면 된다. 단, 본인의 신분증을 소지하고 각 발급기관의 영업점에서 서면으로 인터넷뱅킹을 신규 가입할 수 있고 발급즉시 이용가능하다.

개인공동인증서는 전 금융기관을 통하여 1개의 인증서만 발급되며 기존에 공동인증서를 발급받은 사람은 별도로 인증서를 추가로 발급받을 필요가 없으며 타행공동인증서로 등록하여 전 금융기관에서 이용가능하다.

단, 법인의 경우는 복수의 인증서를 발급받을 수 있다.

5) 인증서의 분실 및 암호를 분실한 경우

인증서를 잃어버렸을 경우 재발급이 가능하고, 재발급은 공동인증센터를 통하여 재발급받을 수 있다. 공동인증서의 유효기간은 신규 발급시 발급일로부터 1년간 사용할 수 있도록 하고 있다.

전자소송 홈페이지에서 인증서를 갱신하거나 변경하려면 아이디/비밀번호로 로그인한 이후 '나의전자소송 → 회원정보관리 → 공동인증서갱신' 에서 새로운 인증서를 등록할 수 있다.
인증서 암호를 잃어버리면 인증서를 사용할 수 없으므로 공동인증센터에서 인증서를 폐기한 후 새로 발급받으면 바로 이용 가능하다.

6) 인증서 유효기간 만료의 경우

인증서의 유효기간이 만료되면 폐기상태이므로 인증서를 새로 발급 신청한다. 이때 별도의 비용이 발생한다.

7) 공동인증서 복수매체에 저장

공동인증서 저장위치가 PC에 있을 경우 이동식디스크에 저장이 가능하고, 이동식디스크에 저장되어 있을 경우 PC에 저장이 가능하다. 이때 이동식디스크의 경우 소지하기 편리하고 이동이 자유롭지만 분실의 위험이 있고, 동시에 충격 등에 의하여 파일이 손상될 수 있음에 주의하여야 한다. 결국 PC에 저장하기에는 정보의 유출이 두렵고, 이동식디스크를 사용할 경우에는 분실 등이 우려된다면 안전성을 고려할 때 PC에 공동인증서를 저장하되 전자소송용 인증서를 사용하는 방법이 있을 것이다.
공동인증서의 저장방법은 공동인증센터의 인증서관리를 실행하여 공동인증서가 저장된 위치를 '하드디스크 또는 이동식드라이브' 를 선택한 후 저장하려는 인증서를 선택하여 '인증서저장' 을 클릭하고, 저장할 위치를 '하드디스크 또는 이동식드라이브' 로 선택한 후 인증서 암호를 입력하면 하드디스크 또는 이동식드라이브에 저장이 완료된다.

(4) 전자문서 프로그램의 설치

1) 작성서류

제출할 소송서류가 한글(hwp)이나 MS-Word(doc)등의 프로그램을 이용하여 작성한 준비서면, 답변서, 각종신청서 등의 경우가 많은데 이 경우에는 작성된 문서파일 원본 그대로 제출하거나 PDF 파일로 변환하여 제출할 수 있다. **PDF 파일변환은 전자소송홈페이지에서 제공하는 프로그램을 다운로드 받아 사용할 수 있다.**

소장(반소장, 재심소장), 항소장, 상고장, 주소보정서, 증인신청서, 청구취지 청구원인 변경신청서 등의 일부 서류는 전자소송 홈페이지에 접속하여 빈칸입력방식으로 직접 작성하는 방식이며, PC에서 별도 작성한 문서를 원본 그대로 첨부하여 제출할 수 없다.

2) 종이서류(스캐너로 변환)

① 스캐너

제출할 서증이나 첨부서류의 원본이 종이서류인 경우에는 해당 종이서류를 스캐너로 스캔한 후에 저장된파일(스캔한 이미지 파일을 PDF형식으로 변환)을 제출하여야 한다.

② 이미지 파일인 경우에는 PDF 파일형식으로 변환

5. 전자문서의 작성

(1) 개요

종이로 제출하던 소송서류(소장, 답변서, 준비서면 등)를 법원을 방문하지 않고 인터넷을 통하여 작성 및 제출 등을 할 수 있는 서비스를 전자문서의 제출이라고 할 수 있다. 소송서류를 제출하던 기존업무를 사무실이나 집에서 인터넷으로 편리하게 처리할 수 있다는 장점이 있는 반면 처음으로 전자소송을 하고자 하는 사람이나 또는 컴퓨터 사용방법을 잘 모르는 이용자들은 전자소송에 대한 지식과 경험의 부족으로 불안감이 있을 수 있을 것이다. 국가, 지방자치단체 등 의무적인 전자소송 이용자를 제외하고 현재의 민사소송 제도는 종이소송도 가능하므로 종이소송도 고려해야 할 것이다.

전자소송 절차에서는 소장의 제출부터 답변서, 준비서면의 제출, 기타 각종 소송서류의 제출이 가능하며, 이에 대한 서류의 제출 내역에 대한 조회가 가능하다. 또한 제출한 서류의 접수확인증과 납부확인증의 출력이 가능하다.

(2) 서류검색

전자소송 홈페이지에서 제출 가능한 소송서류를 검색할 수 있다.

전자소송 홈 → 서류제출 → 서류검색을 클릭하면 서류검색 화면으로 이동하고, 검색할 소송서류명의 전체 및 일부를 입력하고 검색 버튼을 누르면 입력한 단어가 포함된 모든 소송서류를 검색한다.

전체 또는 민사, 특허로 분류하여 볼 수 있으며 정렬하여 결과를 볼 수 있다. 조회된 소송서류명을 누르면 해당 서류를 제출할 수 있는 화면으로 이동하고, 자주사용하는 것은 나의메뉴로 추가하여 문서의 사용과 출력이 가능하다.

또한 서류를 단계별로 검색하여도 서식분류결과인 소송서

류가 조회된다.

(3) 민사서류

1) 개요

① 사건유형과 제출서류

전자소송이 가능한 민사 사건유형은 현재 본안과 조정사건이며 제출 가능한 서류는 소장 등 신소제기 관련 서류와 진행 중 사건에 대한 각종 문건 제출이 모두 가능하다. 민사서류의 메뉴에 없는 서류를 제출하는 경우에는 서류명 중에서 **'기타' 를 선택**하고 제출할 수 있다.

② 서류제출방식

서류제출방식은 서류의 종류에 따라 빈칸채우기 제출서류 방식과 파일 첨부 방식의 서류 제출방식 두 가지 유형이 존재하며, 서류에 따라 적용된 방식에 차이가 있으므로 적합한 방식으로 준비하여야 한다.

가) 빈칸채우기 방식의 서류 메뉴

문서의 종류에 따라서 소장, 항소장 등 아래의 빈칸 채우기 방식의 서류는 당사자 및 소송대리인이 HWP, DOC 형식으로 작성한 파일을 그대로 첨부할 수 없다. 해당서류 메뉴에 접속하면 입력해야 할 항목들이 화면에 표시되며 화면 안내에 따라 필요한 정보를 입력해야 한다.

모든 정보입력이 완료되면 시스템 내에서 자동으로 서류가 PDF 파일로 생성되므로 별도로 해당서류를 첨부할 필요는 없다. 이러한 방식의 서류를 제출하는 경우에도 증거나 부속서류를 함께 제출할 경우에는 해당서류를 각각 첨부하여 제출해야 한다.

■ **빈칸채우기 방식 서류**

소장, 반소장, 독립당사자참가신청서, 중간확인의 소장, 조정신청서, 재심소장, 멀티미디어 주장자료, 청구취지변경신청서, 청구원인변경신청서, 청구취지 및 청구원인변경신청서, 서증, 증인신청서, 감정신청서, 검증신청서, 사실조회신청서, 과세정보제출명령신청서, 금융거래정보제출명령신청서, 문서제출명령신청서, 문서송부촉탁신청서, 주소보정서, 송달장소 및 송달영수인신고서, 보조참가신청서, 승계참가신청서, 공동소송참가신청서, 전자소송전환허가신청서, 항소장, 상고장, 소송등인지의과오납금 반환청구서, 소송등인지의환급청구서 등이 있다.

다만 소장의 필수적 기재 사항인 당사자, 청구취지, 청구원인 등은 필수적 기재 사항으로서 완성된 소장에서 복사하여 입력하고, 청구취지 파일을 첨부할 수 있으며, 청구원인의 경우에는 내용을 직접 입력하거나, 별도의 청구원인 파일을 첨부할 수 있다.

나) 파일첨부방식의 서류 메뉴

준비서면이나 답변서 등 아래 파일 첨부 방식의 서류는 본인이 HWP, DOC 형식으로 작성한 파일을 그대로 첨부하여 제출한다. 해당 서류 메뉴에 접속하면 기본적인 입력사항 외에 서류의 내용을 입력하는 항목은 없다. 만약 서류의 형식이 PDF 포맷이 아닌 경우에는 시스템에서 자동으로 PDF 문서로 변환된다.

▣ 파일첨부방식 서류

위 빈칸채우기 방식의 서류 외에 나머지 서류들(답변서, 준비서면, 서증, 소취하서, 소송대리허가신청 및 위임장, 보정서, 기일변경신청 등) 이 파일을 첨부하여 제출하는 방식이다. 아래 표시 또는 민사소송서류 전체보기에서 V 표시가 생략된 문서들은 모두 파일첨부방식 문서들이다. 파일은 PDF 파일로 변환한 후 제출해야 하고, PDF 변환프로그램이 없는 경우에는 전자소송 홈페이지 '이용안내 → 프로그램설치' 메뉴에서 해당 프로그램을 다운받아서 사용한다. 소장(반소장, 재심소장), 항소장, 상고장 등는 전자소송 홈페이지에 접속하여 빈칸입력방식으로 직접 작성하는 방식의 서류는 대법원 홈페이지 화면에서 표시가 되어있는 서류이며, 표시가 없는 문서는 파일형식 원본 그대로 첨부가 가능하다.

* 대법원 전자소송 화면

2) 자주 찾는 민사소송서류

대법원 전자소송 홈페이지에 접속하여 공동인증서로 로그인한 후에 '서류제출 → 민사서류' 를 선택하면 자주 찾는 민사소송서류가 안내된다. 안내된 주요 민사서류를 선택하여 서류를 작성하거나 화면에서 보이지 않는 문서는 민사소송서류 전체를 선택하면 자주 찾는 민사소송서류를 펼쳐 보여준다. 펼쳐진 화면에서 필요한 각 소송서류 아이콘을 누르면 해당 소송서류 작성 화면으로 이동한다.

문서를 작성 및 제출하는데 있어서 작성할 문서가 자주 찾는 민사소송서류에 없을 경우에는 민사소송서류 전체보기 또는 소송서류 검색하기를 선택하여 문서명을 입력하거나 확인하고 작성 및 제출한다.
참고로 준비서면, 서증, 소취하서, 위임장, 보정서 등은 파일로 첨부하여 문서 제출이 가능하다. 이때 제출 가능한 파일형식은 PDF, HWP, DOC, DOCX, XLS, XLSX, TXT 파일 형식이다.

3) 알림서비스

법원에 제출할 서류가 접수되었거나 법원에서 서류를 송달한 경우 이메일과 휴대전화 메시지(SMS)로 해당내용을 즉시 통보 받는 서비스가 알림서비스이다. 휴대전화 문자로 통지를 받게 되면 건당 24원의 송달료가 발생하며, 이메일 통지는 비용이 발생하지 아니한다. 이때의 비용은 소장을 제출할 당시 원고가 제출한 송달료에서 차감된다.
신청은 종이 소송절차에서도 알림서비스 신청이 가능하

며, 전자소송의 경우 '나의 전자소송 → 전자소송사건등록' 메뉴에서 전자소송으로 진행할 사건번호를 등록한 경우에는 자동으로 알림서비스가 신청되며, 별도의 신청 절차가 없다.
수개의 소송을 진행하고 있는 경우 사건별 알림서비스 신청내용을 변경하려면 '나의전자소송 → 알림서비스' 메뉴에서 변경이 가능하다.

기타 구체적인 회원가입절차 및 비용납부 등은 인터넷 **대법원 전자소송 홈페이지를 참조**하거나 (주)중앙법률사무교육원 출판 "전자소송실무" 도서를 참조하시기 바란다.

제II편 형 사

제1장 형사사건과 죄명

1. 형사사건이란?

민사사건은 국가에서 강제력을 동원하지 않고 당사자 간의 합의를 최우선으로 하는 반면, 폭력, 살인 등의 사건처럼 공공의 안전을 유지하는데 중대한 위협이 되는 사안들은 개인들끼리 해결을 하도록 놓아둘 수 없는 것이 있다. 그러한 문제는 **국가가 법률로 '범죄' 라고 규정하여 강제로 형벌을 과하는데 이러한 것을 '형사사건'** 이라 하며, 이러한 형사사건을 조사하는 절차를 **'수사'** 라고 한다.

2. 죄명과 해설

죄 명	해 설
사기죄	타인에게 거짓된 언행으로, 그 말이나 행동을 진실한 것으로 믿도록 하여 착오에 빠지게 만들고, **재물의 교부를 받거나 재산상의 이익을 취득**하거나 제3자로 하여금 취득하게 함으로써 성립하는 범죄이다. 따라서 단순히 돈을 빌려주고 받지 못하는 경우에는 사기죄에 해당하지 않으며, 유가증권의 위조 및 변조, 상속받지 않은 부동산의 매도, 아파트 분양평수의 과대광고, 절취한 예금통장으로 현금 인출, 식품가공일자의

	위조, 도난카드로 물품구매, 타인소유의 부동산의 매도 등의 경우가 '**사기죄**'에 성립된다.
공갈죄	폭행 또는 협박으로 공포를 느끼게 하여 재물을 교부받거나 재산상의 이익을 취득하거나 제3자에게 취득하게 함으로써 성립하는 범죄이다. **공갈과 강도와의 차이**는 상대방의 반항을 억압하는 정도가 강도죄이고, 단지 사람의 의사결정과 행동을 제한하는 정도의 폭행, 협박이면 '**공갈죄**'에 해당한다.
횡령죄	타인의 재물을 보관하는 자가 그 **재물을 횡령**하거나 그 반환을 거부함으로써 성립하는 범죄이다. 업무상의 임무에 위배하여 자기가 보관하는 타인의 재물을 횡령하거나 반환을 거부하면 업무상 횡령죄가 성립한다. 금전에 대한 횡령, 부동산 명의신탁 중 허락 없이 매매한 경우, 위탁한 물건을 임의로 매각할 경우 모두 '**횡령죄**'에 해당한다.
배임죄	타인의 재산을 보호하는 사무를 처리하는 자가 그 임무에 위배하는 행위로서 재산상의 이익을 취하거나 제3자로 하여금 이를 취득하게 하여 타인(재물의 소유자)에게 손해를 가함으로서 성립하는 범죄이다. 업무상 배임죄, 청탁에 대하여 승낙하고, 재산상의 이익을 받는 배임수재죄와 부정한 청탁을 하고 재물이나 재산상의 이익을 공여하는 배임증재죄가 있다. 회사공금의 유용, 중도금을 치른 부동산의 이중매매 등이 '**배임죄**'에 해당한다.
폭행 및 상해죄	폭행죄는 사람의 **신체에 대하여 폭행을 가함**으로써 성립하는 범죄이고, 상해죄는 고의로 사람의 신체를 상해함으로서 성립하는 범죄이다.

	폭행죄가 사람의 신체에 대하여 행해져야 하므로 간접폭행은 해당하지 않으며 밀치는 행위, 얼굴에 침뱉는 행위, 전화를 걸어서 벨을 계속 울리게 하는 행위, 폭언의 수차반복 행위 등이 모두 폭행죄인 반면, 생리적 기능의 훼손을 가져오는 찰과상, 치아를 부러뜨리는 행위, 성병감염 등 신체적 장애를 초래하는 행위가 **'상해죄'**에 해당한다.
강간죄	폭행이나 협박으로 사람에게 반항을 불가능하게 하거나 곤란하게 만들고 강간하는 것이 **'강간죄'**이다. 이는 고소가 있어야만 처벌할 수 있는 친고죄로 분류되다가 최근에는 고소가 없어도 처벌이 가능한 비친고죄로 변경되었다.
명예 훼손죄 및 모욕죄	**'명예훼손죄'**는 사람의 인격적 가치에 대한 사회일반의 평가인 외적 명예를 보호하는 것으로서 공연히 사실 또는 허위의 사실을 지적, 표시하여 사람의 명예를 훼손함으로써 성립하는 것이고, **'모욕죄'**는 나쁜 년, 죽일 놈 등 공연히 사람을 모욕함으로써 성립하는 범죄이다.
무고죄	고소인은 있는 사실 그대로 신고하여야 한다. 허위의 사실을 신고하는 것은 국가기관을 속여 죄 없는 사람을 억울하게 처벌받게 하는 것이므로 피해자에게 큰 고통을 줄 뿐만 아니라 억울하게 벌을 받은 사람이 국가를 원망하게 되어 결국 국가의 기강마저 흔들리게 되므로 **'무고죄'**는 엄벌로 다스리고 있다. 흔히 고소장에 상대방을 나쁜 사람으로 표현하기 위하여 자신의 피해사실과 관계가 없는 사실을 근거없이 과장되게 표현하는 고소인들이 있는데 이는 옳지 않은 일일 뿐 아니라 잘못하면 무고죄에 해당되는 수가 있다. 예로써 소문난 사기꾼이라든지, 노름꾼으로 사회의

	지탄을 받는다든지 하는 등의 표현이 이에 속한다. 또 수사기관에서 불기소처분이 내려졌다거나 국가기관에서 법률상 들어줄 수 없다고 판정이 된 문제에 관하여 고소인 자신이 그와 다른 견해를 가지고 있다 하여 자기의 뜻을 관철하고자 같은 내용의 고소나 진정을 수 없이 제기하는 것도 '**무고죄**'에 해당될 가능성이 높다.
친고죄	친고죄란 피해자의 명예나 입장을 고려하여 고소가 없으면 처벌할 수 없도록 한 죄이다. 친고죄의 종류로서 강간죄, 모욕죄 등이 있으며, 고소권은 범인을 알게 된 날로부터 6개월까지 행사할 수 있다. 다만 한번 고소를 취소하면 다시 고소할 수 없고, 1심 판결이 선고된 후에는 고소 취소를 할 수 없다. 공범이 있는 경우에는 공범을 포함한 범인 전부에 대하여 고소 또는 고소 취소를 하여야 한다.
반의사 불벌죄	■ 반의사불벌죄란 피해자의 고소가 없어도 처벌할 수 있으나 피해자가 처벌을 원하지 않는다는 의사를 표시하면 처벌할 수 없는 죄로서 명예훼손죄, 폭행죄 등이다.

참조 ☞ **간통죄**

배우자가 있는 자가 **간통**하거나 그와 상간함으로써 성립하는 범죄로서 자기의 배우자 이외의 자와 성교하는 것이다.
'**간통죄**'는 2015. 2. 26. 헌법재판소의 위헌결정으로 폐지되었다.

제2장 고소와 고발

1. 고소란?

범죄의 피해자 등 고소권을 가진 사람이 경찰서나 검찰청(수사기관)에 범죄사실을 신고하여 범인을 처벌해 달라고 요구하는 것으로, 단순히 피해신고를 하는 것과는 다르다.

모든 범죄의 피해자와 그 법정 대리인(피해자가 미성년자이거나 민법상 무능력자인 경우 그 부모)은 고소권자가 된다. 피해자가 사망한 경우에는 그 배우자나 직계친족, 형제자매도 고소를 할 수 있다.

▣ 고소의 방식

(1) 고소는 직접 수사기관에 출석하여 구두로 고소할 수 있고, 고소장을 작성하여 제출할 수도 있다.

(2) 고소장은 일정한 양식이 없고 고소인과 피고소인의 인적 사항, 피해를 입은 내용과 처벌을 원한다는 뜻만 들어있으면 된다.

※ 단, 고소장에 무슨 죄에 해당되는지 밝힐 필요는 없으나 피해 사실은 명확하게 특정되어야 한다.

2. 고소권을 가진 사람

모든 범죄의 피해자, 피해자가 무능력자인 경우 법정대리인, 그리고 피해자가 사망한 경우 배우자, 직계친족, 형제자매이다. 다만 자기나 배우자의 직계존속 즉 부모나 시부모, 장인, 장모 등은 원칙적으로 고소할 수 없으나 예외적으로 직계존속으로부터 성폭력을 당했을 경우에는 직계존속이라도 고소할 수 있다.

3. 고소는 수사기관에 해야 한다.

대통령이나 대법원장, 법무부장관 등 수사기관이 아닌 고위공직자에게 고소장을 제출하는 것은 해당 수사기관으로 고소장이 전달되기는 하나 전달되기까지 상당한 기간이 소요된다. 따라서 그만큼 수사가 지연되어 고소인에게 손해가 되므로 고소는 피고소인(가해자)의 주소지 및 범죄가 발생한 관할 경찰서나 검찰청에 하도록 한다.

4. 고소를 하는 방식은 제한이 없다.

직접 수사기관에 출석하여 구두로 고소할 수도 있고, 고소장을 작성하여 제출할 수도 있다. 고소장은 일정한 양식이 없고 고소인과 피고소인의 인적 사항, 그리고 피해를 입은 내용, 처벌을 원한다는 뜻만 들어 있으면 되며, 반드시 무슨 죄에 해당하는지까지 밝힐 필요가 없다. 다만 피해사실 등의 내용이 무엇인지 알 수 있을 정도로 가능한 명확하고 특정되어야 한다.

가명이나 허무인 또는 다른 사람의 명의를 도용하여 고소해서는 안 된다. 그렇게 되면 피고소인만 수사기관에 불려 다니면서 근거 없이 조사를 받는 불이익을 입게 되므로 이런 경우 수사기관은 수사를 중단하고 사건을 종결할 수 있다.

5. 적법한 고소가 있으면

고소인은 수사기관에 출석하여 고소 사실을 진술할 권리가 있고 수사에 협조할 의무도 있다. 또 검사가 고소 사건을 불기소처분하게 되면 그 처분통지를 받을 권리가 있고 불기소처분의 사유를 알고 싶으면 알려달라고 요구할 수 있으며, 불기소처분에 불만이 있으면 상급 고등검찰청과 대검찰청에 항고 및 재항고를 할 수 있다.

순서는 우선 고소인을 소환하여 질문하고, 다음 피고소인을 조사한 이후 양 당사자의 진술이 틀리게 되면 고소인과 피고소인을 동시에 대면하여 대질신문을 실시하게 되고, 경찰서에서 수사를 했다고 하더라도 다시 검찰청에서 재조사를 받게 되는 경우가 많다.

6. 고발

범죄의 피해자나 고소권자가 아닌 제3자가 수사기관에 대하여 범죄사실을 신고하여 범인을 처벌해 달라는 의사표시를 하는 것을 고발이라고 하는데 형사소송절차에서는 대체로 고소와 그 취급을 같이 한다.

7. 고소의 취소는?

친고죄 이외에 해당하는 고소는 언제나 취소가 가능하며, 친고죄의 경우에는 제1심 판결 선고 전에 취소할 수 있다. 판결

선고 후에 고소 취소를 할 경우는 그 효력이 없다.

고소인과 피고소인 사이에 합의서가 작성된 것만으로는 수사기관이나 법원에 대한 고소 취소의 의사표시라고 볼 수 없으므로 고소 취소의 효력이 없다. 고소 취소를 할 경우 고소를 취소한 자는 다시 고소하지 못하므로 이에 주의해야 한다.

고소는 제1심 판결 선고 전까지 취소할 수 있다(법제232조 1항).

(1) 고소취소의 방식은 고소의 방식과 동일(법 제239조)하며,
   - 공소제기 전 : 고소사건을 담당하고 있는 수사기관
   - 공소제기 후 : 고소사건의 수소법원

(2) 범인과 피해자 사이의 합의서 작성만으로는 고소의 취소라고 할 수 없다(대법원 81도1968호 판결 참조).

제3장 고소·고발 관련 각종 서류

1. 고소장을 작성하기로 결정하였다구요?

그렇다면 아래 양식을 참조하여 고소장을 작성하면 됩니다. 고소장은 일정한 양식이 없고, 고소인과 피고소인의 인적 사항, 연락처, 피해를 입은 내용, 처벌을 원한다는 뜻만 들어 있으면 반드시 무슨 죄에 해당하는지 밝힐 필요는 없다. 다만 피해 사실 등의 내용이 무엇인지 알 수 있을 정도로 가능한 한 명확하고 특정되어야 한다.

◈ 고소장 (유가증권변조 등)

고 소 장

고 소 인 홍 길 동 (주민등록번호)
서울 강남구 압구정동 00번지 아파트00동000호
연락처:02-525-1007

피고소인 유 가 해 (주민등록번호)
서울 서초구 서초동 000

고소인은 피고소인을 상대로 아래와 같이 유가증권 변조 등 죄로 고소를 제기하오니 조사하시어 처벌하여 주시기 바랍니다.

고 소 사 실

1. 피고소인은 20○○ . 12. 20.경 서울 서초구 서초동에 있는 피고소인
의 집에서 000 행사할 목적으로 권한 없이 거래처로부터 거래대금조로 수금한 수표번호 아가 XXXXXXX호, 액면금 2,000,000원으로 되어 있는 가계수표 용지의 액면금란 기재를 지운 다음 볼펜을 사용하여 액면금란에 "5,000,000원"을 적어 넣어 가계수표를 변조하고,
2. 같은 달 25.경 서초동에 있는 유가해의 집에서 변조된 것을 모르는 홍길동에게 현금할인을 부탁하면서 위와 같이 변조한 수표를 마치 진정하게 작성된 것처럼 교부하여 이를 행사하였습니다.

첨부서류: 유가증권 사본

20○○ . 2. 15.

위고소인 홍 길 동 (인)

○○ 지 방 검 찰 청 귀중

◈ 고소장 (사기)

고 소 장

고 소 인 홍 길 동(주민등록번호)
서울 강남구 압구정동 00번지 아파트 00동000호
연락처 02-000-0000

피고소인 유 가 해 (주민등록번호)
서울 서초구 서초동 00

고 소 취 지

고소인은 피고소인을 상대로 아래와 같이 사기죄로 고소를 제기하오니 조사하시어 처벌하여 주시기 바랍니다.

고 소 사 실

피고소인은 20○○ . 12. 20.경 서울 강남구 청담동에 있는 00호텔 커피숍에서 사실은 고소인을 00 주식회사에 취직시켜 줄 의사나 능력이 없음에도 불구하고, 동인에게 "00 주식회사의 상무이사를 잘 알고 있는데 그에게 부탁하여 사원으로 취직시켜 주겠다"고 거짓말하여 이에 속은 고소인으로부터 교제비 명목으로 돈 1,000만원을 받아 이를 편취하였으므로 철저히 조사하여 처벌하여 주시기 바랍니다.

20○○ . 6. 1.

위 고소인 홍 길 동 (인)

○○ 지 방 검 찰 청 귀중

◈ 고소장 (사문서 위조 등)

고 소 장

고 소 인 홍 길 동(주민등록번호)
서울 서초구 서초동 1551-9
연락처 02-000-0000

피고소인 유 가 해(주민등록번호)
서울 강남구 압구정동 00 아파트 00 동00 호

고 소 취 지

고소인은 피고소인을 상대로 아래와 같이 사문서위조 등의 죄로 고소를 제기하오니 조사하시어 처벌하여 주시기 바랍니다.

고 소 사 실

1. 피고소인은 20○○ . 1. 20.경 서울 서초구 서초동에 있는 00신용금고 사무실에서, 권한 없이 행사할 목적으로 백지에 "차용증서, 금 일천 만원 정, 위 금액을 정히 차용하여 20○○ . 2. 20.까지 틀림없이 변제할 것을 확인함. 20○○ . 1. 20. 채무자 000, 홍길동 귀하"라고 기재한 후 위 000의 이름 옆에 미리 새겨서 소지하고 있던 인장을 찍어 위 000명의의 차용증서 1통을 위조하고,

2. 즉석에서 그 정을 모르는 위 고소인에게 금 10,000,000원을 차용하면서 위와 같이 위조한 차용증서를 마치 진정하게 성립한 것처럼 교부하여 이를 행사하였습니다.

20○○ . 3. 20.

위 고소인 홍 길 동 (인)

○ ○ 지 방 검 찰 청 또는 ○ ○ 경 찰 서 장 귀중

2. 고소의 포기와 취소를 하고 싶은데?

고소를 하였는데 합의가 되었거나 고소 취소 사유가 발생하였다면 아래의 양식을 참조하여 작성하고 제출한다. 고소의 포기란 고소기간 내에 장차 고소권을 행사하지 않는다는 의사표시를 말하고, 고소의 취소란 고소를 철회하는 소송행위를 말한다.

친고죄에 있어서의 고소의 취소는 제1심 판결선고 전까지 취소할 수 있다.

◈ 고소취소장

고 소 취 소 장

사건번호
고 소 인　　홍 길 동
피고소인　　유 가 해

고소인은 피고소인을 횡령혐의로 20○○ . 2. 17. 귀청(또는 귀서)에 고소한 사실이 있었으나 고소인은 피고소인과 원만히 합의하였으므로 이건 고소를 전부 취소합니다.

첨 부 서 류
고소인 : 인감증명서

20○○ . 2. 18.

위 고소인 홍 길 동
(인)

○○ 지 방 검 찰 청 귀중
(○○ 경찰서장 귀하)

3. 고소를 하였는데 피고소인이 처벌받지 않는다면?

고소(고발)를 하였으나 피고소인이나 피고발인이 혐의가 없어서 처벌을 받지 않게 되거나, 기타 사유로 처벌을 받지 않게 되었다는 통보를 받았다면 어떻게 할까요?

검찰에서 공소를 제기하지 않았을 경우 아래 공소부제기이유고지 청구서 양식을 이용하여 그 이유를 먼저 파악하고 아래 **불기소와 기소중지** 내용을 참작하여 항고장을 작성하여 제출한다. 사건을 불기소처분 한 경우 그 이유를 고지할 것을 청구하는 서류로서 공소부제기이유고지서를 관할 검찰청 민원실(사건과)에 청구할 수 있다.

◈ 공소부제기이유고지청구서

<table>
<tr><td colspan="4">공소부제기이유고지청구서</td><td>처리기간
2 일</td></tr>
<tr><td rowspan="3">청구인</td><td>① 성 명</td><td></td><td>② 주민등록번호</td><td></td></tr>
<tr><td>③ 주 소</td><td colspan="3"></td></tr>
<tr><td>④ 사건과의 관계</td><td colspan="3"></td></tr>
<tr><td colspan="2">⑤ 사 건 번 호</td><td colspan="3">20 년 형 제 호</td></tr>
<tr><td rowspan="2">피고소인 피고발인</td><td>⑥ 성 명</td><td></td><td>⑦ 주민등록번호</td><td></td></tr>
<tr><td>⑧ 주 소</td><td colspan="3"></td></tr>
<tr><td colspan="2">⑨ 죄 명</td><td colspan="3"></td></tr>
<tr><td colspan="2">⑩ 처 분 년 월 일</td><td colspan="3">20 . . . .</td></tr>
<tr><td colspan="2">⑪ 처 분 요 지</td><td colspan="3">불 기 소 ( )</td></tr>
<tr><td colspan="2">⑫ 용 도</td><td></td><td>⑬ 부 수</td><td>통</td></tr>
</table>

형사소송법 제 259조에 의하여 위와 같이 공소부제기 이유고지를 청구합니다.

20 . . .

<table>
<tr><td colspan="4">가족 또는 대리인이 신청할 때</td></tr>
<tr><td>주 소</td><td colspan="3"></td></tr>
<tr><td>주민등록번호</td><td></td><td>관 계</td><td></td></tr>
</table>

청구인(신청인) 서명또는날인

구비서류:없음	
수 수 료:없음	○ ○ 검 찰 청 검 사 장 귀 하

제4장 수사 개시와 처리 방법

1. 수사란 무엇인지?

(1) 수사란 범죄의 혐의 유무를 명백히 하여 공소의제기와 유지 여부를 결정하기 위하여 범인을 발견하거나 확보하고 증거를 수집하는 수사기관의 활동을 말한다. 수사기관이 수사를 개시하는 단서에는 제한이 없으며, 고소ㆍ고발처럼 범죄 신고를 받는 경우는 물론 풍문을 듣거나 신문 기사를 보고도 수사를 개시할 수 있다.

(2) 수사기관은 범죄의 혐의가 있다고 사료되는 때는 범인, 범죄사실과 증거를 수사하여야 한다. 그러나 범죄의 혐의가 없거나 범죄가 되더라도 처벌할 수 없음이 명백한 때에는 수사를 할 수 없다.

(3) 수사의 종류

임의수사는 상대방의 동의나 승낙을 얻어 수사하는 방법으로 강제력이 없다. 참고인 조사, 피의자 신문, 실황조사 등이 있다.

강제수사는 상대방의 동의 등 의사 여하를 불문하고 강제적으로 수사를 진행하며, 피의자 구속, 긴급체포, 현행범 체포 등이 이에 해당된다. 범죄의 혐의가 없거나 범죄가 되더라도 처벌할 수 없음이 명백한 때에는 수사를 할 수 없다.

▣ 수사절차 흐름도

수사절차 흐름도

※ 수사절차는 다음과 같은 절차로 진행

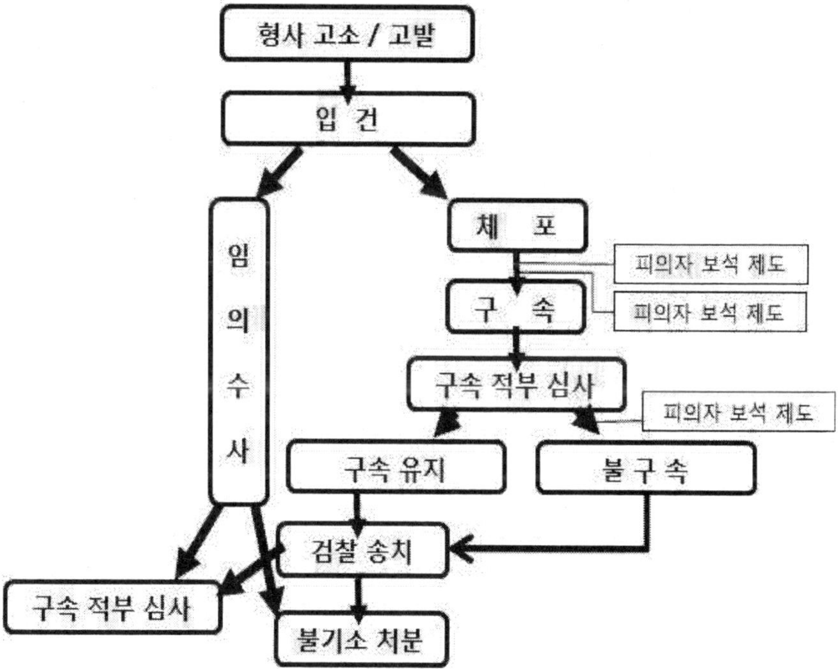

2. 입건이란 무엇인지?

(1) **수사기관이 수사를 개시하여 형사사건으로 되는 것을 '입건'** 한다고 하며, 이와 같이 입건이 되어 수사 대상이 되면 형사소송법상 '피의자' 가 되는 것이다.

(2) 범죄의 혐의는 뚜렷하지 않아 정식으로 입건하기에는 부족하지만 진정이나 투서가 있다든가 또는 진정 등이 없더라도 조사를 해 볼 필요가 있는 경우에는 정식 입건을 하지 않고 내부적으로 조사를 할 수 있다. 이를 흔히 내사라고 하며, **범인이 아닌가 하는 상당한 의심이 가는 자가 있으나 범인이라는 뚜렷한 혐의가 아직 발견되지 않은 경우 흔히 그자를 '용의자'** 라고 부른다. 이에 대하여 조사가 더 진행되어 범죄의 혐의가 인정됨으로써 정식으로 입건되면 그때부터 피의자 신문조서를 작성하고 위에서 말한 대로 그자는 피의자의 신분이 되는 것이다.

(3) 입건의 경로

① 내사 : 범죄혐의가 뚜렷하지 않아 정식으로 입건하기에는 부족하지만 진정 또는 투서가 있거나 수사기관 스스로 필요성을 느껴 내부적으로 조사하는 것을 말한다.

② 긴급체포 : 범죄가 중대하고 체포의 긴급한 필요가 있으나 판사로부터 체포영장을 발급받을 여유가 없는 경우 범인에게 범죄혐의를 알려주고 영장 없이 범인(피의자)을 체포하는 것이다.

③ 현행범 체포 : 범죄 실행 중이거나 실행 직후인 사람을 체포하는 것이다.

3. 피의자와 피고인의 차이는 무엇인지?

'피고인' 이란, 검사가 그 사람이 범죄를 범하였다고 인정하여 검사로부터 공소를 제기당한 자로서 형사사건이 확정되기 전까지의 호칭이며, 법원에 공소제기한 결과 법원에서 그 유죄 여부를 심리 받고 있는 사람을 말한다.

'피의자' 란 수사기관(검사, 경찰 등)에 의해 범죄의 혐의를 받아 수사 대상이 되고 있는 사람이며, 검사가 피의자를 법원에 공소제기를 하게 되면 **'피의자'** 신분에서 **'피고인'** 신분으로 바뀌게 된다.

즉 법원에서 형사 재판을 받고 있는 사람은 '피고인' 이고, 법원에서 형사 재판을 받기 이전 수사단계에서 범죄혐의자로 수사를 받고 있는 사람은 '피의자' 이며, 그 외 민사, 행정, 가사 소송에서 원고에 의해 소송을 당한 사람은 '피고' 로 구별할 수 있다.

4. 어느 때 체포하게 되는지?

(1) 입건된 피의자가 죄를 범하였다고 의심할만한 상당한 이유가 있고 정당한 이유 없이 출석요구에 응하지 아니하거나 응하지 아니 할 우려가 있는 때에는 피의자를 체포할 수 있다. 체포를 하기 위해서는 원칙적으로 판사가 발부한 체포영장이 있어야 하며, 사법경찰관이 피의자를 체포하기 위해서는 먼저 검사에게 체포영장을 신청하면 검사는 판사에게 청구하여 체포영장을 발부받게 되는데, 명백히 체포의 필요가 인정되지 아니하는 경우에는 검사나 판사는 체포영장을

기각할 수 있다.

다만, 수사기관은 범죄가 무겁고 긴급한 사정이 있어 판사의 체포영장을 발급받을 여유가 없을 때에는 그 사유를 알리고 영장 없이 피의자를 체포할 수 있는데 이를 긴급체포라 한다. 사법경찰관이 피의자를 긴급체포한 경우에는 즉시 검사의 승인을 받아야 한다.

(2) 범죄의 실행 중이거나 실행의 직후인 자를 현행범인이라 하는데, 현행범인은 누구든지 영장 없이 체포할 수 있다. 수사기관이 아닌 자가 현행범인을 체포한 때에는 즉시 수사기관에 인도하여야 한다.

체포 또는 긴급체포한 피의자를 구속하고자 할 때에는 체포한 때부터 48시간 이내에 판사에게 구속영장을 청구하여야 하며, 그 기간 이내에 구속영장을 청구하지 아니하거나(영장에 의한 체포 또는 현행범인 체포의 경우) 구속영장을 발부받지 못한 때(긴급체포의 경우)에는 피의자를 즉시 석방하여야 한다.

(3) 체포의 종류

1) 영장에 의한 체포

- 체포는 검사가 법원으로부터 체포영장을 발부받아 영장에 따라 체포하는 것이다.

2) 현행범 체포

- 범죄의 실행 중이거나 실행 직후의 사람(현행범)은 누구든지 영장 없이 체포할 수 있다.

※ 준현행범 : 현행범과 동일하게 취급되는 사람으로서 아래의 경우 현행범으로 간주한다(형사소송법 제211조 1항).

① 범인으로 불리면서 추적되고 있는 사람
② 장물이나 범죄에 사용되었다고 인정할 충분한 흉기 기타의 물건을 소지하고 있는 사람
③ 신체 또는 의복에 현저한 범죄 흔적이 있는 사람
④ 누구냐고 묻는 질문에 도망가려 하는 사람

3) 긴급체포

- 범죄가 중대하고 체포의 긴급한 필요가 있으나 판사로부터 체포영장을 발급받을 여유가 없는 경우 범인에게 범죄혐의를 알려주고 영장 없이 범인(피의자)을 체포하는 것이다.

(4) 체포의 요건

1) 영장에 의한 체포의 요건

- 입건된 피의자가 죄를 범하였다고 의심할만한 상당한 이유가 있을 것
- 정당한 이유 없이 출석요구에 응하지 아니하거나 응하지 아니할 우려가 있을 것

2) 긴급 체포의 요건

- 피의자가 사형 · 무기 또는 장기 3년 이상의 징역이나 금고에 해당하는 죄를 범하였다고 의심할만한 상당한 이유가 있을 것
- 피의자가 증거인멸 또는 도주의 염려가 있을 것
- 긴급을 요하여 지방법원 판사의 체포영장을 받을 수 없을 것

(5) 체포의 시간상 한계

1) 체포한 피의자를 구속하고자 하는 경우 : **체포한 때로부터 48시간 안에 판사에게 구속영장을 청구**하여야 한다.

2) 긴급체포의 경우 : 범인을 **긴급체포한 후 48시간 이내에 구속영장을 발부**받지 못하면 즉시 석방하여야 한다.

5. 구속과 영장

수사기관은 수사를 한 결과 범죄가 무겁고 죄질이 나쁘며 일정한 주거가 없거나 도망 또는 증거인멸의 염려가 있는 경우에는 피의자를 구속할 수 있다. 구속을 하기 위해서는 증거가 있어야 함은 물론 반드시 판사가 발부한 구속영장이 있어야 한다. 구속영장의 청구절차 및 방법은 체포영장의 경우와 같으며, 상당한 이유가 있는 경우에는 검사나 판사는 영장을 기각할 수 있다.

피의자나 피고인이 구속될 경우 피고인(피의자)의 가족이나 친구, 지인의 입장에서 검찰이나 법원에 탄원서를 제출할 수 있고, 그 양식은 특별히 규정되어 있지 않아서 편지 형식으로 제출인과 피고인(피의자)의 관계와 탄원 이유 등을 기재하되 그 예로서 아래와 같이 작성하여 제출한다.

◈ 탄원서 사례 (구속된 피고인 · 피의자의 경우)

탄 원 서

사건번호: 200 고단(형제) 000호
탄 원 인: 홍 길 동(주민등록번호)
관 계: 처(피고인의 남편 등)
주 소: 서울시 서초구 서초동 1551-9
피탄원인: 유 가 해
(피고인 또는 피의자)

존경하는 재판장님(또는 존경하는 검사님)

저는 금번 음주운전 교통사고 가해자인 피고인(또는 피의자) 유가해의 남편 홍길동입니다.(관계를 표시)

제 부인이 음주이후 운전을 하고, 구속된 이후 저희 집안은 엄마의 손길이 많이 필요한 어린아이들은 계속 엄마를 찾고, 노부모를 모시고 있는 상황에서 노부모의 식사를 준비하지 못하여 파탄의 지경에 이르고 있습니다.

저의 가족으로는 저와 유치원에 다니는 아이와 금년 3살이 된 아들과 노부모님을 포함하여 5식구가 단란하게 살아왔는데 금번의 사고로 인하여 남아있는 저희 가족들은 노심초사 걱정과 근심으로 시간을 보내고 있습니다.

현재 저희 부친은 병원에 입원 중(병명: 당뇨 등)인데 병간호를 피고인(피의자)가 하던 중이라 부친의 병간호를 할 사람이 없는 상황입니다.

판사님(검사님)!

음주운전으로 인하여 교통사고를 야기하고 피해자에게 면목이 없으나 다시는 이러한 일이 없도록 저희가족 모두는 어머니이자 며느리인 피고인(피의자)을 내조할 생각입니다.

부디 선처하여 주셔서 저와 저희 가족들이 함께 새로운 각오로 가정생활을 할 수 있도록 선처하여 주십시오.

비록 죄는 미우나 이 사회에 헌신하고 가정을 지킬 수 있도록 선처하여 주신다면 다시는 이러한 일이 반복되지 않도록 하겠습니다.

건강하시고 집안에 행복이 늘 함께 하시기를 기원합니다.

20○○ . 5. .

위 탄원인(피고인의 남편)
홍 길 동 인

OO 지방법원(검찰청) 귀 중

6. 구속전 피의자 심문(영장실질심사)이란?

(1) 수사기관에서 피의자의 범죄혐의 유무를 조사하여 피의자가 죄를 범하였다고 의심할만한 상당한 이유가 있고 도망이나 증거인멸의 우려가 있는 경우에는 법원에 구속영장을 청구하여 판사가 발부한 구속영장에 의하여 피의자를 구속하게 된다.

(2) 이 경우 피의자는 수사 과정에서 변명의 기회를 가지게 되는 것은 물론이고, 형사소송법 개정에 따라 구속 여부가 결정되기 전에 판사 앞에서 변명의 기회를 가질 수 있게 되었는데 이 제도가 바로 구속전 '피의자심문제도' 이다.

(3) 피의자들 중 현행범인이나 체포영장, 긴급체포의 방식으로 수사 기관에 체포된 피의자는 위와 같은 구속전 피의자심문을 신청할 수 있는 권리가 있고, 피의자의 변호인, 법정대리인, 배우자, 직계존속, 형제자매, 가족이나 동거인 또는 고용인은 피의자와 별도로 구속전 피의자심문을 신청할 수 있는 권리가 있다.

(4) 다만, 피의자나 변호인 등의 신청이 있는 경우에도 판사가

반드시 피의자를 심문하여야 하는 것은 아니며 피의자를 심문하지 않아도 구속 여부를 결정할 수 있다고 판단되는 사안에 대하여는 신청이 있는 경우에도 심문을 실시하지 아니한 채 구속영장을 발부할 수 있다.

(5) 또한 피의자가 체포되지 아니한 상태에서 구속영장이 청구되는 경우에는 피의자나 변호인, 가족 등에게 심문신청권을 부여하지 않고 판사가 직권으로 심문실시 여부를 결정하여 심문이 필요하다고 판단되는 사안에 대하여 심문을 실시한다. 피의자가 체포되지 아니한 상태에서 구속 여부를 결정하는 것이기 때문에 따로 심문신청권을 부여하지 않는 것이다. 이 경우 판사가 심문을 실시하고자 할 때에는 심문을 위한 구인영장을 발부하여 피의자를 법원에 구인한 후 심문을 실시한다.

(6) 피의자 심문신청(영장실질심사)은 피의자 측의 피의자심문신청이 있는 경우에 판사가 피의자심문을 할 수 있으며, 실무에서는 영장이 발부되기 전 즉 영장청구 후 오전에 청구하면 오후 2시, 오후 2시까지 접수된 사건은 당일 오후 4시, 오후 2시 이후에 접수된 사건은 다음 날 오전 10시에 영장실질심사를 하게 된다. 당사자는 영장실질심사를 신청하지 않을 수 있다.

(7) 수사기관이 구속영장에 의하여 피의자를 구속할 경우 **구속을 계속할 수 있는 기간은 경찰에서 10일, 검찰에서 10일로 각 제한되어 있으나 검찰에서의 구속기간은 법원의 허가를 얻는 조건으로 10일간 연장이 가능**하다.

◈ 피의자 심문신청서 (영장실질심사)

<table>
<tr><td colspan="4" rowspan="2">피의자심문신청서</td><td>판 사</td></tr>
<tr><td></td></tr>
<tr><td rowspan="3">피 의 자</td><td></td><td></td><td>성별</td><td>□남 □여</td></tr>
<tr><td></td><td colspan="3"></td></tr>
<tr><td></td><td colspan="3"></td></tr>
<tr><td>죄 명</td><td colspan="4"></td></tr>
<tr><td>체포관서</td><td colspan="4"></td></tr>
<tr><td rowspan="4">신 청 인</td><td>성 명</td><td colspan="3"></td></tr>
<tr><td>피의자와의관계</td><td colspan="3"></td></tr>
<tr><td>주 거</td><td colspan="3"></td></tr>
<tr><td>전 화 번 호</td><td colspan="3"></td></tr>
<tr><td colspan="5">형사소송법 제 201조의 2 제 1항의 규정에 따라 위 피의자에 대하여 판사의 심문을 신청합니다.

20○○ . . .

신청인 ________(인)

○○지방법원 귀중</td></tr>
<tr><td>첨부서류</td><td colspan="4"></td></tr>
<tr><td rowspan="2">처 리</td><td>신분관계확인</td><td colspan="3">□소명자료 첨부 □보정요구
□신분증으로 확인(확인자:)</td></tr>
<tr><td>접수당시영장청구여부</td><td colspan="3">□청구(진행번호:) □발부후 신청
□미청구(수사기록의소재:)</td></tr>
</table>

7. 구속 적부심사

(1) 일단 영장에 의하여 수사기관에 구속되었다고 하더라도 피의자는 적부심사절차에 따라 다시 법원으로부터 체포 또는 구속의 적부(適否)여부를 심사 받을 수가 있다. 이 절차에서 체포 또는 구속이 부당하다고 하여 법원이 석방을 명하면 피의자는 즉시 석방되며, 이에 대하여 검사는 항고를 하지 못한다.

(2) 구속적부심의 청구는 피의자 본인이나 변호인은 물론 배우자, 직계친족, 형제자매, 가족, 나아가 동거인이나 고용주도 피의자를 위하여 대리 청구할 수 있다.

(3) 구속적부심은 사건이 경찰에 있는가, 검찰에 있는가를 가리지 아니하고, 검사가 법원에 기소를 하기 전이면 청구할 수 있다는 점에서 기소된 피고인에 대하여 인정되는 보석제도와는 차이가 있다.

(4) 체포 또는 구속적부심을 청구받은 법원은 지체없이 구속된 피의자를 심문하고 증거를 조사하여 결정을 하여야 하는데, 청구권자 아닌 자가 청구하거나 동일한 영장에 대하여 재청구한 때, 수사 방해의 목적이 분명한 때 등에는 청구를 기각할 수 있으며, 이에 대하여 피의자는 항고하지 못한다.

(5) 구속적부심 담당법관은 사건의 배당 즉시 심문기일을 지정하되, 청구일로부터 3일 이내로 심문기일을 정하여야 하며, 실무에서는 오전에 접수된 사건은 당일 오후 3시, 오후에 접수된 사건은 다음날 11시, 토요일에 접수된 사건은 월요

일 11시에 진행되고 있다. 아래와 같이 구속적부심사 청구서 양식을 작성한다.

◈ 구속적부심사청구서

구속적부심사청구서

피의자 유 가 해 (주민등록번호)
주소 : 서울시 강남구 역삼동 O번지
본적 : 전남 O 시 O동 O번지
현재 : 서울구치소 수감 중

위 피의자는 절도 등 피의 사건으로 20○○ . 2. 1. 귀원에서 발부한 구속영장에 의하여 현재 서울구치소에 수감 중인 바 위 피의자는 다음과 같은 이유로 신체구속적법여부심사를 청구하오니 청구취지와 같이 결정하여 주시기 바랍니다.

청 구 취 지

1. 『피의자 유가해의 석방을 명한다.』
라는 결정을 구합니다.

청 구 원 인

1. 피의자는 도주 및 증거인멸의 우려가 전혀 없습니다.

가. 피의자는 현재 주소지에서 부○, 모○와 함께 거주하고 있는 자이고 ○대학교 디자인학부 ○과 3학년에 재학 중인 자이므로 도주의 우려가 전혀 없습니다.

나. 피의자는 구속영장기재 혐의사실에 대하여 모두 자백하고 있으며 수사단계에서 증거자료가 모두 수집, 보존되었으므로 증거인멸의 우려가 없습니다.

2. 사고경위

가. 피고인은 00년 0월초 ....

나. 기타 경위 설명

3. 피고인의 정상

가. 피고인의 신분(학생)

피고인은 00년 0월 0일생으로(만20세) 현재 ○○○대학교 디자인 학부 ○○과 1학년에 재학 중에 있고 피고인은 성적이 우수하여 장학금을 받아 공부하고 있습니다.

나. 우발적 충동

(사유기재) 우발적인 충동에서 이 사건 범행을 저지르게 되었습니다.

다. 초범

피고인은 이 사건 이외에 전혀 처벌받은 적이 없는 초범입니다.

라. 잘못을 깊이 뉘우침

피고인은 00년 0월 일 구속 수감되어 수감생활을 하면서 현재 그 잘못을 깊이 뉘우치고 뼈저리게 반성하고 있습니다.

마. 합의

피의자는 피해자○,○과 합의를 하여 위 피해자들은 피의자의 처벌을 원하지 않고 관대한 처벌을 해 달라고 진정하고 있습니다.

바. 피의자 부모의 각오

피의자의 아버지, 어머니는 모두 자신들의 잘못으로 피의자가 이 사건 범행을 저지른 것으로 알고 피의자가 다시는 이런 일이 없도록 잘 교육시킬 것을 맹세하고 있습니다.

4. 결 론

위와 같은 여러 정상들을 참작하시어 피의자가 불구속상태에서 업을 계속하면서 수사 및 재판을 받을 수 있도록 청구취지와 같은 결정을 내려주시기 바랍니다.

20○○ . . .

위 피의자: 홍 길 동(인)

○○ 지방법원 귀중

8. 기소란 무엇인지?

(1) 기소란?

검사는 사법경찰관으로부터 송치받은 사건이나 직접 인지 등으로 수사한 사건에 대하여 **피의자가 재판을 받음이 마땅하다고 판단되는 경우에는 이를 법원에 회부하게 되는데 이를 공소제기 즉 '기소'** 한다고 하며, **검사에 의하여 기소된 사람을 '피고인'** 이라고 한다.

(2) 약식기소

그런데 검사가 피의자에 대하여 징역형이나 금고형에 처하는 것 보다 벌금형에 처함이 상당하다고 생각되는 경우에는 기소와 동시에 법원에 대하여 벌금형에 처해 달라는 뜻의 약식명령을 청구할 수 있는데 이를 **'약식기소'** 라고 한다. 따라서 구속된 사람에 대하여 검사가 약식기소를 하는 경우에는 석방을 하여야 한다.

이 경우 판사는 공판절차를 거치지 않고 수사기록만으로 재판을 하게 된다. 그러나 판사가 약식절차에 의하는 것이 불가능 또는 부적당하다고 생각하는 경우에는 정식재판에 회부하여 공판을 열어 재판을 할 수도 있다. 피고인이나 검사는 판사의 약식명령에 대하여 **불복이 있으면 7일 이내에 정식재판을 청구**할 수 있다. 아래 정식재판 청구서를 참조하기 바란다.

참고 판사의 약식명령에 대하여 불복이 있으면 7일 내에 정식재판을 청구해야 함에도 부득이한 사정으로 정식재판을 청구하지 못할 경우 정식재판청구권 회복청구신청을 할 수 있다.

◈ 정식재판청구서

정식재판 청구서

사 건: 20○○ 고약 2345
피고인: 홍 길 동

위 피고인에 대한 ○○위반 피고사건에 관하여 20○○. ○○. ○○. ○○지방법원 20○○ 고약○○○로 벌금 1,000,000원에 처한다는 약식명령이 있었으나 피고인은 이 명령에 불복이므로 정식재판을 청구합니다.

청 구 이 유

1. 불복이류를 기재하고, 이에 대한 자료를 첨부한다.
2.
3. 따라서 ..... 이 건 청구를 하는 바입니다.

첨부서류, 주민등록등본 1통

20○○ . . .

위 피고인 홍 길 동
(인)

○○ 지방법원 귀중

참고 약식명령 통지를 받은 날부터 7일 이내에 위 정식재판청구서를 법원의 형사 접수실에 접수한다. 이때 사건번호를 확인한다.

◈ 정식재판청구권회복청구서

정식재판 청구권 회복청구

피고인 홍 길 동

위 피고인에 대한 상해 피고사건에 관하여 20○○ . 0. 0. ○○지방법원 200 고약○○○로 벌금 500,000원에 처한다는 약식명령이 있었으나 피고인은 소정기간 내에 정식재판청구를 하지 못하였으므로 다음과 같은 이유로 동 청구권의 회복신청을 하는 바입니다.

이 유

1. 본건 피고인에 대한 약식명령은 송달불능을 이유로 하여 공시송달로 종결되었습니다.
2. 피고인이 위 공시송달 사실을 알게 된 것은20○○ . 0. 0. 검찰청으로부터 벌금을 내라는 통보를 받고 비로소 약식명령이 있었던 사실을 알았으며 곧 기록을 조사하여 본 즉 위 공시송달은 법원의 착오에 의한 것임을 발견하였습니다. 즉, 피고인의 주거는 ○○시 ○○구 ○○동 ○○번지임에도 불구하고 이를 ○번지로 송달함으로써 송달불능이 되자 이를 간과하고 그대로 공시송달을 하여 사건을 종결한 것입니다.
3. 따라서 피고인은 피고인이 책임질 수 없는 사유로 인하여 위 약식명령에 대한 정식재판을 소정 기간 내에 청구하지 못하였으므로 형사소송법 제458조 제345조에 의하여 이 건 청구를 하는 바입니다.

첨부서류, 주민등록등본 1통

20○○ . . .

위 피고인 홍 길 동(인)

○○ 지방법원 귀중

9. 불기소 처분이란?

검사가 사건을 수사한 결과 범죄가 되지 않거나 그 행위에 참작할 사유가 있어 재판에 회부하지 않는 것이 상당하다고 판단하는 경우 기소를 하지 않고 수사를 종결하는 것을 말한다.

- 불기소 처분권자 : 불기소 처분은 검사의 고유권한이다.
- 불기소 처분의 종류

(1) 기소유예란?

죄는 인정되지만 피의자의 연령이나 성행, 환경, 피해자에 대한 관계, 범행의 동기나 수단, 범행 후의 정황 등을 참작하여 다시 한번 성실한 삶의 기회를 주기 위하여 검사가 기소를 하지 않고 용서해 주는 것을 말한다.

(2) 무혐의(혐의 없음) 처분이란?

검사가 수사한 결과 범죄를 인정할만한 증거가 없는 경우에 피의자의 무고함을 최종적으로 판단하는 처분을 **'무혐의(혐의없음)처분'** 이라 한다. 그러나 민사상의 채무불이행에 해당되어 무혐의(혐의 없음) 처분을 한 경우에는 형사상 범죄가 성립되지 않는 것을 의미할 뿐이지 민사상의 채무까지 면해주는 것이 아니다.

그런데 기소유예에 대하여 한 가지 알아둘 것은 한번 기소유예를 하면 특별한 사정이 없으면 다시 같은 죄로 기소를 하지 않지만 만약 기소유예 후에 또 죄를 저질렀다고 하는 경우 등의 사정이 있으면 검사는 기소유예 처분한 범죄에 대하여 새로 기소를 할 수 있다는 점이다. 그리고 이는 무혐의(혐의 없음)에 대하여도 마찬가지로 만약 새로운 증거가 발견된다면 검사는 기소를 할 수 있다.

(3) “죄가 안됨” 처분이란?

피의자의 행위가 범죄에 해당하나 법률상 범죄의 성립을 조각하는 사유가 있어(피의자가 책임 무능력자인 경우, 정당방위가 성립하는 경우 등) 범죄를 구성하지 아니한 경우에 내리는 처분이다.

(4) 고소, 고발의 각하처분이란?

무익한 고소·고발의 남용, 남발에 의한 피고소인·피고발인의 인권침해를 방지하고 고소·고발인의 권익을 합리적으로 보호조정하기 위한 제도로 고소인 또는 고발인의 진술이나 고소장 또는 고발장에 의하여도 처벌할 수 없음이 명백한 고소·고발사건의 경우에는 검사는 피고소인·피고발인을 소환 조사하지도 아니하고 각하 결정할 수 있다.

- **고소·고발의 각하** 처분 : 고소인 또는 고발인의 진술이나 고소장 또는 고발장에 의하여도 처벌할 수 없음이 명백한 경우 검사가 피고소인 또는 피고발인을 소환조사 하지도 않고 사건을 종결하는 것이다.

(5) 공소권 없음 처분이란?

검사에게 공소권이 없는 경우에 내리는 처분이다.

1) “공소권 없음” 처분에 해당하는 사유

① 동일한 사안으로 확정판결이 있는 경우

② 동일한 사안으로 통고처분이 이행된 경우

③ 소년법 또는 가정폭력범죄의 처벌등에 관한 특례법에

의한 보호처분이 확정된 경우(단, 보호처분이 취소되어 검찰에 송치된 경우는 제외함)

④ 사면이 있는 경우

⑤ 공소시효가 완성된 경우

⑥ 범죄 후 법령의 개폐로 형이 폐지된 경우

⑦ 법률의 규정에 의하여 형이 면제된 경우

⑧ 피의자에 관하여 재판권이 없는 경우

⑨ 동일사건에 관하여 이미 공소가 제기된 경우

⑩ 친고죄 및 공무원의 고발이 있어야 되는 죄의 경우에 고소 또는 고발이 없거나 그 고소 또는 고발이 무효 또는 취소된 때

⑪ 반의사불벌죄의 경우 처벌을 희망하지 아니하는 의사표시가 있거나 처벌을 희망하는 의사표시가 철회된 경우

⑫ 피의자가 사망하거나 피의자인 법인이 존속하지 아니하게 된 경우 등

2) 불기소가 되면

① 불기소처분의 통지 : 피해자는 검사의 불기소처분에 대하여 그 통지를 받을 권리가 있고, 그 사유를 알려달라고 요청할 수 있다.

② 불기소처분에 대한 불복방법 : 검사의 불기소처분에 불만이 있는 경우 상급 고등검찰청과 대검찰청에 항고 및 재항고를 통하여 불기소처분을 다툴 수 있고, 특정 범죄에 대하여는 법원에 재정신청을 통하여 기소 여부를 재검토 받을 수 있다.

◆ 불기소증명원

처리기간
즉 시

발행번호 제 호

불 기 소 증 명 원

① 사 건 번 호		200 형 제1234 호
피의자	② 성 명	유가해
	③ 주민등록번호	000000-0000000
	④ 주 소	서울시 강남구 역삼동 00번지
⑤ 죄 명		사기
처분	⑥ 년 월 일	200 년 5월 1일
	⑦ 내 용	불기소 (무혐의)
⑧ 송 치 관 서		경찰서 송치
⑨ 용 도		항고장 제출용

위와 같이 불기소 처분되었음을 증명하여 주시기 바랍니다.

피의자 이외의 자가 신청할 때			
주 소	서울시 서초구 서초동 1551-9		
주민등록번호	000000- 0000000	관 계	고소인

2000 년 5 월 일

신청인 홍 길 동 서명

구비서류		수수료
없 음	○○검찰청검사장귀하	없 음

위와 같이 불기소 처분되었음을 증명합니다.

년 월 일

○○검찰청검사장

(6) 불기소 처분에 대한 불복 (항고)

고소인, 고발인은 검찰의 불기소 처분에 대하여 불복할 수 있으며, 상급 수사기관에 재수사를 요청하는 항고를 할 수 있고 항고장의 제출은 사건을 처분한 검찰청 항고 담당에게 제출한다. 불복신청(항고장) 양식은 다음과 같다.

◈ 항고장

항 고 장

사　　　건: 20○○형제 1234호 사기
항 고 인(고소인): 홍 길 동
피항고인(피고소인): 유 가 해

위 피의자에 대한 20○○형 제 1234호 사기사건에 관하여 서울지방검찰청 검사 ○○○은 200 . 5. 1 자로 혐의가 없다는 이유로 불기소처분 결정을 한 바 있으나, 그 결정은 다음과 같은 이유에 의하여 부당하므로 이에 불복하여 항고를 제기하는 바입니다.

항 고 이 유

검사의 불기소 이유의 요지는 증거불충분 등의 이유로서 피의(고소)사실에 대한 증거가 없어 결국 범죄혐의가 없다는 것인 바, 증인과 압수한 증거물 기타 제반사정을 종합검토하면 본건 고소사실에 대한 증거는 충분하여 그 증명이 명백함에도 불구하고 증거가 불충분하다는 이유로 불기소 처분한 것은 부당하다고 아니할 수 없으므로 재수사를 명하여 주시기 바랍니다.

첨 부 서 류

1. 불기소처분통지서 1통

20○○. 5. 10.

위 항고인: 홍 길 동 (인)

○○ 고등 검찰청 귀중

(7) 재항고

불기소 처분에 대하여 항고를 하였으나 그 항고가 기각되어 **'재항고'** 를 할 예정이거나 항고기각 사유를 확인할 경우 아래 양식을 참조한다.

◈ 항고기각이유고지청구서

<table>
<tr><td colspan="4" rowspan="2">항고기각이유고지청구서</td><td colspan="2">처 리 기 간</td></tr>
<tr><td colspan="2">즉 시</td></tr>
<tr><td rowspan="2">청구인</td><td>① 성 명</td><td colspan="2"></td><td>② 주민등록번호</td><td></td></tr>
<tr><td>③ 주 소</td><td colspan="4"></td></tr>
<tr><td colspan="2">④ 사 건 번 호</td><td colspan="4">년 항고 제 호</td></tr>
<tr><td colspan="2">⑤ 항 고 일</td><td colspan="4"></td></tr>
<tr><td colspan="2">⑥ 피 항 고 인</td><td colspan="4"></td></tr>
<tr><td colspan="2">⑦ 죄 명</td><td colspan="4"></td></tr>
<tr><td colspan="2">⑧ 항고기각년월일</td><td colspan="4">년 월 일</td></tr>
<tr><td colspan="2">⑨ 용 도</td><td></td><td>⑩ 부 수</td><td colspan="2">통</td></tr>
<tr><td colspan="6">위와 같이 항고기각이유 고지를 청구합니다.
년 월 일
청구인 (인)

항고인 이외의 자가 청구할 때
항고인과의 관계 :

○ ○ 고 등 검 찰 청 검 사 장 귀 하</td></tr>
<tr><td colspan="2">구비서류:없음</td><td colspan="3" rowspan="2"></td><td>사진부대조사</td></tr>
<tr><td colspan="2">수수료: 없음</td><td></td></tr>
</table>

10. 재정신청 (裁定申請)

(1) 재정신청 이란!

고소나 고발이 있는 특정범죄사건에 대하여 수사기관(검사)이 불기소처분하였을 때, 고소인 또는 고발인의 재정신청(裁定申請)에 의하여 고등법원이 해당 사건을 관할지방법원의 심판하라는 결정을 하면 그 사건에 대하여 공소가 제기된 것으로 보는 절차(형사소송법 260~264조의2)로서 준기소절차(準起訴節次)라고도 한다.

기소는 검찰이 하게 되는데 이에 대한 공정(公正)성을 확보하기 위한 제도로서 종래에는 고소·고발의 경우 모두 형법 제123~126조의 죄(타인의 권리행사방해죄, 불법체포감금죄 ·폭행가혹행위죄)에 대하여서만 인정하였으나, 개정된 형사소송법(법률 제8496호)에서는 고발의 경우엔 종전과 같지만 고소의 경우에는 모든 종류에 죄에 대해서 재정신청이 가능하다.

(2) 재정신청 절차

불기소처분의 통지를 받은 고소·고발인은 검찰항고를 거쳐 항고가 기각이 된 경우에, 10일 이내에 서면으로 그 검사소속의 지방검찰청 검사장 또는 지청장에게 재정신청서를 제출할 수 있다.

예외적으로 항고 이후 재수사가 이루어진 다음에 다시 불기소처분의 통지를 받은 경우, 항고 신청 후 항고에 대한 처분 없이 3개월이 경과한 경우, 검사가 공소시효 만료일 30일 전까지 공소를 제기하지 아니하는 경우에 한하여 항고를 거치지 않고 재정신청이 가능하다(260조).

재정신청을 수리한 지방검찰청검사장 또는 지청장은 7일 이내에 관련 서류 및 증거물을 관할 고등검찰청을 경유하여 관할 고등법원에 송부하여야 한다. 만약 항고 기각을 거치지 아니하고 신청된 재정신청의 경우엔 신청이 이유 있는 것으로 인정하는 때에는 즉시 공소를 제기하고 그 취지를 관할 고등법원과 재정신청인에게 통지하여야 하며, 신청이 이유 없는 것으로 인정하는 때에는 30일 이내에 관할 고등법원에 송부하여야 한다(261조).

고등법원은 3개월 내에 비공개로 재정신청에 대한 심사를 하여 신청이 이유 없을 때에는 기각을 하고, 이유 있을 때에는 공소제기 결정을 하여야 한다. 법원은 공소제기 결정을 한 때에는 즉시 그 정본을 재정신청인·피의자와 관할 지방검찰청검사장 또는 지청장에게 송부하여야 하며, 재정결정서를 송부받은 관할 지방검찰청 검사장 또는 지청장은 지체 없이 담당검사를 지정하고 지정받은 검사는 공소를 제기하여야 한다.

(3) 재항고

피고소인의 사생활 침해를 방지하기 위해 재정심리과정과 관련 서류는 특별한 사정이 없는 한 공개하지 않고, 재정신청기각결정에 대해서는 재항고가 가능하다.

(4) 비용

소의 남용을 막기 위하여, 재정신청이 기각되거나 취소한 경우에는 재정신청으로 인한 비용 및 피고소인이 부담하여야 하는 비용의 전부 또는 일부를 고소인이 부담하게 할 수 있다(262조의 3).

재정신청이 받아들여져 공소가 제기된 경우에는 이를 취소할 수 없다(264조의2).

11. 기소중지는 무엇인지?

(1) 기소중지

고소나 고발을 하였으나 피의자(피고소인)의 소재불명 등의 사유로 인하여 수사를 종결할 수 없는 경우에 그 사유가 해소될 때까지 행하는 처분으로서 장래에 그 사유가 해소되면 반드시 다시 수사하여 처분을 할 것을 예정하고 있는 점에 그 특색이 있다.

피의자의 소재불명을 사유로 하여 기소중지결정이 있는 경우 원칙적으로 **지명수배**를 하게 된다.

(2) 참고인 중지

검사가 사건을 수사한 후 참고인 · 고소인 · 고발인 또는 같은 사건의 다른 피의자의 소재불명으로 수사를 종결할 수 없는 경우에 그 사유가 해소될 때까지 행하는 처분이며 이 경우에는 피의자에 대하여 지명수배를 하지 않는다.

12. 체포와 구속의 공통점과 차이점

(1) 공통점 : 사람의 자유를 제한하는 강제수사의 방법

(2) 차이점 : 영장의 구비 여부와 그 기간

- 체포 : 현행범 체포나 긴급체포는 영장없이 가능
  체포 후 48시간 내에 구속영장을 청구해야 함
- 구속 : 반드시 영장에 의해서만 가능

(3) 구속 이후 절차

- 경찰은 구속 후 10일 내에 검사에게 사건을 송치해야 함
- 검사는 10일 내에 공소를 제기해야 하고, 특별한 사유가 있으면 판사의 허가를 받아 1차에 한해 구속기간 연장 가능
- 공소 제기 후에는 각 심급별로 2개월씩 2차에 한하여 법원의 결정으로 구속 기간 갱신 가능

제5장 즉결심판에 관하여

1. 즉결심판이란?

경미한 범죄사건에 대하여는 정식수사와 재판을 거치지 않고 간략하고 신속한 절차로 처벌을 마침으로써 법원과 검찰의 부담을 줄이고 당사자에게도 편의를 주려는 제도이다

2. 즉결심판의 대상

일정한 금액이하의 **벌금, 구류, 과료에 처할 경미한 범죄로서, 행정법규위반 사건 즉 도로교통법상의 자동차주정차금지위반, 향토예비군설치법상의 예비군훈련불참자 등과 폭행죄 등 형법위반 사건, 허위신고, 무임승차 등 항목의 경범죄처벌법위반사범 등이 대상**이다.

3. 처리절차

즉결심판은 경찰서장이 법원에 청구하며, 주거와 신원이 확실하지 않고, 석방하면 형집행에 지장이 있다고 판단되는 경우에는 즉결심판 회부시까지 경찰서에 보호한다. 보호처리의 필요가 없는 경우는 출석지시서를 발부하여, 바로 석방하고 본인이 나중에 법정에 가서 재판을 받도록 하며 불출석재판도 있다.

경범죄처벌법이나 도로교통법을 위반한 사항 중 일정한 범칙행위에 대하여는 먼저 범칙금을 납부하도록 통고처분하고, 위반자가 그 범칙금을 기일 내에 납부하지 아니할 때에 비로소 즉결심판을 청구하게 된다.

4. 심판절차

즉결심판은 판사가 공개된 법정에서 진행하며, 피고인이 출석하는 것이 원칙이지만 벌금·과료를 선고하는 경우나 피고인이 불출석 심판을 청구하여 법원이 이를 허가한 경우에는 불출석재판도 한다. 판사는 피고인에게 사건 내용을 알려주고 변명의 기회도 주며, 피고인은 변호사를 선임할 수도 있지만 신속·간편한 심리를 위하여 경찰의 조서만을 증거로 삼아 유죄를 선고할 수도 있다.

5. 정식재판의 청구

즉결심판에 불복이 있는 피고인은 선고일로부터 **7일 이내에 위에 약식 기소에서 설명한 정식재판청구서(형사소송법 453조)**를 법원에 제출하면 정식재판을 받을 수 있게 된다.

◈ 정식재판청구서 (즉결심판의 결정에 대한)

정식재판청구서

사 건 20○○조 1234

피고인 ○ ○ ○

위 사람에 대한 경범죄처벌법위반 등 피고사건에 관하여 20○○. . . ○○지방법원으로부터 구류 10일에 처한다는 즉결심판의 선고를 받았는바 피고인은 이 심판에 불복이므로 정식재판을 청구합니다.

첨 부 서 류

1.

20○○ . . .

위 피고인 ○ ○ ○

○ ○ 지방법원 귀중

※ 정식재판을 청구하고자 하는 피고인은 즉결심판의 선고·고지를 받은 날부터 7일 이내에 정식재판청구서를 경찰서장에게 제출하여야 한다. 정식재판청구서를 받은 경찰서장은 지체 없이 판사에게 이를 송부하여야 한다(즉심 제14조).

제6장 형사사건의 합의와 공탁

1. 합의

(1) 범죄를 저질러 남에게 피해를 입히면 적절히 피해를 보상해 주고 합의를 하는 것이 사람의 도리라고 할 수 있다. 따라서 형사사건처리과정에서 검사나 판사는 피의자나 피고인에게 합의를 권유하고 또 합의를 하면 이를 참작하여 가벼운 처분이나 판결을 하는 것이 관례이다.

(2) 그러나 피해보상은 근본적으로 민사문제이므로 형사사건에서 참고가 될 뿐이고 수사기관이나 법원에서 강요할 수는 없는 것이므로 가해자가 검사나 판사의 권유에 따라 적절한 피해보상을 하지 아니하는 경우에는 민사재판을 통하여 해결할 수밖에 없다.

◈ 형사합의서 (교통사고 관련)

합 의 서

가 해 자 성　　　　명 : 유 가 해 (피고인)
　　　　주민등록번호 : 000000 - 0000000
　　　　주　　　　소 : 서울 강남구 역삼동 00번지

피 해 자 성　　　　명 : 홍 길 동
　　　　주민등록번호 : 000000 - 0000000
　　　　주　　　　소 : 서울 서초구 서초동 1551-9

가해자는 20○○ . 12. 15. 서울 서초구 서초동에 있는 법원 앞길을 교대전철역 방면에서 고속버스터미널 방면을 향하여 진행하던 중 도로를 횡단하던 피해자를 치어 약 4주간의 치료를 요하는 상해를 가하였는데, 피해자는 가해자로부터 금 10,000,000만원을 위로금조로 지급받고, 가해자의 (민)형사상 처벌을 원하지 아니합니다.

첨 부 서 류

1.인감증명(피해자) 1통

20○○ . 12. 30.

가해자 유 가 해 (인)
피해자 홍 길 동 (인)

2. 공탁

(1) 형사사건의 가해자가 피해자와 합의를 하려고 하여도 피해자의 과다한 금액요구 또는 자력의 부족 등으로 인하여 피해자가 제시하는 보상을 해줄 수 없어 합의를 하지 못하는 경우에 가해자가 나름대로 성의 표시를 하여 가벼운 처벌을 받을 수 있는 근거로 삼고자 할 때 공탁을 하게 된다.

(2) 공탁은 피해자의 주소지 관할 법원에 하여야 하고, 피해자의 주민등록등(초)본을 첨부하여야 하며, 공탁서 2통, 공탁금회수제한신고서 2통, 피공탁자의 수에 상응한 공탁통지서 1통을 작성하여 법원에 접수시키고, 지정은행에 가서 공탁금을 입금하여야 한다.

(3) 위 공탁은 변제공탁 형식으로서 채무이행시 공탁소(채권자 현 주소지) 법원에 채권자가 채무의 내용에 따라 변제를 하려고 하였으나, 채권자가 이를 수령 거절하거나 받을 수 없을 때(수령불능) 실시한다.

(4) 첨부서류로서 공탁자는 피공탁자(공탁물을 수령할 자)에게 공탁통지를 해야 하므로, 공탁서에 아래 양식의 공탁통지서, 공탁금 회수제한 신고서와 우표를 첨부한 봉투를 피공탁자의 수에 맞추어 첨부해야 한다. 또한 대리인의 권한을 증명하는 위임장, 주거를 증명하는 주민등록초본이나 회사 등기부등본 등을 첨부한다.

◈ 공탁서 (불법행위에 의한 손해배상공탁 사례)

제1-1호 양식

금전 공탁서 (변제 등)

<table>
<tr><td colspan="2">공탁번호</td><td>년 금 제 호</td><td colspan="2">200 년 0월 0일 신청</td><td>법 령
조 항</td><td>민법487조</td></tr>
<tr><td rowspan="4">공
탁
자</td><td>성명</td><td>유 가 해</td><td rowspan="4">피
공
탁
자</td><td>성명</td><td colspan="2">홍 길 동</td></tr>
<tr><td>주민등록
번호</td><td>000000-0000000</td><td>주민등록
번호</td><td colspan="2">000000-0000000</td></tr>
<tr><td>주소</td><td>서울시 강남구 역삼동
00번지</td><td>주소</td><td colspan="2">서울시 서초구 서초동 1551-9</td></tr>
<tr><td>전화번호</td><td>000-0000-0000</td><td>전화번호</td><td colspan="2"></td></tr>
<tr><td colspan="2" rowspan="2">공 탁 금 액</td><td>한글 금 일백만원</td><td colspan="2" rowspan="2">보 관 은 행</td><td colspan="2" rowspan="2">00 은행 00 지점</td></tr>
<tr><td>숫자 금 1,000,000원</td></tr>
<tr><td>공
탁
원
인
사
실</td><td colspan="6">1. 공탁자는 200 년 0월 0일 오후 10시경 서울시 서초구 서초동 00번지 소재 00호프집에서 피공탁자에게 주먹으로 가격하여 전치 2주일을 요하는 상해를 입혔음.
2. 그 후 공탁자는 피공탁자에게 상해로 인한 손해배상으로 수차 합의를 시도하였으나, 이루어지지 않았고, 그 배상금으로 금1,000,000원을 현실 제공하였으나, 수령을 거부하므로 부득이 변제 공탁합니다.</td></tr>
<tr><td colspan="2">비 고 (첨부서류등)</td><td colspan="5">주민등록등본 1통, 위임장 1통</td></tr>
<tr><td colspan="3">1. 공탁으로 인하여 소멸하는 질권, 전세권 또는 저당권
2. 반대급부 내용</td><td colspan="4"></td></tr>
<tr><td colspan="7">위와 같이 공탁합니다. 주소 : 서울시 서초구 서초동 00번지
공탁자 성명 유 가 해 ㊞ 대리인 성명 성 춘 향 ㊞</td></tr>
<tr><td colspan="7">위 공탁을 수리합니다.
공탁금을 년 월 일까지 위 보관은행의 공타관 계좌에 납입하시기 바랍니다.
위 납입기일까지 공탁금을 납입하지 않을 때는 이 공탁 수리결정의 효력이 상실됩니다.

년 월 일
법원 지원 공탁관 ㊞</td></tr>
<tr><td colspan="7">(영수증) 위 공탁금이 납입되었음을 증명합니다.

년 월 일
공탁금 보관은행 (공탁관) ㊞</td></tr>
</table>

※ 1. 도장을 날인하거나 서명을 하되, 대리인이 공탁할 때에는 대리인의 주소, 성명을 기재하고 대리인의 도장을 날인(서명)하여야 합니다.
2. 공탁당사자가 국가 또는 지방자치단체인 경우에는 법인등록번호란에 '사업자등록번호' 를 기재하시기 바랍니다.
3. 공탁금 회수청구권은 소멸시효완성으로 국고에 귀속될 수 있으며, 공탁서는 재발급 되지 않으므로 잘 보관하시기 바랍니다.

◈ 공탁금 회수제한 신고서

공탁금 회수 제한 신고서

사　　건 : 200 년 금제 ○○호
공 탁 자 : 유 가 해
　　　　　주　　소:서울시 강남구 역삼동 00번지
피공탁자 : 홍 길 동
　　　　　주　　소: 서울시 서초구 서초동 1551-9

귀원의 위 공탁사건에 관하여 공탁자는 피공탁자의 동의가 없으면 다음의 형사사건에 대하여 불기소결정(단, 기소유예는 제외)이 있거나 무죄판결이 확정될 때까지 공탁금에 대한 회수청구권을 행사하지 않기로 신고합니다.

형사사건의 표시

1. 사건번호 : ○○경찰서 ○○년 제 ○○○호
　　　　　　○○지방검찰청 ○○지청 ○○년 형제 ○○○호
　　　　　　○○지방법원 ○○지원 ○○년 고단(합) 제○○○호

1. 사 건 명 : 폭력행위 등 처벌에 관한 법률 위반
1. 피의자(피고인) : 유 가 해
　　　　　　주민등록번호:

20○○ .　.　.

신고인(공탁자)　　유 가 해 (인)

○○ 지방법원 ○○ 지원 공탁관 귀중

공탁 ○○년 금 제○○○호 사건에 관하여 ○○년 ○○월 ○○일, 접수된 서면임을 확인함 ○○ 법원 ○○지원 공탁관 ○○○ (인)

◈ 공탁통지서

제2-1호 양식

금전 공탁 통지서

공탁번호	200 년금 제 호	200 년 0월 0일 신청	법령조항	민법487조
공탁자 성명	유가해	피공탁자 성명	홍길동	
공탁자 주소	서울시 강남구 역삼동 00번지	피공탁자 주소	서울시 서초구 서초동 1551-9	
		피공탁자 주민등록번호	00000-000000	
공탁금액	한글 금 일백만원 숫자 금 1,000,000원	보관은행	00 은행 00 지점	
공탁원인사실	공탁자는 20○○ 년 0월 0일 오후 10시경 서울시 서초구 서초동 00번지 소재 00호프집에서 피공탁자에게 주먹으로 가격하여 전치 2주일을 요하는 상해를 입혀, 공탁자는 피공탁자에게 상해로 인한 손해배상으로 수차 합의를 시도하였으나, 이루어지지 않았고, 그 배상금으로 금1,000,000원을 현실제공하였으나, 수령을 거부하므로 부득이 변제공탁합니다.			
1. 공탁에 의하여 소멸할 질권, 전세권, 저당권 등 2. 반대급부 내용				
위와 같이 통지합니다. 공탁자 성명 유가해 ㊞	주 소 : 서울시 서초구 00동 00번지 대리인 성명 0 0 0 ㊞			

1. 위 공탁금이 년 월 일 납입되었으므로 [별지] 안내문의 구비서류 등을 지참하시고, 우리 법원 공탁소에 출석하여 공탁금 출급청구를 할 수 있습니다.
   귀하가 공탁금 출급청구를 하거나, 공탁을 수락한다는 내용을 기재한 서면을 우리 공탁소에 제출하기 전에는 공탁자가 공탁금을 회수할 수 있습니다.
2. 공탁금 출급청구시 구비서류 등 ※ [별지] 안내문을 참조하시기 바랍니다.
3. 공탁금은 그 출급청구권을 행사할 수 있는 때로부터 10년 내에 출급청구를 하지 않을 때에는 특별한 사유(소멸시효 중단 등)가 없는 한 소멸시효가 완성되어 국고로 귀속되게 됩니다.
4. 공탁금에 대하여 이의가 있는 경우에는 공탁금 출급청구를 할 때에 청구서에 이의유보 사유(예컨대 "손해배상금 중의 일부로 수령함" 등)를 표시하고 공탁금을 지급받을 수 있으며, 이 경우에는 후에 다른 민사소송 등의 방법으로 권리를 주장할 수 있습니다.
5. 공탁통지서는 재발급 되지 않으므로 잘 보관하시기 바랍니다.

20○○ 년 월 일 발송

법원 지원 공탁관 (인)
(문의전화 :)

제7장 보석이란?

1. 의 의

피고인이 구속되고 실무적으로 약 1개월 정도 지나면 재판을 담당하고 있는 법원에 보증금을 납부할 것을 조건으로 피고인을 석방하여 줄 것을 청구할 수 있는데 이를 '**보석**' 이라고 한다.

보석보증금은 현금으로 납부하지 않고 보석보증보험증권을 첨부한 보증서로써 갈음할 수도 있다. 이와 같은 보석은 기소 후에 청구하는 점에서 기소 전에 청구하는 구속적부심과 다르나 보증금의 납부를 조건으로 석방하는 점에서 기소전보석제도와 유사하다.

2. 보석의 신청

피고인, 피고인의 변호인, 피고인의 법정대리인, 배우자, 직계친족, 형제자매도 청구할 수 있으며 법원은 보석을 결정함에 있어서 미리 검사의 의견을 물어야 하지만 그 의견에 구애받지 않고 자유로이 결정할 수 있다.

다만 피고인이 사형, 무기 또는 장기 10년 이상의 징역이나 금고에 해당하는 죄를 범하였거나, 피해자나 당해 사건의 재판에 필요한 사실을 알고 있다고 인정되는 자 또는 그 친족의 생명 · 신체나 재산에 해를 가하거나 가할 염려가 있다고 믿을만한 충분한 이유가 있는 때에는 보석이 허가되지 않는다.

보석을 허가할 때는 피고인의 자력 정도와 범죄의 성질, 증거 등을 고려하여 상당한 보증금을 납부할 것과 주거를 제한하는 등의 조건을 붙이는 것이 보통이다.

3. 피의자 보석 제도란?

구속 적부심사를 청구하는 피의자에게 피의자의 재판 출석을 보증할 만한 보증금의 납입을 조건으로 석방을 명하는 제도이다.

- 석방의 요건 및 집행절차 : '보석' 의 경우와 거의 동일하다.

◈ 보석허가청구서

보석허가청구서

사 건 20○○ 고단 1234호 절도 등

피고인 유 가 해(주민등록번호:)

주소 ○○시 ○○구 ○○동 ○○번지

본적 ○○시 ○○구 ○○동 ○○번지

위 사건에 관하여 피고인은 다음과 같이 보석을 청구합니다.

청 구 취 지

1.피고인의 보석을 허가한다.

2.피고인에 대한 보석보증금은 ○○시 ○○구 ○○동 ○○번지 거주하는 피고인의 부(父)○ ○ ○ (551222 - 10000000)이 제출하는 보석보증보험증권 첨부의 보증서로 갈음할 수 있다.

라는 결정을 구합니다.

청 구 원 인

1. 피고인의 신분

피고인은 20○○년 0월 0일생으로(만20세) 현재 ○○○대학교 디자인학부 ○○과 1학년에 재학중인 대학생입니다.

2. 사고경위

가. 피고인은 00년 0월초 ....

나. 기타 경위 설명

3. 피고인의 정상

가. 피고인의 신분(학생)

피고인은 00년 0월 0일생으로(만20세) 현재 ○○○대학교 디자인학부 ○○과 1학년에 재학 중에 있고 피고인은 성적이 우수하여 장학금을 받아 공부하고 있습니다.

나. 우발적 충동

(사유기재) 우발적인 충동에서 이 사건 범행을 저지르게 되었습니다.

다. 초범

피고인은 이 사건 이외에 전혀 처벌받은 적이 없는 초범입니다.

라. 잘못을 깊이 뉘우침

피고인은 00년 0월 일 구속 수감되어 수감생활을 하면서 현재 그 잘못을 깊이 뉘우치고 뼈저리게 반성하고 있습니다.

마. 합의

피고인은 피해자 ○○○ 와 합의를 하여 위 피해자들은 피고인의 처벌을 원하지 않고 관대한 처벌을 해 달라고 진정하고 있습니다.

바. 피고인 부모의 각오

피고인의 아버지, 어머니는 모두 자신들의 잘못으로 피고인이 이 사건 범행을 저지른 것으로 알고 피고인이 다시는 이런 일이 없도록 잘 교육시킬 것을 맹세하고 있습니다.

4. 피고인은 필요적 보석의 예외사유에 해당하지 않음

가. 피고인은 사형, 무기 또는 10년이 넘는 징역이나 금고에 해당하는 죄를 범하지 아니하였을 뿐 아니라, 피고인의 이 사건 범행은 누범이나 상습에 해당하지도 아니합니다.

나. 피고인은 증거를 인멸하거나 인멸할 염려가 없습니다.

피고인은 이 사건 범행에 대하여 속죄하는 마음으로 처음부터 진실하게 수사에 적극 협력하여 이에 충분한 조사가 완료되는 등 범죄사실을 모두 시인하고 있습니다.

다. 피고인은 도망하거나 도망할 염려가 없습니다.

5. 결 론

위와 같은 여러 정상들을 참작하시어 피고인이 불구속상태에서 학업을 계속하면서 재판을 받을 수 있도록 보석을 허가하여 주시기 바랍니다.

첨 부 서 류

1.	증제 1 호증	재학증명서
1.	증제 2 호증의 1	합의서
1.	〃 2	인감증명서
1.	증제 3 호증	주민등록등본
1.	증제 4 호증	성적증명서
1.	재산관계진술서	

20OO . 0. .

피고인 0 0 0. (인)

OO 지방법원 형사제 O 단독 귀중

◈ 보석보증금환부청구서

보석보증금환부청구서						처리시간
						3근무시간내
청구인	성 명	홍 길 동	주민등록번호		전화	( )
	주 소	서울시 강남구 역삼동 00번지			팩스	( )
사건번호		200 형제 123		죄명	○○○○	
법원번호		200 고단(합) 456				
피 고 인		유 가 해	납입인	○○○	납입일	200 . . .
환부사유	선 고					확 인 일
	형명,형기					
	확정					
	기타					
청구금액		보 증 금				
환급금수령방법		①직접수령	②은행 무통장입금	은 행 명		
				계좌번호		
				예 금 주		
형사소송법 제 104조에 의하여 보석보증금의 환부를 청구합니다. 20○○ . . . 청구인 홍 길 동						
수수료 : 없음		처 리 방 법				
구비서류: 납입인청구시-영수증, 직접환부청구시:-위임장, 인감증명서, (무통장입금시-통장사본)도장, 신분증		접수일자				
		결재일자				
		인계일시				
		통지일시				
		환부일시				
결 재		입(송)금일				확 인 인
주 무	과 장	입(송)금액				

* 보석보증금을 납부하였다면, 판결이 확정된 이후 보석보증금에 대하여 환불을 신청하며, 납입인 본인이 찾을 때에는 영수증과 신분증만 있으면 된다.(신분증, 도장 지참)

제8장 형사 재판

▣ 공판절차 흐름도

공판절차 흐름도

※ 공판절차는 다음과 같은 절차로 진행

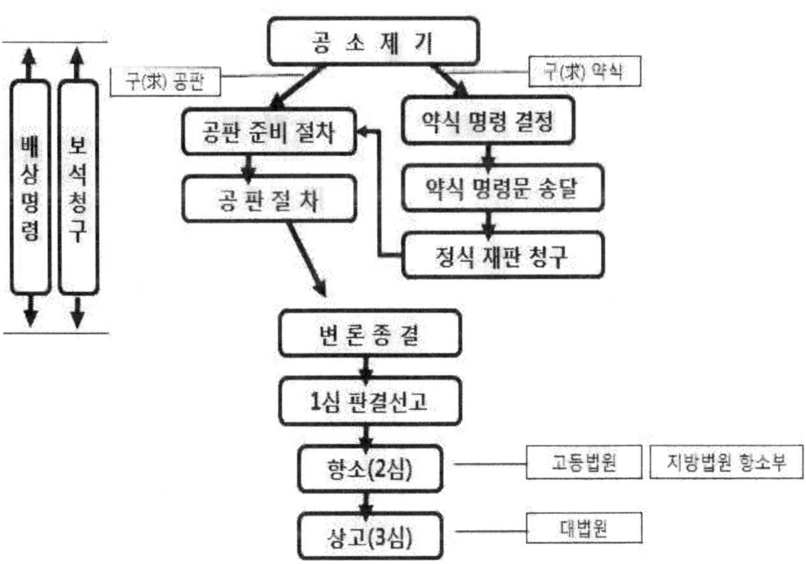

1. 재판

검사가 기소한 사건에 대하여 법원은 공판을 열어 재판을 하게 된다. 그러나 검사가 약식 기소한 사건에 대하여는 공판을 열지 않고 기록만으로 재판을 하지만 판사가 정식재판을 할 필요가 있다고 생각하면 사건을 정식재판에 회부할 수 있다.

공판은 보통 법원에 마련된 공판정(법정)에서 공개적으로 진행된다. 이 재판에서 피고인은 자기의 억울함이나 정당함을 주장할 수 있고 또 변호인의 도움을 받을 수 있다. 물론 공개재판이므로 가족 등은 법정 방청석에 참석하여 진행 상황을 지켜볼 수 있다.

2. 유죄의 판결

심리 결과 피고인의 죄를 인정하는 판결로서 재판 결과 피고인의 죄가 인정되면 판사는 유죄의 판결을 하는데 정상에 따라 실형을 선고하는 수도 있고 집행유예를 붙여주는 경우도 있으며 정상이 특히 참작될 때는 선고유예를 하는 수도 있다.

(1) 형(주형) 선고의 판결

사형이나 무기징역과 같은 주형의 선고는 신중히 판단하되,

① 18세 미만의 소년에 대하여는 사형 또는 무기징역에 처할 것인 때에는 15년의 유기징역으로 한다. 다만 특정강력범죄의 경우에는 20년의 유기징역으로 한다.

② 자유형의 선고 범위는 1개월 이상 15년 이하이고, 가중하는 경우에도 25년을 넘지 못한다.

③ 1개월 미만의 자유형은 구류로서 1일 이상 30일 미만으로 한다.

④ 상습음주운전이나 수회 걸친 교통사고범, 환경범죄, 사기나 횡령 등 재산범죄에 대하여 벌금형이 그다지 효과를 갖지 못한다고 판단되는 경우에는 단기자유형을 고려할 수 있다.

⑤ 벌금형은 5만원 이상으로 하되 감경하는 경우에는 그 이하로 할 수 있으며, 과료는 2천원 이상 5만원 미만으로 한다.

참고 ☞ **주형**(主刑)

독립하여 과할 수 있는 형벌을 말한다. 부가형과 구별되는 개념이다. 형법 제41조는 형벌의 종류로서 사형 · 징역 · 금고 · 자격상실 · 자격정지 · 벌금 · 구류 · 과료 및 몰수의 9종을 인정하고 있다.

(2) 누범가중

금고 이상의 형을 받아 그 집행이 종료되거나 면제받은 후 **3년 이내**에 금고 이상의 죄를 범한 자에 대하여 그 죄에 정한 형의 장기의 **2배까지 가중**한다.

집행유예 기간 중의 재범이나 가석방중의 재범은 집행종료나 면제일 이후의 범죄가 아니므로 누범가중을 할 수 없다. **집행유예기간이 경과된 전과도 집행유예기간이 경과하면 형의 선고의 효력이 상실되므로 누범 가중 사유에 해당하지 않는다.**

(3) 법률상 감경

심신미약이나 미수범, 자수, 과잉방위 등은 감경할 수 있다.

관세법상 밀수입죄나 관세포탈죄 등 일정한 범죄에 대하여는 미수범도 기수범에 준하여 처벌하고 있다.

(4) 작량감경

범죄의 정상에 참작할 사유가 있는 때에는 작량하여 형을 감경할 수 있다. 다만 관세법은 작량감경 규정의 적용을 배제하고 있으며, 소년의 경우에는 소년의 특성상 그 형을 감경할 수 있다.

(5) 집행유예

집행유예는 형(예컨대 징역 1년)을 선고하면서 일정기간 그 **형의 집행을 미루어 두었다가 그 기간동안 재범을 하지 않고 착실히 살면 형의 선고를 실효시켜 아예 집행을 하지 않는 것**이다.

3년 이하의 징역 또는 금고의 형을 선고할 경우에 정상 참작할만한 사유가 있는 때에는 1년 이상 5년 이하의 기간 동안 형의 집행을 유예할 수 있으나, 전에 금고 이상의 **형을 선고받아 집행을 종료한 후 또는 집행이 면제된 후로부터 5년을 경과하지 아니한 자에 대하여는 집행유예를 할 수 없다.** 여기서 집행종료나 면제된 때로부터 5년이 경과하였는지 여부는 현재의 심판대상 사건의 범죄행위시가 기준이 되는 것이 아니고 판결 선고시이며, 형의 선고란 선고받은 판결이 확정된 때를 의미하므로, 전의 판결이 항소 등으로 아직 확정되지 아니한 경우는 집행유예를 선고할 수 있다.

또 금고이상의 형의 선고란 실형을 선고받은 경우뿐만 아니라 형의 집행유예를 선고받고 집행유예기간이 경과하지 않은 경우도 포함하므로 **원칙적으로 집행유예기간 중에는 다**

시 집행유예를 선고할 수 없으나, 다만 심판 대상 범죄가 집행유예의 형이 확정된 죄와 경합범 관계에 있는 경우는 집행유예기간 중에도 다시 집행유예를 선고할 수 있다. 한편 특정 강력범죄로 형의 선고를 받아 그 집행을 종료하거나 면제를 받은 후 10년을 경과하지 아니한 자가 다시 특정강력범죄를 범한 때는 형의 집행유예를 선고하지 못한다.

(6) 선고유예의 판결

선고유예는 형의 선고자체를 미루어 두었다가 일정기간 무사히 경과하면 면소(免訴)된 것으로 간주하는 것이다. 자격정지 이상의 형을 받은 전과가 전혀 없는 자에 대하여 1년 이하의 징역, 금고, 자격정지 또는 벌금의 선고를 할 경우에 양형의 기준 사항을 참작하여 판결로써 형의 선고를 유예할 수 있다.

(7) 부수처분

1) 미결구금일수의 산입

판결선고전 구금일수는 그 전부 또는 일부를 유기징역, 유기금고, 벌금이나 과료에 관한 노역장유치 또는 구류에 산입한다.

2) 노역장 유치

재산형의 판결을 선고함에 있어서는 이를 납입하지 아니하는 경우의 유치기간을 정하여 동시에 선고한다.

3) 유치명령 및 재산형의 가납판결

벌금을 선고할 때에는 동시에 그 금액을 완납할 때까지 노역장에 유치할 것을 명할 수 있고, 또한 가납을 명할 수 있다. 부정수표단속법위반으로 벌금형을 선고하는 경우에는 반드시 가납을 명하여야 한다.

참고 ☞ **가납판결이란?**

법원이 벌금·과료 또는 추징(추징)의 선고를 하는 경우에 판결의 확정 후에는 집행할 수 없거나 집행하기 곤란할 염려가 있다고 인정할 때, 직권 또는 검사의 청구에 의하여 피고인에게 벌금·과료 또는 추징에 상당한 금액의 선 납부를 명하는 판결을 말한다.

4) 몰수와 추징

부가형으로 몰수와 추징을 하고 있다.

5) 압수장물의 환부

피해자에게 환부할 이유가 명백한 것은 판결로써 피해자에게 환부하는 선고를 하여야 한다.

6) 실형 선고 시 법정구속 등 구금절차

불구속 피고인에 대하여 실형을 선고하는 경우 대개는 법정구속을 하게 되는데 법원사무관이나 사법경찰관리의 보조를 받아서 하게 된다.

(8) 판결 등본의 신청

판결 선고 후 판결문이 피고인 등에게 송달되지 아니하므로 판결을 받아보기 위해서는 법원에 아래 서식으로 판결 등본을 별도로 신청하여야 한다.

◈ 판결등본교부신청서

판결등본교부신청서

사 건 20○○고단(합) 1234호 강도상해
피고인 ○ ○ ○

위 사람에 대한 200 고단(합) 1234호 강도상해 피고사건의 판결문 등본 1통을 교부하여 주시기 바랍니다.

20○○ . .
피고인 ○○○ (인)

○○ 지방법원 형사 23부 귀중

(9) 유죄판결의 유형

형의 종류		
생명형	사형	범인의 생명을 박탈하는 것을 내용으로 하는 형벌
자유형	징역	일정 기간 교도소 내에 구치하여 정역(노동/작업)에 종사하게 하는 형벌
	금고	수형자를 교도소 내에 구치하여 자유를 박탈하는 것을 내용으로 하는 형벌. ※ 본인의 의사에 반하여 정역(노동/작업)을 강제로 과할 수 없는 점에서 징역과 구별됨
	구류	죄인을 1일 이상 30일 미만의 기간 동안 교도소나 경찰서 유치장에 가두어 자유를 속박하는 일 ※ 금고와 동일한 성격이나 기간에서 차이가 남
명예형	자격상실	수형자의 일정한 자격을 상실시키는 형벌 (형의 선고가 있으면 그 형의 효력으로서 당연히 일정한 자격이 상실된다는 점에서 보통의 형벌과 그 성질이 구분됨)
	자격정지	법률에 의하여 일정기간(1년이상 15년 이하)동안 일정한 자격의 전부 또는 일부를 정지시키는 명예형
벌금형	벌금	5만원 이상의 금액을 국가에 납부해야 하는 재산형
	과료	벌금과 동일한 재산형이 2천원이상 5만원 이하의 금액을 납부(경미한 범죄에 적용)
	몰수	범죄행위와 관계있는 일정한 물건을 박탈하여 국고에 귀속시키는 처분

3. 무죄의 판결

기소한 사건에 대하여 정식재판 절차를 거친 후 유죄로 인정할 증거가 없으면 판사는 무죄를 선고한다. 이후 아래 사례와 같이 공시한다.

서 울 고 등 법 원

판 결 공 시

재심 사건번호 서울고등법원 20○○재노130
국가안전과공공질서의수호를위한대통령긴급조치위반

피 고 인 망 문 ○○

위 피고인은 국가안전과공공질서의수호를위한대통령긴급조치위반죄로 기소되었으나 죄가 되지 아니함을 이유로 무죄의 판결이 선고, 확정되었음을 공시함

20○○. 7. 3.

서 울 고 등 법 원

판 사 **이** ○○

4. 형사보상

구속되었다가 법원에서 무죄의 판결을 받거나, 검사로부터 불기소처분(기소유예 처분은 제외함)을 받은 사람 중 범인이 아닌 것이 명백한 사람 및 처음부터 잘못 구속된 사람은 형사보상법에 따라 구속에 대한 보상을 청구할 수 있다.

5. 배상명령

배상명령이란 법원이 직권 또는 피해자의 신청에 의하여 피고인에게 피고사건의 범죄행위로 인하여 발생한 손해의 배상을 명하는 것을 말한다. 이는 피해자의 신속한 구제를 위해서 형사절차에서 손해배상까지 판단하게 하여 신속히 피해를 변상받게 함으로써 소송경제에도 이익이 되고 판결의 모순을 피할 수 있는 결과가 된다는 것이다.

배상명령	내 용
대상	배상명령을 신청할 수 있는 피고사건은 상해죄, 중상해죄, 상해치사와 폭행치상 및 과실사상의 죄, 절도와 강도의 죄, 사기와 공갈의 죄, 횡령과 배임의 죄, 손괴의 죄에 한한다. 위 범죄 피해 유형이 아니더라도 피고인과 피해자 사이에 손해금에 대해서 합의를 하였다면 배상명령을 할 수 있다. 손해범위는 직접적인 물적 피해 및 치료비 손해로 한정되어 있다.
신청	배상명령의 신청인은 피해자 또는 그 상속인이 할 수 있다. 피해자는 법원의 허가를 받아 그 배우자, 직계혈족, 형제자매에게 배상신청에 관하여 소송행위를 대리하게 할 수 있다. 신청인의 상대방은 피고인이다.
신청기간	배상신청은 제 1심 또는 제 2심 공판의 변론종결 시까지 사건이 계속된 법원에 신청할 수 있다. 상고심에서는 허용되지 않는다.
비용	인지는 첨부하지 않는다.
신청방법	배상신청을 함에는 신청서와 상대방 피고인의 수에 상응한 부본을 제출하여야 한다. 피해자가 증인으로 출석할 때에는 구술로 배상을 신청할 수 있다.

◈ 배상명령신청서

배상명령신청서

사　　건　　20○○고단 1234호 횡령

신 청 인　　홍 길 동(주민등록번호)

(피해자)　　서울시 서초구 반포대로 87(서초동 1551-9)

피 고 인　　유 가 해(주민등록번호)

서울시 강남구 역삼동 00번지

신 청 취 지

1. 피고인유가해는 배상신청인에게 금 000 원을 지급하라.
2. 이 명령은 가집행 할 수 있다.

라는 명령을 구합니다.

신 청 원 인

위 배상명령신청인 홍길동은 귀원 20○○고단 1234호 피고인유가해에 대하여 횡령피고사건의 피해자로서 다음과 같이 배상명령을 신청합니다.

다 음

피해사실과 배상명령을 받아야 하는 필요성에 대하여 기재한다.

위 피해금을 변상 받고자 이 신청에 이른 것입니다.

첨 부 서 류

1. 배상합의서

20○○ .　.　.

신청인 홍 길 동 (인)

○○ 지방법원　　귀중

6. 국가에 의한 범죄피해자보상 제도

(1) 의의

국가는 사람의 생명 또는 신체를 해하는 범죄행위로 인하여 사망한 자의 유족이나 중장해를 당한 피해자가 가해자의 불명 또는 무자력으로 인하여 피해의 전부 또는 일부를 배상받지 못하고, 그 생계유지가 곤란한 사정이 있는 때에는 범죄피해자구조법에 의하여 피해자 또는 유족에게 범죄피해구조금을 지급하도록 하고 있다.

(2) 구조금의 신청

구조금의 신청은 지방검찰청의 범죄피해자구조심의회에 신청하는 바, 구조금을 받고자 하는 자는 범죄피해의 발생을 안 날로부터 1년, 또는 피해가 발생한 날로부터 5년 이내에 주소지, 거소지 또는 범죄발생지를 관할하는 심의회에 신청하여야 한다.

(3) 구조금의 지급

구조금은 심의회의 결정에 의하여 지급하며, 심의회는 구조금의 지급에 관한 사항을 심의하기 위하여 필요한 사항을 조사할 수 있다.

(4) 구조금 신청시 제출서류

1) 유족의 경우

① 구조금신청서

② 사망진단서(병원), 사체검안서(경찰서), 사망사실확인원(경찰서)

③ 신청자 신분증 사본
④ 사망자의 납세증명서(세무서), 사망자의 미과세증명서(세무서)
⑤ 신청인의 주민등록초본, 신청인의 주민등록등본, 신청인의 가족관계증명서, 신청인의 생활보호대상자증명서, 신청인의 미과세증명서, 신청인의 사업자가 아닌 사실증명원

2) 피해자 본인의 경우

① 상해진단서
② 장해등급표상의 장해등급이 명시된 장해진단서

7. 재판의 관할

재판은 사건에 따라 판사 한 사람이 단독으로 하기도 하고 판사 3인으로 구성된 합의부에서 하기도 하는데 원칙으로 단기 1년 이상의 징역에 해당하는 사건은 합의부의 관할이다. 단독판사가 한 재판에 대하여는 지방법원의 항소부, 합의부에서 한 재판에 대하여는 고등법원에 각 항소를 할 수 있고 이에 대하여는 다시 대법원에 각 상고할 수 있다.

제9장 판결의 불복

1. 1심 판결의 불복

제1심 판결에 대하여 인정하지 못하면 불복을 할 수 있으며, 이를 항소라고 한다. 항소는 재판장의 오판으로 인하여 불이익을 받는 당사자를 구제하는 것을 주된 목적으로 하는 절차이며, 피고인 또는 검사도 항소할 수 있다.

항소장은 **판결선고일로부터 7일 이내**에 원심법원에 제출하여야 하는데, 항소장에는 상소법원을 제출처로 기재하여야 한다. 1심법원이 단독사건인 경우는 지방법원의 합의부(항소부)를 제출법원으로 하고, 합의사건인 경우는 고등법원을 제출법원으로 한다. 그러나 항소장은 원심법원에 제출하여야 한다.

항소인 또는 변호인은 항소법원의 소송기록의 접수 통지를 받은 날부터 20일 이내에 항소이유서를 부본과 함께 항소법원에 제출하여야 한다. 항소이유서를 제출하지 않을 때에는 그 제출기간 전에 심리하는 것이 허용되지 않고 이유서를 제출받은 항소법원은 지체 없이 그 부본을 상대방에게 송달한다.

상대방은 그 송달을 받은 날로부터 10일 이내에 답변서를 항소법원에 제출하여야 한다.

◈ 항소장

항 소 장

사 건 20○○ 고합 00호 특정 범죄 가중처벌 등

피고인 홍 길 동

위 사건에 관하여 피고인 홍 길 동은 200 . 12. 30. 서울지방법원(제1심)에서 징역2년에 집행유예3년, 추징금 600만원의 형을 선고받았는바,

첫째로, 피고인 홍길동은 판시 뇌물수수의 범행을 저지른 사실이 없음에도 채증법칙에 위배하여 위 죄를 저질렀다고 사실오인을 한 위법을 범하였고,

둘째로, 설사 판시사실이 인정된다고 가정하더라도 제1심의 형은 너무 무거워 부당하므로 피고인은 항소를 제기합니다.

20○○ . 1. 4.

피고인 홍 길 동 (인)

○ ○ 고등법원 귀중

◈ 항소이유서

항 소 이 유 서

사 건 20○○노1234호 특정경제범죄 가중처벌 등에 관한 법률위반(사기)

피고인 유 가 해

피고인에 대한 특경법위반(사기)등 피고사건에 관하여 피고인의 변호인은 다음과 같이 항소이유를 개진합니다.

다 음

제1심은 피고인에 대하여 판시범죄사실을 인정하고 징역3년의 실형을 선고하였습니다.

그러나 피고인이 받은 돈은 1억원이 아니고, 다음의 여러 점을 참작해 볼 때 징역3년의 실형을 선고 한 것은 그 형이 너무 무거워 부당하다고 하겠습니다.

1. 이 사건에 이르게 된 경위

(중간생략)

2. 잘못을 깊이 뉘우침

피고인이 비록 5천만 원을 모두 회사경영 등에 투입하였으나 투자자들에게 투자금을 회수해 주지 못하여 사회에 물의를 일으킨데 대하여 그 잘못을 깊이 뉘우치고 있습니다.

3. 합의 등

피고인은 고소인인 ○과 원만히 합의하여 위 ○이 피고인의 처벌을 원하지 않는 등 일부 피해자들과는 합의하였고, 나머지 피해자들에게는 위 (주○)의 주식을 양도하였습니다.

4. 피고인의 건강(등에 관하여)

피고인은 현재 심장병과 당뇨를 앓고 있으나 구속돼 있어 치료가 불충분하여 큰 고생을 하고 있습니다.

5. 결론

피고인은 유망회사를 설립하여 여기에 투자를 하면 많은 수익을 얻을

것이라고 판단한 점에 차질이 생겨 문제가 생긴 것으로 이러한 점에다가 앞서본 여러 사정을 참작하여 피고인에게 집행유예 등의 관대한 처벌을 하여 주시기 바랍니다.

20○○. 2. .

피고인 유 가 해 (인)

○ ○ 고등법원 형사 제 부 귀중

* 항소이유서는 항소장 제출시 항소장에 기재하여도 무방하며, 별도로 제출할 수 있다.

2. 항소심(2심) 판결에 대한 불복

2심(항소심) 판결에 대한 불복절차로서 대법원에의 상소인 '상고' 제도가 있다. 상고는 일반적으로 법률문제를 심리, 판단하는 법률심이라고 할 수 있다.

형사소송법은 **상고이유로 네 가지**를 규정하고 있다.

첫째. 판결에 영향을 미친 헌법, 법률, 명령 또는 법규의 위반이 있는 때,

둘째. 판결 후 형의 폐지나 변경, 사면이 있는 때,

셋째. 재심청구의 사유가 있는 때,

넷째. 사형, 무기 또는 10년 이상의 징역이나 금고가 선고된 사건에 있어서 중대한 사실오인이 있어 판결에 영향을 미친 경우와 양형이 심히 부당한 판결이 있는 때이다.

상고를 할 때에는 선고한 다음날부터 7일 이내에, 제출법원은 상고법원(대법원)으로 하여 원심법원에 제출하여야 한다.

원심법원에 상고장이 제출되면 심사를 통하여 결격사유가 없다고 판단될 경우, 소송기록 접수통지서를 상고인 또는 변호인에게 송달하고, **상고인은 소송기록 접수통지를 받은 날로부터 20일 이내에 상고이유서를 상고법원(대법원)에 제출하여야 한다.**

상고이유서에는 상고한 이유를 명시하여야 하고, 상고법원은 이유서의 부본을 지체없이 상대방에게 송달하여야 한다. 이유서를 송달받은 상대방은 **답변서를 10일 이내에 제출**하여야 한다. 대법원에서는 **상고이유서와 답변서의 부본을 6통 요구**하고 있다.

상고이유서는 항소이유서 양식을 참작하여 작성하되 위 상고이유 네 가지를 기준으로 작성하여야 한다.

◈ 상고장

상 고 장

사건번호 20○○ 노 1234호 사기

피 고 인 홍 길 동

위 피고인에 대한 200 노 1234호 사기 피고사건에 관하여 200 . . .

○ 고등법원에서 징역 2년에 처한다는 판결 선고를 받았는바, 동 판결에 모두 불복이므로 상고를 제기합니다.

상고이유

1. 사유기재

20○○ . . .

상고인 홍 길 동 인

대법원 귀중

◈ 답변서

답 변 서

사 건 20○○도 1234호 강도등

피고인 홍 길 동

위 피고인에 대한 강도 등 피고사건에 관하여 검사의 상고이유서를 20○○ . . . 송달 받았는 바, 피고인은 다음과 같이 답변합니다.

다 음

검사의 상고이유는 원심이 공소장 변경 및 공소 취소에 관한 법리를 오해한 잘못이 있다는 데 있는 바, 원심이 인용한 제 1 심 판결에서 검사가 강도의 점에 대하여 공소장 변경의 형식을 취하여 공소사실과 적용법조를 철회하였고, 제 1심이 이를 공소 취소로 보아 이에 대하여 공소기각 판결을 선고한 것은 정당한 조치로서 타당한 것이라고 판단하였는 바, 이러한 원심의 조치는 공소장 변경이나 또는 공소 취소의 법리를 오해한 위법이 없는 것이므로 본건 원심 판결은 타당하고 검사의 상고이유는 독단의 견해에 불과하오니 기각하심이 마땅하다 사료됩니다.

20○○ . . .

피고인 홍 길 동 (인)

대법원 형사 0 부 귀중

제10장 형이 확정되면 어떻게 되는지?

1. 형의 집행

법원의 판결에 의하여 선고된 형량은 검사의 지휘에 의하여 집행하는데 징역이나 금고형은 교도소에서 집행한다.

그리고 벌금은 판결 확정일로부터 30일 이내에 납부하여야 하며 벌금을 납부하지 않는 경우에는 본인 재산에 대하여 강제집행을 하거나, 1일 이상 3년 이내의 범위에서 노역장[58]에 유치된다.

2. 형 집행정지

(1) 징역 또는 금고의 형의 집행 중에 있는 자 가운데 복역성적이 양호하고 뉘우침이 있는 때에는 무기에 있어서는 10년, 유기에 있어서는 형기의 1/3을 경과한 후에 법무부장관이 가석방을 할 수 있다.

(2) 그러나 가석방 중에 행실이 나쁘거나 다시 죄를 저지르면 가석방이 취소 또는 실효되어 남은 형기를 마저 복역하여야 한다.

---

58) 벌금과 과료는 납부하지 않을 경우, 이를 강제할 수단이 사실상 불가능하다. 이러한 문제점을 시정하고 또한 벌금과 과료의 납부를 강제하기 위하여 형법은 벌금 또는 과료를 납부하지 않은 자에 대하여 노역장에 유치할 수 있도록 규정하고 있다(형법 제69조 2항).

(3) 그리고 형의 집행으로 생명을 보전할 수가 없거나 잉태 후 6개월 이상인 때 또는 연령이 70세 이상인 때 기타 중대한 사유가 있으면 검사는 형 집행을 정지시키고 석방할 수도 있다.

아래 구속집행정지 허가신청서를 참조한다.

◈ 구속집행정지신청서 (건강상의 이유)

구속집행정지허가신청

사 건 20○○ 고합 1234호 특가법(뇌물)등
피고인 ○ ○ ○
서울구치소 수감중
생년월일 : 1980. 1. 1.
주 소 : ○○시 ○○구 ○○동 ○○번지

위 피고인은 00년 0월 0일에 구속되어 현재 서울 구치소에 수감 중에 있는바, 피고인은 다음과 같은 사유로 구속집행정지허가신청을 하오니 허가하여 주시기 바랍니다.

신 청 취 지

피고인의 석방을 명한다.

신 청 원 인

1. 피고인의 건강

가. 귀원의 사실조회에 대한 서울구치소장의 회신에 의하면

피고인은 00년 0월 0일 서울구치소에 입소할 때 ① 심근경색증 ② 고혈압 ③ 고지질 혈증 ④ 지방간 등의 병을 가지고 있었습니다.

(중간생략)

나. 위 사실조회 이후에도

(1) 피고인은 위와 같은 증세가 악화되어 00년 0월 0일에는 졸도하여 쓰러졌는데 온몸이 부어올라 있으며, 몸 전체가 검붉은 색으로 변해 있고,

무엇보다도 피고인이 죽을 것 같아 밤에 잠을 이루지 못하고 고함을 지르며 불안해하므로 안정을 취하지 못하여 계속혈압이 상승하고 있고,

(2) 위와 같은 정신적인 스트레스와 고혈압, 고지질혈증이 수반되고 있고 합병증의 병발이 특히 우려되어 치명적인 급사의 우려가 너무나도 큰 것입니다.

2. 기타사유

(생략) 수사기관에서의 진술이 수사기록에 기재된 바와 같이 서로 모순되고 상식이나 논리법칙 경험 법칙에도 믿을 수 없는 것들이었습니다. 이점도 크게 참작해 주시기 바랍니다.

3. 결 론

이상에서 본 바와 같이 피고인의 건강이 수형 생활을 불가능하게 하고 있고 사건의 내용에도 의심점이 많으므로 피고인에게 치료의 기회를 주어 방어권 행사에 만전을 기하기 위하여 피고인에 대하여 구속 집행 정지허가를 해주시기를 바랍니다.

20○○ . . .

피고인 0 0 0 (인)

○○법원 형사합의 ○○부 귀중

3. 형의 실효

형의 실효란 징역 또는 금고의 집행을 종료하거나 집행이 면제된 자가 피해자의 손해를 보상하고 자격정지 이상의 형을 받음이 없이 7년을 경과한 때, 본인의 신청에 의하여 재판의 실효를 선고받을 수 있는 제도이다. 일반적으로 사람들에게는 가족관계부에 있는 전과 기록이 말소되는 것을 말한다.

(1) 형의 자동 실효

일반인들은 형의 실효를 위한 신청 절차 등을 잘 모르고 있기 때문에 "형의 실효 등에 관한 법률" 을 제정하여 형의 집행을 종료 또는 면제받은 후 일정기간 동안 자격정지 이상의 죄를 저지르지 않는 경우 자동적으로 형이 실효되도록 한다.

(2) 자동실효를 위한 기간

- 3년을 초과하는 징역 또는 금고 : 10년
- 3년 이하의 징역 또는 금고 : 5년
- 벌금 : 2년
- 구류 및 과료 : 형의 집행을 종료하거나 그 집행이 면제된 즉시

부록 1 민사관련

1. 민사 접수서류 인지액
2. 소멸시효 (민법)

1. 민사 접수서류 인지액

서류의 종류	인 지 액
가압류결정에 대한 이의신청서	10,000 원
가압류를 본압류로 전이하는 신청서	2,000 원
가압류신청서	10,000 원
가압류신청취하서	-
가압류이의신청사건의 이송신청서	1,000 원
가압류 이의에 관한 판결에 대한 항소장, 상고장	각 4,000 원
가압류, 가처분 취소신청서	10,000원
가압류취소재판의 효력정지신청서	1,000 원
가주소선정신고서	-
가집행선고면제신청서	-
가집행선고신청서	- (민소213) 500원 (민소406)
가집행선고 실효로 인한 원상회복 (또는 손해배상) 신청서	500 원
가처분결정에 대한 이의신청서	10,000 원
가처분신청서	10,000 원
가처분신청취하서	-
가처분원상회복 신청서	500 원
가처분이의에 관한 종국판결에 대한 항소장, 상고장	각 20,000원
가처분집행정지 신청서	1,000 원
간접강제신청서	2,000 원
감정신청서	-

서류의 종류	인 지 액
감정인기피신청서	500 원
감정증인신문신청서	-
강제관리에 대한 제3자 이의의 소장	민소인지법 제2조 소정액
강제관리의 방법에 의한 가압류 집행 신청서	5,000 원
강제집행정지 등의 신청서	1,000 원
검사인 선임신청서	1,000 원
검증신청서	-
경매개시결정에 대한 이의신청서	1000 원
경매개시결정에 대한 이의신청에 기한 잠정처분 신청서	-
경매신청취하서	-
경매절차정지신청서	1,000 원
공동소송적 보조참가신청서	500 원
공시송달신청서	-
공시최고신청서	1,000 원
공유부인의 소장	민소인지법 제2조 소정액
공유자의 우선매수신고서	-
공증인의 집행문부여에 대한 이의신청서	1,000 원
과태료 재판에 대한 이의신청서	500 원
관리 또는 청구의 신고서	-
관리인의 계산에 대한 이의신청서	500 원
관리인해임신청서	-
관할법원지정신청서	1,000 원

서류의 종류	인 지 액
관할합의서	-
구석명신청서	-
권리승계인의 소송참가신청서	500원 일부 민소인지법 제2조, 제6조 소정액)
군인, 군무원에 대한 집행의 촉탁신청서	1,000 원
그 밖의 재산권의 압류명령신청서	2,000 원
기간 신장 또는 단축신청, 부가기간의 신청서	-
기일지정(또는 연기, 속행, 변경)신청서	-
기일지정신청서	-
녹음테이프(또는 속기록)요지의 조서 기재 신청서	500 원
녹음테이프(또는 속기록) 폐기에 대한 이의	-
담보권리자동의서	-
담보권리행사최고신청서	1,000 원
담보물변경신청서	1,000 원
담보취소 결정 확정 증명원	500 원
담보취소신청서	1,000 원
당사자본인(또는 법정대리인) 신문신청서	-
당사자선정서, 변경서, 취소서	-
당사자의 장애로 인한 중지신청 및 그 취소 신청서	-
대리권의 소멸 또는 변경통지송달신청서	-
대체집행신청서	2,000 원
대체집행비용선지급결정신청서	1,000 원

서류의 종류	인 지 액
대표당사자선정신고서	-
독립당사자 참가신청서	민사소송등인지법 제2조,제6조 소정액
매각기일연기(변경)신청서	-
매각대금의 공탁사유신고서	-
매각부동산관리명령신청서	1,000 원
매각부동산인도명령신청서	1,000 원
매각부동산지정서	-
매각허가결정에 관한 이의신청서	-
매각허가여부에 대한 항고장, 재항고장	2,000 원
매수대금과 배당액의 상계신청서	-
매수인의 채무인수 또는 상계에 대한 이의 신청서	-
매수인의 채무인수신청서	-
명부등재말소신청서	1,000 원
명시명령에 대한 이의신청서	1,000 원
명시명령 이행 신청서	-
문서송부촉탁신청서	-
문서제출명령신청서	-
미등기 부동산에 대한 집행관조사신청서	500 원
민사조정신청서	민사조정규칙 제3조① 소정액
반소장	민소인지법 제2조 소정액
배당액 계좌입금 신청서	-
배당이의의 소장	민소인지법 제2조 소정액

서류의 종류	인 지 액
배당요구채권자의 압류채권추심허가 신청서	1,000 원
배당표에 대한 이의신청서	-
배당협의불성립사유신고서	-
법원의 석명처분(당사자본인 또는 법정대리인출석 명령, 당사자가 소지하는 문서 또는 물건제출명령) 신청서	-
법원사무관 등의 처분에 대한 이의신청서	1,000 원
법원의 서증조사 신청서	-
법원직원의 제척 또는 기피신청서	1,000 원
법정대리권 등의 증명서(호적 또는 등기부등 · 초본)	-
변론기일지정신청서	-
변론의 속기(또는 녹음)신청서	500 원
변론의 제한, 분리, 병합 또는 재개를 구하는 신청서	-
변호사(또는 집행관)의 보수지급신청서	-
변호사(또는 집행관)의 보수와 채당금의 비용액 확정신청서	1,000 원
보전처분의 신청서(회사정리법)	30,000 원
보조참가신청서	500 원
보조참가에 대한 이의신청서	500 원
보증의 제공에 의한 선박강제경매절차의 취소신청서	1,000 원
부대상소장	민소인지법 제3조 소정액
부동산강제관리신청서	5,000 원
부동산경매신청서	5,000 원

서류의 종류	인 지 액
부동산에 대한 침해행위방지조치신청서	-
부동산 인도나 권리이전청구권에 대한 압류명령신청서	2,000 원
부동산일괄매각신청서	-
부동산의 멸실 등에 의한 경매취소신청서	-
부동산재평가신청서	-
부동산청구권에 대한 추심명령 신청서	2,000 원
부동산훼손등에 의한 매각불허가신청서	1,000 원
부동산훼손등에 의한 매각허가결정의 취소신청서	1,000 원
불항소합의서	-
비밀보호를 위한 열람 등의 제한 신청서	500 원
사실조사 촉탁신청서	-
사정변경등에 의한 가처분취소 신청서	2,000 원
상고이유서	-
상고이유에 대한 답변서	-
상고장(비약상고장 포함)	민소인지법 제3조 소정액
상소권포기서	-
상소취하서	-
서증의 신청서	-
선박감수보전처분	1,000 원
선박국적증서등 수취불능신고서	-
선박국적증서등의 재수취명령신청서	500 원
선박국적증서인도명령신청서	1,000 원
선박등기부초본 또는 등본의 송부청구 신청서	500 원

서류의 종류	인 지 액
선박에 대한 강제집행신청서	5,000 원
선박지분에 대한 강제집행신청서	2,000 원
소송고지신청서	500 원
소송구조신청서	1,000 원
소송구조 취소신청서	1,000 원
소송기록의 열람·등사신청서	500 원
소송기록의 열람·등사신청서(재판서, 조서의 정본, 등본, 초본, 증명서)교부 신청서	1,000 원
소송능력보정서	-
소송대리권의 증명서(위임장, 지정서)	-
소송대리인 해임(사임)신고서	-
소송대리인 허가신청서	500 원
소송비용담보제공신청서	1,000 원
소송비용액 확정신청서	1,000 원
소송이송신청서(민소 34조 ①)	-
소송이송신청서(민소 34조②, 35조, 36조)	1,000 원
소송절차에 관한 이의권에 기한 이의	-
소송절차수계신청서	-
소송탈퇴서, 동의서	-
소송행위추인서	-
소 장	민소인지법 제2조 소정액
소(상소)취하서	-

서류의 종류	인 지 액
소 취하에 대한 이의(또는 부동의서)	-
소취하 효력을 다투는 기일지정 신청서	500 원
송달영수인신고서	-
송달장소, 변경신고서	-
수명법관이나 수탁판사의 재판에 대한 이의신청	500 원
수익처리신고서(보고서)	-
승계인의 소송인수신청서	500 원
실기한 공격방어방법의 각하신청서	-
압류금지물의 범위변경신청서	1,000 원
압류금지채권의 범위변경신청서	1,000 원
압류선박의 항해허가신청서	500 원
압류액의 제한(또는 초과액처분)허가 신청서	500 원
압류채권자의 추심신고서	-
야간(휴일)집행허가신청서	1,000 원
열람 등 제한 결정 취소신청서	-
예비적·선택적 공동소송인 추가신청서	500 원
외국에서 할 강제집행에 대한 촉탁신청서	1,000 원
원고 측 공동소송참가신청서	민소 인지법 제2조, 제6조 소정액
유체동산 인도나 권리이전청구권에 대한 압류명령 신청서	2,000 원
유체동산 특별현금화명령신청서	1,000 원

서류의 종류	인 지 액
유체물인도청구권에 대한 추심명령신청서	2,000 원
의무승계인의 소송참가신청서	500 원
이행권고결정에 대한 이의신청서	-
인지·주소보정서	-
자동차 매각 및 양도명령 신청서	10,000 원
자동차 양도명령 신청서	5,000 원
자동차인도명령신청서	1,000 원
자동차운행허가신청서	500 원
잠정처분신청서	1,000 원
재권판결에 대한 불복의 소장	민소인지법 제2조 소정액
재산명시신청서	1,000 원
재산목록의 열람·복사신청서	500 원
재산목록 정정허가 신청서	-
재산조회결과의 열람·복사·출력신청서	500 원
재산조회신청서	1,000 원
재송달 신청서	-
재심소장(준재심소장)	민소인지법 제8조 소정액
재판장(또는 합의부원)의 처치에 대한 이의	-
저당권있는 채권압류명령의 등기부기입 신청서	500 원
저당권있는 채권전부명령의 등기부기입 신청서	500 원
전부명령신청서	2,000 원

서류의 종류	인 지 액
정기금판결에 대한 변경의 소장	민소인지법 제2조 소정액
제3자가 점유하는 물건에 대한 인도청구권의 이부 명령신청서	2,000 원
제3자에 대한 소송비용액 상환신청서	1,000 원
제3자이의 소장	민소인지법 제2조 소정액
제3자 점유물인도명령신청서	1,000 원
제3채무자에 대한 진술최고신청서	500 원
제3채무자의 배당요구채권자 참가명령 신청서	500 원
제3채무자의 채무액공탁사유신고서	-
제소기간도과에 의한 가압류취소신청서	2,000 원
제소명령신청서	1,000 원
제소신청서	민소인지법 제2조 소정액에서 지급명령신청서에 붙힌 인지액을 뺀 금액
제소전화해신청서	민소인지법 제7조 ①④소정액
조서기재 생략에 대한 이의	-
조서의 기재에 대한 이의	-
조정사건이송신청서(민사조정법 4조1항)	-
조정사건이송신청서(민사조정법 4조2항)	1,000 원

서류의 종류	인 지 액
조정에 갈음하는 결정에 대한 이의신청서	-
조정위원선정합의서	-
조정회부신청서	500 원
중간확인의 소	민소인지법 제2조 소정액
준비서면, 답변서	-
즉시항고장	민소인지법 제11조 소정액
증거보전신청서	1,000 원
증인신문신청서	-
증인불출석신청서	-
증인구인신청서	-
증인거부신청서	-
지급명령신청서	민소인지법 제7조② ④소정액
지급명령에 대한 이의신청서	-
지급보증위탁계약체결문서의 제출에 의한 담보제공 허가신청서	500 원
집행관에대한 매각실시명령신청서	1,000 원
집행관송달신청서(특별송달신청)	송달료만 납부
집행관의 집행위임거부 등에 대한 이의신청서	1,000 원
집행력있는 정본의 환부신청서	-
집행(승계집행)문부여신청	500 원
집행문부여에 대한 이의신청서	1,000 원
집행문부여에 대한 이의신청에 기한 잠정처분신청서	-

서류의 종류	인 지 액
집행문부여에 대한 이의의 소장	민소인지규칙 16조2 권리가액의 10분의1
집행문부여의 소장	민소인지규칙 16조2 권리가액의 10분의1
집행문 수통(또는 재도)부여신청서	500원
집행에 관한 이의신청서	1,000 원
집행에 관한 이의신청에 기한 잠정처분 신청서	-
집행판결을 구하는 소장	민소인지법 제2조 소정액
채권계산서	-
채권 기타 재산권 특별현금화명령 신청서	2,000 원
채권압류명령신청서	2,000 원
채권압류 및 전부(주심)명령신청서	4,000 원
채권자의 가압류(가처분)신청취하를 이유로 하는 채무자의 집행취소신청서	-
채권자의 가압류(가처분) 집행취소(해제) 신청서	-
채권자의 매수신청서	-
채권자의 배당요구신청서	500 원
채무불이행자명부등재신청서	1,000 원
채무불이행자명부 열람·복사신청서	500 원
채무자 유산의 강제집행을 위한 특별 대리인 선임 신청서	1,000 원

서류의 종류	인 지 액
청구에 관한 이의의 소장	민인규 16조3 권리가액
청구취지(또는 청구원인)변경신청서	민소인지법 제5조 소정액 (단, 소가증액이 없는 경우 500원)
청구취지(또는 청구원인)불허신청서	-
최고가(차순위)매수신고인의 송달영수인 신고서	-
촉탁신문신청서	-
추가재판신청서	-
추심권포기신고서	-
추심금액 공탁사유신고서	-
추심명령신청서	2,000 원
추심의 소장	민소인지법 제2조 소정액
추완항소(상고)장	민소인지법 제3조 소정액
특별대리인선임신청서	1,000 원
특별사정에 의한 가처분취소신청서	2,000 원
특별항고장	민소인지법 제11조 소정액
파산신청서	30,000원 [단, 채무자(법인포함)가 신청하는 경우에는 1,000원]
판결(또는 화해, 인낙, 포기 등의 조서, 지급명령 기타 결정명령) 경정신청서	1,000 원

서류의 종류	인 지 액
판결등 집행권원 정본의 송달증명원	500 원
판결확정증명신청서	500 원
피고경정신청서	500 원
피고 측 공동소송참가신청서	500 원
피신청인 경정신청서	500 원
필수적 공동소송인 추가신청서	500 원
합의부재판신청서	-
합의에 의한 매각조건변경신청서	-
항고장(보통항고장, 즉시항고장, 재항고장, 준항고장), 추완항고장	민소인지법 제11조 소정액
항소장	민소인지법 제3조 소정액
항소취지확장신청서	민소인지법 제2조, 제3조 소정액
화의개시신청서	30,000 원
화해권고결정에 대한 이의신청의 취하서	-
화해권고결정에 대한 이의신청의 취하에 대한 부동의서	-
화해권고결정 취소 신청서	-
화해불성립으로 인한 소제기신청서	민소인지법 제7조 ③소정액
해방공탁에 의한 가압류집행의 취소신청서	1,000 원
후행 경매개시결정에 의한 절차속행 신청서	-
휴일(또는 야간) 송달신청서	-
회사정리절차개시의 신청서	30,000 원

2. 소멸시효 (민법)

제162조 (채권, 재산권의 소멸시효)

①**채권은 10년간** 행사하지 아니하면 소멸시효가 완성한다.

②**채권 및 소유권이외의 재산권은 20년간** 행사하지 아니하면 소시효가 완성한다.

제163조 (3년의 단기소멸시효) 다음 각호의 채권은 3년간 행사하지 아니하면 소멸시효가 완성한다.<개정 1997.12.13>

1. 이자, 부양료, 급료, 사용료 기타 1년이내의 기간으로 정한 금전 또는 물건의 지급을 목적으로 한 채권
2. 의사, 조산사, 간호사 및 약사의 치료, 근로 및 조제에 관한 채권
3. 도급받은 자, 기사 기타 공사의 설계 또는 감독에 종사하는 자의 공사에 관한 채권
4. 변호사, 변리사, 공증인, 공인회계사 및 법무사에 대한 직무상 보관한 서류의 반환을 청구하는 채권
5. 변호사, 변리사, 공증인, 공인회계사 및 법무사의 직무에 관한 채권
6. 생산자 및 상인이 판매한 생산물 및 상품의 대가
7. 수공업자 및 제조자의 업무에 관한 채권

제164조 (1년의 단기소멸시효) 다음 각호의 채권은 1년간 행사하지 아니하면 소멸시효가 완성한다.

1. 여관, 음식점, 대석, 오락장의 숙박료, 음식료, 대석료, 입장료, 소비물의 대가 및 체당금의 채권
2. 의복, 침구, 장구 기타 동산의 사용료의 채권
3. 노역인, 연예인의 임금 및 그에 공급한 물건의 대금채권

4. 학생 및 수업자의 교육, 의식 및 유숙에 관한 교주, 숙주, 교사의 채권

제165조 (판결등에 의하여 확정된 채권의 소멸시효)

①**판결에 의하여 확정된 채권은** 단기의 소멸시효에 해당한 것이라도 **그 소멸시효는 10년**으로 한다.

②파산절차에 의하여 확정된 채권 및 재판상의 화해, 조정 기타 판결 과 동일한 효력이 있는 것에 의하여 확정된 채권도 전항과 같다.

③전2항의 규정은 판결확정당시에 변제기가 도래하지 아니한 채권에 적용하지 아니한다.

제166조 (소멸시효의 기산점)

①소멸시효는 권리를 행사할 수 있는 때로부터 진행한다.

②부작위를 목적으로 하는 채권의 소멸시효는 위반행위를 한 때로부터 진행한다.

제167조 (소멸시효의 소급효) 소멸시효는 그 기산일에 소급하여 효력이 생긴다.

제168조 (소멸시효의 중단사유) 소멸시효는 다음 각호의 사유로 인하여 중단된다.

1. 청구
2. 압류 또는 가압류, 가처분
3. 승인

제169조 (시효중단의 효력) 시효의 중단은 당사자 및 그 승계인간에만 효력이 있다.

제170조 (재판상의 청구와 시효중단)

①재판상의 청구는 소송의 각하, 기각 또는 취하의 경우에는 시효중단의 효력이 없다.

②전항의 경우에 6월 내에 재판상의 청구, 파산절차참가, 압류 또는 가압류, 가처분을 한 때에는 시효는 최초의 재판상청구로 인하여 중단된 것으로 본다.

제171조 (파산절차참가와 시효중단) 파산절차참가는 채권자가 이를 취소하거나 그 청구가 각하된 때에는 시효중단의 효력이 없다.

제172조 (지급명령과 시효중단) 지급명령은 채권자가 법정기간내에 가집행신청을 하지 아니함으로 인하여 그 효력을 잃은 때에는 시효중단의 효력이 없다.

제173조 (화해를 위한 소환, 임의출석과 시효중단) 화해를 위한 소환은 상대방이 출석하지 아니 하거나 화해가 성립되지 아니한 때에는 1월내에 소를 제기하지 아니하면 시효중단의 효력이 없다. 임의출석의 경우에 화해가 성립되지 아니한 때에도 그러하다.

제174조 (최고와 시효중단) 최고는 6월내에 재판상의 청구, 파산절차참가, 화해를 위한 소환, 임의출석, 압류 또는 가압류, 가처분을 하지 아니하면 시효중단의 효력이 없다.

제175조 (압류, 가압류, 가처분과 시효중단) 압류, 가압류 및 가처분은 권리자의 청구에 의하여 또는 법률의 규정에 따르지 아니함으로 인하여 취소된 때에는 시효중단의 효력이 없다.

제176조 (압류, 가압류, 가처분과 시효중단) 압류, 가압류 및 가처분은 시효의 이익을 받은 자에 대하여 하지 아니한 때에는 이를 그에게 통지한 후가 아니면 시효중단의 효력이 없다.

제177조 (승인과 시효중단) 시효중단의 효력있는 승인에는 상대방의 권리에 관한 처분의 능력이나 권한있음을 요하지 아니한다.

제178조 (중단후에 시효진행)

①시효가 중단된 때에는 중단까지에 경과한 시효기간은 이를 산입하지 아니하고 중단사유가 종료한 때로부터 새로이 진행한다.

②재판상의 청구로 인하여 중단한 시효는 전항의 규정에 의하여 재판이 확정된 때로부터 새로이 진행한다.

제179조 (무능력자와 시효정지) 소멸시효의 기간만료전 6월내에 무능력자의 법정대리인이 없는 때에는 그가 능력자가 되거나 법정대리인이 취임한 때로부터 6월내에는 시효가 완성하지 아니한다.

제180조 (재산관리자에 대한 무능력자의 권리, 부부간의 권리와 시효 정지)

①재산을 관리하는 부, 모 또는 후견인에 대한 무능력자의 권리는 그가 능력자가 되거나 후임의 법정대리인이 취임한 때로부터 6월내에는 소멸시효가 완성하지 아니한다.

②부부의 일방의 타방에 대한 권리는 혼인관계의 종료한 때로부터 6 월내에는 소멸시효가 완성하지 아니한다.

제181조 (상속재산에 관한 권리와 시효정지) 상속재산에 속한 권리나 상속재산에 대한 권리는 상속인의 확정, 관리인의 선임 또는 파산선고가 있는 때로부터 6월내에는 소멸시효가 완성하지 아니한다.

제182조 (천재 기타 사변과 시효정지) 천재 기타 사변으로 인하여 소멸시효를 중단할 수 없을 때에는 그 사유가 종료한 때로부터 1월내에는 시효가 완성하지 아니한다.

제183조 (종속된 권리에 대한 소멸시효의 효력) 주된 권리의 소멸시효가 완성한 때에는 종속된 권리에 그 효력이 미친다.

제184조 (시효의 이익의 포기 기타)

①소멸시효의 이익은 미리 포기하지 못한다.

②소멸시효는 법률행위에 의하여 이를 배제, 연장 또는 가중할 수 없으나 이를 단축 또는 경감할 수 있다.

\- 이상 -

부록 2 형사관련

1. 각종 불변 . 법정기간 및 기타 기간

2. 형의 시효와 공소시효기간 및 정지

1. 각종 불변 . 법정기간 및 기타 기간

종류	사 건	기 간	법 조 문
형사	사법경찰관의 구속기간	구속일로부터 10일이내 송치	형소제202조
	검사의 구속기간	피의자를 구속 한 때 또는 사법경찰관으로부터 피의자를 인치 받은 때에는 10일이내에 공소제기 해야함(다만 10일 추가연장 가능함)	형소제 203조, 205조
	구인의 효력	구인한 피고인 법원에 인치한 경우 구속의 필요성이 없을 때에는 인치한 때로부터 24시간 내에 석방	형소 71조
	체포 후 영장청구기간	48시간 이내에 구속영장 청구(접수)해야함.	형소제 200조의4
	친고죄의 고소의 취소	제 1심 판결선고 전까지	형소제 232조 1항
	구속적부심 심문기일	신청 후 48시간 내로 지정	형소규칙 103조 2항
	보석등의 결정기한	보석의 청구에 대하여는 검사의 의견서 제출일로부터 7일이내에 허부결정(지켜지지 않고 있음)	형소규칙 제 55조
	검사 구의견	3일내에 의견표명 없으면 허가에 동의간주	형소 제 97조 1항
	보석 허가결정에 대한 즉시항고	3일	형소 제 97조 3항
	보증금의 환부	보증금을 청구한 날로부터 7일이내	형소 제 104조
	법원의 1심 구속기간	6월	형소 제 92조
	법원의 2심 구속기간	4월	형소 제 92조
	상소(항소,상고)의 제기기간	판결선고 또는 고지일로부터 7일	형소 제 58조
	소송기록과 증거물의 송부	항소장 받은 날부터 14일 이내 항소법원에송부	형소 제 361조
	항소이유서 제출기한	통지를 받은 날로부터 20일 이내	형소 제361조의3
	답변서의 제출기한	송달을 받은 날로부터 10일 이내	형소 제361조의3
	정식재판청구 (약식명령, 즉결심판)	고지받은 날부터 7일이내	형소 제 453조, 즉결 14조
	즉시항고	결정 또는 고지일부터 7일 이내	형소 제 405조
	범죄피해자구조신청	피해발생안날로부터 2년, 발생일로부터 5년	범죄피해자구조법 제 12조
	형사보상청구기각 즉시항고	3일이내	형보상 제 20조
	보상지급청구기간	보상결정받은날로부터 1년 이내	형보상 제 20조 3항
	형사사건 재심의 청구 시기	제한이 없음(형의 집행을 종료하거나 형의 집행을 받지 아니하게 된 때에도 할 수 있다)	형소 제 427조
	민사사건 재심청구 시기	재심사유를 안 날로부터 30일 내, 판결확정 후 5년 이내	민소 제 456조
	불기소 처분의 항고, 재항고	통지 받은 날로부터 30일	검찰청법 제10조
	재정신청	항고기각일로부터 10일 이내	형소법 260조 3항

2. 형의 시효와 공소시효기간 및 정지

형사소송법에서는 공소시효의 기간을 다음과 같이 규정하고 있다.

▣ 형의 시효기간 (형법 제78조)[59]

1. 삭제
2. 무기의 징역 또는 금고는 20년
3. 10년 이상의 징역 또는 금고는 15년
4. 3년 이상의 징역이나 금고 또는 10년 이상의 자격정지는 10년
5. 3년 미만의 징역이나 금고 또는 5년 이상의 자격정지는 7년
6. 5년 미만의 자격정지, 벌금 몰수 또는 추징은 5년
7. 구류 또는 과료는 1년

▣ 공소시효기간 및 정지 (2008년이후 범죄)[60]

1. 사형에 해당하는 범죄......25년
2. 무기징역 또는 무기금고에 해당하는 범죄......15년
3. 장기10년이상의 징역 또는 금고에 해당하는 범죄...... 10년
4. 장기10년미만의 징역 또는 금고에 해당하는 범죄......7년
5. 장기5년미만의 징역 또는 금고, 장기10년이상의 자격정지 또는 다액 1만원이상의 벌금에 해당하는 범죄......5년
6. 장기5년이상의 자격정지에 해당하는 범죄......3년
7. 장기5년미만의 자격정지, 다액 1만원 미만의 벌금, 구류, 과료 또는 몰수에 해당하는 범죄......1년
8. 시효는 범죄행위가 종료한 때로부터 진행하여 공소의 제기로 진행이 정지되지만, 공소가 제기된 범죄라고 하더라도 판결의 확정 없이 공소를 제기한 때로부터 25년을 경과 하면 공소시효가 완성한 것으로 간주한다.

---

59) 개정 2023. 08. 08.

60) 형사소송법 249조 1항

부록 3 소송관련 서식

1. 소장사례
2. 소송절차 서식 사례
3. 특별절차 서식 사례
4. 상소관련 서식 사례

1. 소장사례

(1) 계약금 반환 청구의 소장

소 장

원 고 홍 길 동
서울 서초구 서초동 1551(우편번호 137-750)
전화 (02) 530-1111

피 고 △△건설 주식회사
서울 서초구 서초동 00번지 (우편번호 137-735)
대표이사 유 가 해

계약금 및 중도금반환 청구의 소

청 구 취 지

1. 피고는 원고에게 30,000,000원 및 이에 대하여 00년 0월 0일부터 이 사건 소장부본 송달일까지는 연 5%의, 그 다음날부터 다 갚을 때까지는 연 12%의 비율에 의한 금원을 지급하라.
2. 소송비용은 피고의 부담으로 한다.
3. 제1항은 가집행 할 수 있다.

라는 판결을 구합니다.

청 구 원 인

1. 원고는 00년 0월 0일 당시 서울 서초구 서초동 100 토지에 7층 규모의 쇼핑센타를 건축 중인 피고와 사이에 위 건물 중 0층 0호 분양면적 00㎡(전용면적 00㎡ 공유면적 00㎡) 및 그 대지권(이하 이사건 건물 및 대지권이라 하겠습니다.)을 매수하는 계약을 아래와 같은 내용으로 체결하였습니다.
 가. 대금 : 금 00원
 나. 대금지급방법 : 계약금은 계약 시 지급, 1차 중도금은 계약일로부터 2개월 이내
 대금의 20% 지급, 2차 중도금은 계약일로부터 4개월 이내 대금의 20% 지급,
 잔금은 입주 20일전 지급함.
 다. 목적물 인도시기 : 00년 0월 0일까지

2. 원고는 피고에게 위 계약을 체결할 때 계약금으로 00원을, 00년 0월 0일 중도금 00원을 각 지급하고서 위 신축공사의 완료를 기다리고 있었는데, 피고가 위 목적물 인도기한을 훨씬 넘긴 00년 0월 0일.까지도 건물공사를 완료하지 못하였으므로 그 날에 피고에게 00년 0월 0일.까지 건물을 완공하여 인도해 주지 아니하면 위 계약을 해제한다는 요지의 의사표시를 하여 그 무렵 도달되었습니다.
 그럼에도 불구하고 피고는 00년 0월 0일까지 위 건물을 완공하여 매매목적물 부분을 원고에게 인도해 주지 아니하였으므로 이 사건 매매계약은 해제되어 그 효력을 잃었다 할 것입니다.

3. 따라서 피고는 매매대금으로 수령한 금00원 및 그에 대한 이자를 반환해 줄 의무가 있다 할 것이므로 그 이행을 구하고자 이 건

청구에 이르렀습니다.

입 증 방 법

1. 갑제1호증 계약서 사본
1. 갑제2호증 입금표 사본
1. 갑제3호증 해약통지서 사본

첨 부 서 류

1. 위 입증방법 각 1통
1. 법인등기부등본 1통
1. 소장부본 1통
1. 납부서 1통

200 . . .

위 원고 홍 길 동 ㉐

○○지방법원 귀중

(2) 공사대금 청구의 소

소　장

원　고　주식회사 ○○건업(株式會社 ○○建業)
서울 서초구 서초동 1551-9번지
대표이사 홍 길 동

피　고　◇◇◇◇ 주식회사(◇◇◇◇ 株式會社)
서울 강남구 역삼동 00번지
대표이사 유 가 해

공사대금 청구의 소

청 구 취 지

1. 피고는 원고에게 금 00원 및 이에 대한 00년 0월 0일부터 이 사건 소장부본 송달일까지 연 5푼의, 그 다음날부터 완제일까지 연 12%의 각 비율에 의한 금원을 지급하라.
2. 소송비용은 피고의 부담으로 한다.
3. 제1항은 가집행할 수 있다.

라는 판결을 구합니다.

청 구 원 인

1. 가. 원고는 00년 0월 0일. 피고와 사이에 서울 강남구 역삼동 도로공사(00m) 도급계약을 체결하고 도급금액은 금00원(부가가치세 포함)으로, 공사기간은 00년 0월 0일부터 같은 해 0월 0일까지로 약정하였습니다.

나. 위 공사계약에 따라 원고는 같은 해 0월 0일.부터 공사를 시작하여 시공하게 되었는데, 공사진행 도중 설계변경으로 인하여 원고와 피고는 00년 0월 0일. 공사계약 변경계약을 체결하고 도급금액은 금 000원(공급가액00원 부가가치세 00원)으로, 공사기간은00년 0월 0일부터 같은 해 0월 0일.까지로 변경하였던 것입니다.

2. 원고는 위 공사계약에 따라 위 공사기간 내에 이를 완료해 주었으나, 피고는 원고에게 위 공사대금 중 3차례에 걸쳐 금 00원만 지급해 주었을 뿐, 나머지 금 00원을 지금까지 지급하지 않고 있습니다.

3. 따라서 원고는 피고에 대하여 위 공사잔대금 00원 및 이에 대한 공사완료일 다음날인 00년 0월 0일.부터 이 사건 소장부본 송달일까지는 연 5푼의, 그 다음날부터 완제일까지는 소송촉진등에 관한특례법 소정의 연 12%의 지연손해금을 각 지급받고자 이 사건 청구에 이른 것입니다.

입 증 방 법

1. 갑제1호증의 1	도급계약서
2	도급계약변경 합의서
2. 갑제2호증의 1 내지 3	각 입금표
3. 갑제3호증	공사대금청구서

첨 부 서 류

1. 법인등기부 등본	2통
1. 위 각 입증방법	1통
1. 납부서	1통

20○○. . .

원고 홍 길 동 ㊞

○○ 지 방 법 원 귀중

(3) 구상금 청구의 소

소 장

원 고 홍 길 동 (주민번호)
서울 서초구 서초동 1551-8번지
(02) 000-0000

피 고 유 가 해 (주민번호)
서울 강남구 역삼동 00번지

구상금청구의 소

청 구 취 지

1. 피고는 원고에 대하여 금 OO원 및 ○년 ○월 ○일부터 이 사건 소장부본 송달일까지는 연 5%, 그 다음날부터 갚을 때 까지는 연 12%의 비율에 의한 금원을 지급하라.
2. 소송비용은 피고의 부담으로 한다.
3. 위 제1항은 가집행 할 수 있다.

라는 판결을 구합니다.

청 구 원 인

1. 피고는 ○년 ○월 ○일 소외 ○○○로부터 금 ○○ 원정을 ○년 ○월 ○일 변제하기로 하고 차용하였는데 원고는 피고의 위 금원 차용 당시 피고의 부탁을 받고 위 소비대차에 대한 보증을 한 것입니다.

(주 채무발생원인 사실과 보증계약체결사실을 적습니다.)

2. 피고는 위 변제기일에 소외 ○○○으로부터 위 채무의 변제를 청구 받았으나 변제하지 못하였기 때문에 원고는 소외 ○○○의 청구에 따라 ○년 ○월 ○일 ○○○에게 금 ○○원을 대위변제하고 위 ○○○으로부터 차용증서를 교부받았습니다. (보증인이 과실 없이 주 채무의 전부 또는 일부를 소멸시킨 사실을 적습니다. 이때 그 소멸이 보증인의 출재에 의한 것임을 나타내 줍니다.)

3. 그렇다면 피고는 원고에게 위 청구취지 금원상당을 지급할 의무가 있다할 것인데 원고가 그 후 피고에게 구상할 것을 구하였으나 피고는 정당한 이유도 없이 불응하므로 부득이 이 건 청구에 이르렀습니다.

입 증 방 법

1. 차용증서　　1통

첨 부 서 류

1. 위 각 입증방법 각1통
1. 소장부본　　1통
1. 납부서　　1통

20○○. 7. .

위 원고 홍 길 동 (인)

서울중앙 지방법원　귀중

(4) 대여금 청구의 소

소 장

원 고 홍 길 동(주민등록번호)
서울 서초구 서초동 1551-9번지
(02) 537-9500

피 고 유 가 해(주민등록번호)
서울 강남구 역삼동 00번지 (우편번호 000-000)
연락처:

대여금청구의 소

청 구 취 지

1. 피고는 원고에게 1,000,000원 및 이에 대한 OO. 12. 1 부터 200O. 3. 31.일까지 월 5%, 이 사건 소장부본송달일 다음날부터 갚을 때까지 연 12%의 비율에 의한 금원을 지급하라.
2. 소송비용은 피고의 부담으로 한다.
3. 제1항은 가집행 할 수 있다.

라는 판결을 구합니다.

청 구 원 인

1. 원고는 20OO. 12. 1. 피고에게 금 1,000,000원을 (1) 변제기일 ○○. 3. 31. (2) 이율 월 3% (3) 기한후의 손해금 연 2할로 정하여 대여하였습니다.

(소비대차의 성립 사실을 적습니다. 특히 변제기와 그 도래는 꼭 적어야 합니다. 이자약정이 있는 경우 이자의 약정과 이율도 적습니다.

만약 변제기를 정하지 않은 경우에는 다음과 같이 적습니다.)

2. 원고가 20OO . 2. 1. 피고에게 금 1,000,000원을 변제기를 정하지 아니하고 대여한 후 20OO. 4. 1. 피고에게 20OO . 4. 30. 까지 (상당한 기간)반환하라고 최고하였습니다.

3. 그러므로 원고는 피고에 대하여 위 원금 1,000,000원과 이에 대한 20○○. 12. 1 부터 20○○. 3. 31.까지는 약정이자로 월 5%의 비율에 의한 이자와 아울러 본 소장부본 송달다음날부터 다 갚을 때까지 법정이율인 연 12%의 비율에 의한 지연손해금의 지급을 구하고자 이 건 청구에 이른 것입니다.

입 증 방 법

갑제1호증 (차용금증서)

첨 부 서 류

1. 위 입증방법 1통
1. 소장부본 1통
1. 납부서 1통

20OO . 06. 01.

위 원고 홍 길 동 (인)

OO지방법원 귀중

(5) 보증금반환청구의 소

소　　장

원 고　　홍 길 동 (주민번호)
　　　　서울 서초구 서초동 1551-9번지
　　　　전화 (02) 000-0000

피 고　　유 가 해 (주민번호)
　　　　서울 강남구 역삼동 00번지

보증금반환 청구의 소

청 구 취 지

1. 피고는 원고에게 70,000,000원 및 이에 대한 소장부본 송달다음 날부터 갚을 때까지 연 12%의 비율에 의한 돈을 지급하라.
2. 소송비용은 피고의 부담으로 한다.
3. 위 제1항은 가집행 할 수 있다.

라는 판결을 구합니다.

청 구 원 인

1. 피고는 소외 ○○○와의 사이에 ○년 ○월 ○일 소외 ○○○의 소유인 ○시 ○구 ○동 ○번지에 소재하는 연와조 슬라브 2층 주택 1동 건평 ○평을 임차보증금 70,000,000원에 기간의 약정 없이 임대차계약을 체결하고, 같은 날 위 보증금을 소외 ○○○에게 지급 하였습니다. (임대차계약체결과 보증금약정 및 임대인에게 교부사실을 기재합니다.)

2. 위 임대차계약에 의하여 원고가 위 건물을 사용 중에 ○년 ○월

○일 소외 ○○○는 피고에게 위 건물을 매도하고, 피고는 같은 날 피고명의로 소유권이전등기를 필함으로써 임대인의 지위를 승계하였습니다.

3. 피고는 위 건물의 소유권을 취득한 후 원고에게 본건 건물의 명도를 요구하므로 원고는 피고와 협의한 끝에 ○년 ○월 ○일 위 임대차 계약을 합의해제하고 원고는 ○년 ○월 ○일 위 건물을 명도하였습니다.(임대차종료사실을 기재합니다)
4. 위 임대차계약의 합의해제 시에 피고가 원고에게 건물을 명도하는 즉시 보증금을 반환하겠다고 약속하였음에도 불구하고 아무런 이유 없이 이행하지 아니하므로 부득이 이 건 청구에 이르렀습니다.

입 증 방 법

1. 갑제1호증　임대차계약서 사본　1통
1. 갑제2호증　등기부등본(건물)　1통
1. 갑제3호증　영수증 사본　1통

첨 부 서 류

1. 위 입증방법　각 1통
1. 소장부본　1통
1. 납부서　1통

20○○ .　　.　　.

위 원고　　홍 길 동 (인)

○○지방법원　귀중

2. 소송절차 서식 사례

(1) 구석명 신청서

구 석 명 신 청

사　건　20OO가합 000호　　　손해배상(기)
원　고　홍 길 동
피　고　유 가 해

위 사건에 관하여 원고 소송대리인은 아래와 같이 피고에 대하여 다음 사항의 석명을 구하고자 합니다.

다　음

피고 제출 답변서 기재 중 "피고는 00년 0월 0일 원고와의 사이에 이 사건 00 계약을 체결하였다"고 되어 있는데, 이것은 피고 스스로 위 계약을 체결하였다는 것인가, 아니면 다른 사람이 피고의 대리인으로서 체결하였다는 것인가를 명백히 할 것.

20OO 년 0 월 0 일

위 원고 홍 길 동(인)

OO 지방법원 제 O 민사부 귀중

참고

1. 당사자는 변론에 대하여 재판장에게 상대방의 필요한 석명을 요구할 수 있다.
2. 이 신청은 인지를 첩부하지 않으며, 상대방 수에 따른 부본을 제출하며, 송달료는 별도 납부하지 않는다.
3. 구석명 채택여부는 법원의 재량이다.

(2) 변론재개신청서

변 론 재 개 신 청

사 건 20OO가합 000호 손해배상(기)
원 고 홍 길 동
피 고 유 가 해

위 당사자간 귀원 200 가합 000호 손해배상(기) 청구사건에 관하여 00년 0월 0일 변론을 종결하고, 동년 0월 0일 0시를 판결선고기일로 지정하였으나, 동 사건에 대하여 새로운 증거를 발견하였으므로 이를 제출하고자 하오니 종결된 변론을 재개하여 주시기 바랍니다.

20 ○○년 0월 0일
위 원고 홍 길 동

○○ 지방법원 제 ○ 민사부 귀중

참고

1. 판결선고 전에 심리미진 부분이 발견되었다든가, 당사자가 미처 주장 혹은 제출하지 못한 주요 사실이나 증거를 발견하게 될 경우 다시 변론을 열어 변론을 재개하게 된다.
2. 신청서에 인지는 첩부하지 않으며, 법원용 1부를 제출하고 부본은 제출하지 않는다.
3. 변론재개 결정이 있으면 먼저 행한 변론종결의 효과는 상실한다.

(3) 변론병합신청서

변 론 병 합 신 청

사 건 20OO가합 000호 손해배상(기)
원 고 홍 길 동
피 고 유 가 해

위 당사자간 귀원 20OO가합000호 손해배상(기) 청구사건은 현재 귀원 제0부에 계류 중인 00가합00호 약속어음금 청구사건과 관련사건이며, 당사자 및 청구원인 사실이 같으므로 병합 심리하여 줄 것을 신청합니다.

20○○년 0월 0일

위 원고 홍 길 동(인)

○○ 지방법원 제 ○ 민사부 귀중

참고

1. 변론의 병합이라 함은 동일법원에 계속되어 있는 수개의 소송을 결합시켜 하나의 소송절차로 심리하기로 하는 결정을 말한다.
2. 판결의 모순, 저촉을 피하기 위하여 수개의 소송이 계속된 경우에 반드시 변론 및 판결을 병합하도록 정하고 있는 경우는 회사설립무효, 주주총회결의 취소 등 회사관련 소송 등이 있다.
3. 병합이 된 이후 사건의 표시란에는 기본사건의 표시 외에 병합된 사건도 함께 표시한다(예: 20○○가합100호 손해배상(기), 20OO 가합101(병합) 소유권이전등기).
4. 병합 후의 증거관계, 변론 등은 서증목록등의 호증번호가 동일할 경우 병합된 사건의 서증은 철회시킨 후 번호를 다시 부여한다.
5. 변론병합신청시 인지와 송달료는 첩부하지 않는다.

(4) 변론기일지정신청서

변 론 기 일 지 정 신 청

사　건　2OOO가합 000호　　　손해배상(기)
원　고　홍 길 동
피　고　유 가 해

위 당사자간 귀원 2OOO가합000호 손해배상(기) 청구사건에 관하여 귀원에서는 00년 0월 0일 00시 변론기일에 당사자 쌍방의 불출석으로 인하여 추후지정으로 되어 있사오니(또는 00년 0월 0일 원고는 서면에 의하여 이 사건 소의 취하를 하였으나, 원고는 피고에 대하여 별개의 소로서 다시 같은 사건을 제기할 우려가 있으므로 피고는 확정판결의 기판력에 의하여 이를 미연에 방지할 필요가 있으므로 이 사건 심리를 속행하고자 이에 변론기일의 지정을 구하기 위하여 이 신청에 이른 것 입니다.)
다시 기일을 지정하여 주시기 바랍니다.

20OO년 0월 0일

위 피고 유 가 해(인)

OO 지방법원 제 O 민사부 귀중

참고

1. 변론기일 지정신청서에는 인지와 송달료를 납부하지 아니하고, 소취하서가 송달되었다면 송달된 날로부터 2주일 이내에 신청하여야 한다.
2. 기일지정신청 각하결정에 대하여 항고가 가능하다.
3. 기일 통지는 소환장을 송달하는 방식이 원칙이나 당해 사건으로 출석한 자에 대하여 기일을 고지한 때에는 소환장을 송달할 필요없이 소환의 효력이 발생한다.
4. 소액사건의 경우에는 판사가 필요한 경우 근무시간 이외 또는 공휴일에도 변론기일을 지정할 수 있다.

(5) 변론기일연기신청서

변 론 기 일 연 기 신 청

사　건　20OO가합 123호　　　손해배상(기)
원　고　홍 길 동
피　고　유 가 해

위 당사자간 귀원 20OO가합123호 손해배상(기) 청구사건에 관하여 귀원에서는 00년 0월 0일 00시 변론기일을 지정하였으나, 원고 소송대리인은 해외출장 중이어서 (또는 불의사고로 입원 중이므로, 또는 중복재판으로 인하여) 위 변론기일의 참석이 불가능하므로 다음의 소명자료를 제출하오니 금번에 한하여 위 기일을 변경하여 주시기 바랍니다.

다　음

1. 수출 신용장 사본　　　1통
2. 출국허가 증명서 및 여권 사본　　　각1통

20○○년 0월 0일
위 원고 홍 길 동 위 동의함.
피고 유 가 해 (인)

○○ 지방법원 제 ○ 민사부 귀중

참고

1. 변론기일 연기신청서에는 인지와 송달료를 첩부하지 않는다.
2. 상대방의 동의를 받지 않고 위 신청서를 제출할 수 있으나, 법관의 변론기일 연기 결정시 불리하게 작용할 수 있다.

(6) 열람 . 등사 청구서

열람·등사 청구서

청 구 인	성 명	원고 홍 길 동
	자 격	본인
사 건		200 가합 0000호 손해배상(기)
청 구 의 종 류		등사
열람 및 등사할 부분		증인신문조서

위와 같이 청구합니다.

00 년 0 월 0 일

청구인 홍 길 동 (인)

OO 지방법원 귀중

접 수 일 시	월 일 시	
열람 또는 등사 완 료 일 시	월 일 시	
등 사 문 서 교 부 일 시	월 일 시	
영 수 인	인	
수 수 료	원	등사문서 장
비 고		

참고 신청서는 1통을 작성하고, 인지는 1건당 500원을 첩부한다.

(7) 소송기록등본교부신청서

소송기록등본교부신청

사 건 　2OOO가합 000호 　　　손해배상(기)
원 고 　홍 길 동
피 고 　유 가 해

위 당사자간 귀원 2OOO 가합000호 손해배상(기) 청구사건에 관하여 다음의 소송기록등본 1통을 교부하여 주시기 바랍니다.

다 음

1. 00년 0월 0일 제0차 변론기일 조서 중 증인 000에 대한 증인신문조서
   (또는 00년 0월 0일 제0차 변론기일 변론조서)

2OOO 년 0 월 0 일

위 원고 홍 길 동(인)

OO 지방법원 제 O 민사부 귀중

참고

1. 소송기록등본교부신청서에는 500원의 인지를 첩부하여 신청한 이후 추후 등사한 양에 따라서 법원에서 인지의 추가납부를 요구하면 추가로 납부한다.
2. 신청서 1부를 소송계속 법원에 제출한다.

(8) 재송달신청서

재 송 달 신 청

사　　건　2000가합 OO호　　　손해배상(기)
원　　고　홍 길 동
피　　고　유 가 해

위 당사자간 귀원 2000가합OO호 손해배상(기)사건에 관하여, 피고에 대한 소송서류의 송달이 불능된 바, 피고는 소장에 기재된 피고의 주소지에 거주하고 있음이 틀림없으므로, 피고에게 소송서류를 재송달하여 주시기 바랍니다.

첨부서류

1. 주민등록 등본(피고)　　　　　1통

(또는 피고에 대한 준비서면의 송달이 불능되어, 조사 결과 다음 주소에 거주하고 있음이 판명되었으므로, 동 주소에 재송달하여 주시기 바랍니다.

다 음

주　소　00시 00구 00동 00번지

20OO년 0 월 0 일

위 원고 홍 길 동(인)

OO 지방법원 제 O 민사부 귀중

참고

이 신청은 인지를 첩부하지 않으며, 송달료는 1회분을 납부한다.

(9) 특별송달신청서

특 별 송 달 신 청

사　건　2000가합 000호　　　손해배상(기)
원　고　홍 길 동
피　고　유 가 해

위 당사자간 귀원 2000가합 000호 손해배상(기)사건에 관하여, 귀원에서 소송서류를 피고에게 송달하였으나 피고가 거주하면서도 위 서류의 수령을 거절하므로 이 신청을 하오니 귀 원 소속 집행관으로 하여금 직접 송달케하여 주시기를 신청합니다.

20OO 년 0 월 0 일

위 원고 홍 길 동(인)

OO 지방법원 제 O 민사부 귀중

참고

1. 우편송달에 의하여 목적을 달성할 수 없을 때에는 특별히 집행관으로 하여금 송달케 하는 것을 특별송달이라고 한다.
2. 특별송달을 신청하는 당사자는 법원사무관 등에게 이 신청을 하여 허가를 받는다.

(10) 야간송달 허가신청서

야간송달허가신청

사　건　20OO가합 OO호　　손해배상(기)
원　고　홍 길 동
피　고　유 가 해

위 당사자간 귀원 20OO가합OO호 손해배상(기)사건에 관하여, 소장의 부본 및 00년 0월0일 00:00시의변론기일 각1통을 피고에게 송달하였으나, 피고가 직장관계로 부재중이어서 송달이 불능 되었는바, 피고는 주간에는 위 주소지에 있지 않고 또 가족도 거주하고 있지 않으므로 야간(휴일) 송달을 허가하여 주시기 바랍니다.

20OO 년 0 월 0 일

위 원고 홍 길 동(인)

OO 지방법원 제 O 민사부 귀중

참고

1. 우편송달에 의하여 목적을 달성할 수 없을 때에는 집행관으로 하여금 야간송달이 가능하다.
2. 이 신청은 인지를 첩부하지 않으며, 송달료를 별도로 납부한다.
3. 휴일은 법령에 의한 국경일에 한하지 아니하고, 일반적으로 명절 같은 날도 이에 포함된다.

(11) 주소보정서 (보정명령서 수령의 경우)

주 소 보 정 서

사　건　20OO가합 OO호　　　손해배상(기)
원　고　홍 길 동
피　고　유 가 해

위 당사자간 귀원 20OO가합 OO호 손해배상(기)사건에 관하여, 귀 원의 명령에 의하여 다음과 같이 주소를 보정합니다. (또는 위 사건에 관하여 원고는 피고의 송달 가능한 주소를 다음과 같이 보정합니다.)

다　음

1. 피고 유가해의 주소
서울 강남구 역삼동 00번지
우편번호: 000-000

첨　부 : 주민등록 초본　1통

20OO 년　0 월　0 일
위 원고 홍 길 동(인)

OO 지방법원　제 O 민사부 귀중

참고

1. 인지를 첩부하지 아니하며, 부본을 제출하지 아니한다.
2. 송달주소와 주민등록지의 주소가 상이하고, 주소 보정을 주민등록지가 아닌 실제 거주지로 보정할 경우 주민등록초본은 첨부하지 아니한다.

(12) 공시송달신청서

공 시 송 달 신 청

사　건　2000가합00호　　　손해배상(기)
원　고　홍 길 동
피　고　유 가 해

위 당사자간 귀원 2000가합00호 손해배상(기) 사건에 관하여, 피고는 신청서 기재의 주소지에 주민등록을 두고 있으나, 피고와 그 가족들이 거주하고 있지 아니하며, 기타 그 행방을 알 수 없으므로 (또는 피고의 주소, 거소, 사무소 기타 송달하여야 할 장소를 알 수 없기 때문에) 동인에 대한 소송에 관한 서류의 송달은 공시송달의 방법으로 송달하여 주시기 바랍니다.

첨부서류

1. 주민등록초본(피고)　　　1통
1. 불거주 사실확인원　　　1통

20○○년 0월 0일

위 원고 홍 길 동(인)

○○ 지방법원 제 ○ 민사부 귀중

참고

1. 공시송달은 당사자의 주소, 거소, 기타 송달할 장소를 알 수 없는 경우 당사자의 신청이나 법원의 직권으로 재판장의 명에 의한 송달 방법이다.
2. 다른 송달 방법이 불가능할 경우에 한하여 인정되는 최후적인 송달방법으로써 이 신청은 인지를 첩부하지 아니하며 부본을 제출하지 아니한다.

(13) 국외송달신청서

국 외 송 달 신 청

사　건　20OO가합OO호　　　손해배상(기)
원　고　홍 길 동
피　고　유 가 해

위 당사자간 귀원 20OO가합OO호 손해배상(기) 사건에 관하여, 원고는 피고에 대하여 국외 송달을 신청합니다.

다 음

1. 피고의 표시
   피고　유 가 해
   국외주소　미합중국 하와이주 호노루루시 써클이케나OO
   (영문 주소)

첨부서류

1.	소장부본	1통
1.	위 번역문	1통
1.	국외거주증명서	1통
1.	주소보정서	1통
1.	국외송달료 납부서	1통

20OO 년 0 월 0 일

위 원고 홍 길 동(인)

OO 지방법원 제 O 민사부 귀중

참고

1. 소장 제출 이후 피고가 국외거주 사실이 확인될 경우 인지를 첨부하지 아니하며, 신청서 1통을 법원에 제출한다.
2. 첨부서류 중 주소보정서에는 국내 및 외국 주소를 모두 기재한다.

(14) 판결경정결정신청서

판결경정결정신청

사　건　2000가단OO호 손해배상(기)
원　고　홍 길 동
피　고　유 가 해

위 당사자간 귀원 2000 가단OO호 손해배상(기)사건에 관하여, 00년 0월 0일 판결정본 송달을 받았으나, 판결의 주문 제OO항 중 '금000원'이라고 되어있는 것은 '금000만원'의 오기가 명백함으로 판결의 경정결정을 신청합니다.

20OO 년 0 월 0 일
위 원고 홍 길 동(인)

OO 지방법원 제 O 단독 귀중

참고

1. 판결(또는 화해, 인낙, 포기 등의 조서, 지급명령, 기타결정명령) 경정신청서에는 인지액 1,000원을 첩부한다.
2. 이 신청은 소변경이나 소장정정 등 소장에는 오류가 없는데 판결이 잘못된 경우에만 할 수 있고, 소장부터 잘못이 있을 때에는 결정할 수 없다.
3. 한번 선고가 끝난 판결은 그 뒤에 잘못된 점을 발견되었다 하더라도 함부로 고칠 수 없다. 그러나 계산 착오가 있다거나, 오기 기타 이와 유사한 잘못이 있는 것이 명백한 경우에는 법원의 직권이나 당사자의 신청에 의해서 판결의 경정 결정을 할 수 있다.

(15) 집행력있는 정본부여신청서 (재도부여신청)

집행력있는정본부여신청

사 건 2000 가합 OO호 손해배상(기)
원 고 홍 길 동
피 고 유 가 해

위 당사자간 귀원 2000 가합OO호 손해배상(기) 청구사건에 관하여, 선고한 판결의 집행력 있는 판결정본 1통을 받았으나 분실하였으므로, 다시 집행력 있는 정본1통을 부여하여 주시기 바랍니다.

분실사유 : 사무실 이전 시 분실함.
첨 부 : 분실신고서(경찰서) 1부

20OO년 0월 0일

위 원고 홍 길 동(인)

OO 지방법원 제 O 민사부 귀중

참고

1. 신청서에는 500원의 인지를 첩부하며, 1통을 법원에 제출한다.
2. 채권자가 수통의 집행문을 청구하거나 전에 부여한 집행문을 반환하지 아니하고 다시 집행문을 청구한 때에는 재판장의 명령이 있는 때에 한하여 부여하며, 재판장은 그 명령 전에 서면이나 구술로 채무자를 심문할 수 있다.
3. 수통의 집행문을 부여하거나 다시 집행문을 부여하는 때에는 그 사유를 원본과 집행문에 명기한다.

(16) 집행문 부여신청 (송달 · 확정증명원)

<table>
<tr><td>

신 청 서

(해당번호에 '0'표)

</td></tr>
<tr><td>

사 건 20OO나OO호 손해배상(기) (OO부 . . . 선고, 기타)
원 고 홍 길 동
피 고 주식회사 OO

</td></tr>
<tr><td>

1. 집행문부여신청
위 당사자간 사건의 (<u>**판결**</u>, 결정, 명령, 화해조서, 인낙조서, 조정조서) 정본에 집행문을 부여하여 주시기 바랍니다.

</td></tr>
<tr><td>

2. 송달증명원
위 사건의 (<u>**판결**</u>, 결정, 명령, 화해조서, 인낙조서, 조정조서) 정본이 . . . .자로 상대방에게 송달되었음을 증명하여 주시기 바랍니다.

</td></tr>
<tr><td>

3. 확정증명원
위 사건의 (<u>**판결**</u>, 결정, 명령, 화해조서, 인낙조서, 조정조서)이 . . . . 자로 확정되었음을 증명하여 주시기 바랍니다.

</td></tr>
<tr><td>

20○○년 0 월 0 일
위 (<u>**1항**</u>, <u>**2항**</u>, <u>**3항**</u>) 신청인 원고 홍 길 동 (인)
서울중앙지방법원 귀중

</td></tr>
<tr><td>

위 (송달, 확정) 사실을 증명합니다.
20○○년 0 월 0 일
○○ 지방법원 지원 (인)

</td></tr>
</table>

참고

1. 신청서에는 각 항목을 체크하여 각 항목당 500원의 인지를 첨부한다.
2. 법원에 신청서와 부본을 제출하고 증명원 1부를 수령한다.
3. 집행문부여신청을 할 경우 판결정본을 신청서와 함께 법원에 제출하여 판결정본에 집행문을 첨부받는다.

(17) 사실조회신청서

사 실 조 회 신 청

사　　건　2000가합 00호　　　손해배상(기)
원　　고　홍 길 동
피　　고　유 가 해

위 당사자간 귀원 2000가합 00호 손해배상(기)사건에 관하여, 원고는 그 주장 사실을 입증하기 위하여 다음과 같이 사실조회를 신청합니다.

다　음

1. 사실 조회할 곳
   00도 00군 00면장(기관장)
   주소: 00도 00군 00면 00번지 (우편번호)
2. 사실조회할 사항
   (1) 조회할 자의 인적사항
   성 명: 000
   주 소: 00도 00군 00면 00리 000번지
   (2) 조회할 사항

가. 귀 면사무소에서 00년 0월 0일자 전후하여 위 000에게 인감증명서를 발급한 사실이 있는지 여부.

나. 위에서 같은 사실이 있다면 그 인감증명의 용도와 발급통수(인감증명서 발급대장 사본 첨부바람)

3. 증명할 사항

20○○ 년 06 월 01 일

위 원고 홍 길 동(인)

○○ 지방법원 제 ○ 민사부 귀중

참고 신청서에는 인지를 첩부하지 아니한다.

(18) 문서송부촉탁신청서

문 서 송 부 촉 탁 신 청

사　건　20OO가합 OO호　　손해배상(기)
원　고　홍 길 동
피　고　유 가 해

위 당사자간 귀원 20OO가합 OO호 손해배상(기) 청구사건에 관하여, 원고는 그 주장 사실을 입증하기 위하여 다음과 같이 문서의 송부촉탁을 신청합니다.

다　음

1. 문서의 보관처
   OO지방검찰청 OO과 기록보존계
2. 송부촉탁할 문서의 표시
   피고인 OOO에 대한 OO지방검찰청 OO형제 OO호 OO피의사건에 대한 수사기록 및 공판 일체
3. 증명할 사항

20OO 년 O 월 O 일

위 원고　홍 길 동(인)

OO 지방법원　제 O 민사부 귀중

참고

1. 문서송부촉탁은 문서의 제출 의무와 상관없이 문서소지자에게 관련 문서를 법원에 송부하여 줄 것을 신청하는 절차이며, 신청서 제출시 인지를 첩부하지 아니한다.
2. 실무에서는 형사기록송부촉탁은 형사기록인증등본송부촉탁신청, 산재기록은 산재기록송부촉탁신청 등으로 표시한다.
3. 송부촉탁신청이 채택되면 재판장은 문서소지자에게 그 문서의 송부를 촉탁하고, 신청인은 일정 시간이 지난 이후 촉탁 문서가 법원에 도착하도록 문서소지자와 수시로 연락하여 법원에 문서가 제출되면 문서를 등사하여야 한다.

(19) 증거설명서

증 거 설 명 서

사 건 20OO가합 OO호 손해배상(기)
원 고 홍 길 동
피 고 유 가 해

호 증	서증명	작성일자	작성자	입증취지	비고
갑제1호증	매매계약서	20OO. 1. 3.	원고, 피고	본건 매매계약서	
갑제2호증의1	영수증	20OO. 1. 3.	피고	계약금 수령	
갑제2호증의2	확인서	20OO. 1. 3.	피고	잔금 지급	
갑제3호증	매매계약서	20OO. 5. 5.	원고, OOO	피고의 이중계약	

첨부서류

1. 갑제1호증 매매계약서 1통
1. 갑제2호증의 1 영수증 1통
1. 갑제2호증의 2 확인서 1통
1. 갑제3호증 매매계약서 1통

20OO 년 0 월 0 일

위 원고 홍 길 동(인)

OO 지방법원 제 O 민사부 귀중

참고

1. 갑호증은 원고가, 을호증은 피고가, 병호증은 소송참가인이 제출한 서증을 의미한다.
2. 소장, 준비서면 등과 함께 첨부하여 제출하는 것이 일반적이다.

(20) 서증인부서

서 증 인 부 서

사　건　2000 가합 00호　　　손해배상(기)

원　고　홍 길 동

피　고　유 가 해

서증번호	서증명	인부요지
을제1호증	임대차계약서	부지
을제2호증의1	영 수 증	부인
을제2호증의2	사업자등록증	성립인정
을제3호증	판 결 문	성립인정
을제4호증	합의각서	부지
을제5호증	형사기록	성립인정
을제6호증	00계약서	부인
을제7호증	녹 취 록	부지

20○○년 0 월 0 일

위 원고　홍 길 동(인)

○○ 지방법원 제 ○ 민사부 귀중

참고

1. 부지(△)는 상대방이 주장한 사실에 대하여 모른다고 답변하는 것이며, 부인(X) 은 상대방의 주장사실에 대하여 사실이 아니라고 주장하는 것이다.
2. 상대방이 2인 이상일 때에는 '피고갑' 성립인정(0), '피고을' 부지(△) 등으로 기재한다.
3. 인부를 할 당사자가 서증에 대하여 "성립인정(0)하고 이익원용(◎)이나 입증취지부인(⊗)" 을 할 수 있으며, 인부정정도 가능하다.

(21) 증인신청서

증 인 신 청 서

사　건　20OO가합 OO호　　　손해배상(기)
원　고　홍 길 동
피　고　유 가 해

위 당사자간 귀원 20OO가합 OO호 손해배상(기) 청구사건에 관하여, 원고는 그 주장 사실을 입증하기 위하여 별지의 증인신문사항을 첨부하여 다음과 같이 증거를 신청합니다.

다　음

1. 증인의 표시
   나 증 인(주민등록번호)
   주소: 서울시 강남구 논현동 OO번지
   증인의 직업, 연락처, 당사자와의관계, 증명하고자 하는 사실의요지 등), 연락처
2. 증인신문사항
   별지첨부(증인이 사건내용을 알게 된 경위, 신문할 사항의 개요 등)
3. 증인여비: 여비직불

20○○년 0월 0일

위 원고 홍 길 동(인)

OO 지방법원 제 O 민사부 귀중

참고

1. 증인신청서 (증인불출석신청서, 증인구인신청서, 증인거부신청서 등)에는 인지를 첩부하지 아니하며, 증거신청을 할 때에는 증명할 사실과 증거와의 관계를 구체적으로 명시하여야 한다.
2. 증인신문은 신청한 당사자가 먼저 이를 신문하고 다음에 다른 당사자가 반대 신문한다. (증인이 수인일 경우 증인 별로 증인신청서를 작성하고, 부본 4부를 함께 제출한다)

(22) 감정신청서

감 정 신 청 서

사 건 2000가합 00호 손해배상(기)
원 고 홍 길 동
피 고 유 가 해

위 당사자간 귀원 2000가합 00호 손해배상(기) 청구사건에 관하여, 원고는 다음과 같이 감정신청을 합니다.

다 음

1. 감정의 목적
이 건 훼손된 건물을 원상복구하려면 원고는 금 00원이 소요된다는 사실을 입증함에 있습니다.(또는 피고의 필적임을 입증하고자 합니다. 등)
2. 감정 목적물
서울시 서초구 서초동 1551-9번지(원고 소유 건축물 등 목적물)
3. 감정사항
이건 건물 파손부분을 원상대로 복구하기 위하여 소요되는 경비를 산출함에 있습니다.
4. 감정인 선임의견
법률에 의하여 개업하고 있는 공인감정사를 선임하여 주시기 바랍니다.

20○○ 년 0 월 0 일

위 원고 홍 길 동(인)

○○ 지방법원 제 ○ 민사부 귀중

참고

1. 이 신청서에는 인지를 첩부하지 아니하며, 감정신청서를 제출할 경우 법원이 정한 감정료를 납부해야 한다.
2. 감정의 종류에는 문서감정, 측량감정, 시가감정, 임료감정 등이 있으며, 감정인은 당사자의 신청에 의하여 법원이 지정한다.

(23) 신체감정촉탁신청서

신체감정촉탁신청

사 건 20OO가합 OO호 손해배상(기)
원 고 홍 길 동
피 고 유 가 해

위 당사자간 귀원 20OO가합 OO호 손해배상(기) 청구사건에 관하여, 원고는 주장사실을 입증하기 위하여 다음과 같이 신체·감정 촉탁을 신청합니다.

다 음

1. 피감정인의 인적사항
   성명: 김철수(주민등록번호)
   주소: 서울 서초구 서초동 155-19번지
2. 감정사항
   피감정인이 00년 0월0일 교통사고로 입은 상해에 대하여
   가. 부상부위와 정도
   나. 그 동안의 치료내용과 결과
   다. 향후 치료에 대하여 등(별지 첨부)
3. 희망 신체 감정 병원
   OO대학교 부속병원
   00시 00구 00동 00번지 (우편번호)

20OO 년 0 월 0 일
위 원고 홍 길 동(인)

OO 지방법원 제 O 민사부 귀중

참고 인지를 첩부하지 아니하며, 감정신청서를 제출할 경우 법원에서 비용납부 명령을 받을 경우 비용과 감정료를 납부해야 한다.

(24) 문서제출명령신청서

문 서 제 출 명 령 신 청

사 건 2000가합 OO호 손해배상(기)
원 고 홍 길 동
피 고 유 가 해

위 당사자간 귀원 2000가합 OO호 손해배상(기) 청구사건에 관하여, 원고는 주장 사실을 입증하기 위하여 다음 문서에 대하여 제출명령을 하여 줄 것을 신청합니다.

다 음

1. 문서의 표시 및 소지자
   피고가 소지하고 있는
   가. 원고와 피고간의 00년 0월 0일 체결한 금전 소비대차 계약서
   나. 피고가 원고에게 교부한 약속어음에 관한 약정서
2. 문서의 취지
   00년 0월 0일 피고가 원고에게 현금을 차용하였을 당시 문서 및 약속어음
3. 증명할 사항(입증취지)
   약속어음은 견질용이었음을 입증하고자 함
4. 문서제출의무

20OO년 0월 0일
위 원고 홍 길 동(인)

OO 지방법원 제 O 민사부 귀중

참고

1. 인지를 첩부하지 아니하며, 신청서 1통을 법원에 제출하고, 송달료를 납부해야 한다.
2. 문서가 신청자의 이익을 위하여 작성되었거나 신청자와 문서소지자간의 법률관계에 관하여 작성된 것일 때에는 문서소지자는 제출을 거부하지 못한다.

(25) 증거보전신청서

증 거 보 전 신 청 서

신 청 인　홍 길 동 외 OO인
피신청인　주식회사 OO

위 신청인은 증거의 보전을 위하여 다음과 같이 서증조사를 신청합니다.

다　음

1. 당사자
   신청인은 피신청인이 발행한 주식 000주 중 약 00%에 해당하는 00주를 보유한 주주들입니다.
2. 증명하여야 할 사실
   00년 0월 0일자로 개최된 피신청인의 합병계약승인을 위한 임시주주총회의 하자에 관한 사실
3. 증거방법
4. 증거보전의 사유

소 명 방 법

1. 소갑제1호증의 1 내지 2　임시주주총회소집통지서 (앞뒷면)
1. 소갑제2호증의 1 내지 34　각 미 표결된 투표용지

20OO 년　0 월　0 일

위 원고 홍 길 동(인)

OO 지방법원　제 O 민사부 귀중

참고

1. 증거보전신청서에는 1,000원의 인지를 첩부해야 한다.
2. 법원은 미리 증거조사를 아니하면 그 증거를 사용하기 곤란한 사정이 있다고 인정할 때는 당사자의 신청에 의하여 증거조사를 할 수 있다.

(26) 재산관계 명시신청서

재 산 관 계 명 시 신 청

채 권 자 홍 길 동
서울시 서초구 반포대로 87 3층
채 무 자 유 가 해
서울시 강남구 역삼동 00번지

채무명의 표시
위 당사자간 OO지방법원 20OO가합OO호 000청구사건의 확정 판결정본 불이행금 00만원

신 청 취 지

채무자는 재산관계를 명시한 재산목록을 00년 0월 0일까지 제출하라.
는 결정을 구합니다.

신 청 이 유

1. 채권자는 채무자에 대하여 위와 같은 채무명의를 가지고 있는바, 채무자는 위 채무이행 및 이행제공 의사를 보이지 않고 있습니다.
2. 이에 채권자는 부득이 강제집행을 하기 위하여 채무자의 재산을 탐색한 결과 교묘한 방법으로 재산을 감추고 있어 채무자의 재산 발견이 아주 어려워 강제집행을 할 수 없는 실정이므로 이 사건 신청에 이르렀습니다.

첨 부 서 류

1. 집행력 있는 판결정본 1통
2. 송달・확정증명원 1통

20OO 년 0 월 0 일

위 원고 홍 길 동(인)

OO 지방법원 제 O 민사부 귀중

참고 신청서에는 1,000원의 인지와 송달에 필요한 기관 수 +2회분의 송달료를 납부해야 한다.

(27) 집행력 있는 판결정본환부신청서

판결정본 환부신청

사　　건　2000카기 OO호 재산관계명시
채 권 자　홍 길 동
채 무 자　유 가 해

위 당사자간 귀원 2000가합 000호 손해배상(기)사건에 관하여, 집행력 있는 판결정본 및 송달증명원을 환부하여 주시기 바랍니다.

20OO 년 0 월 0 일

위 채권자　홍 길 동 (인)

OO 지방법원　귀중

(28) 소송절차 수계신청서

소송절차수계신청

사 건 2000가합 OO호 대여금
원 고 홍 길 동
신청인(상속인) 홍 상 속 (주민등록번호)
주 소 서울 서초구 서초동 1548-8번지
(연락처)

위 사건에 관하여, 원고 홍길동은 00년 0월 0일 사망하여, 소송절차는 중단되었으나 신청인은 위 원고의 아들로서 그 유산을 단독상속 하였으므로 위 소송절차를 수계하기 위하여 이를 신청합니다.

첨부서류

1. 가족관계등록부 1통

20OO 년 0 월 0 일
위 신청인 홍 상 속(인)

OO 지방법원 귀중

참고

1. 상속인이 수명일 경우 모두가 수계신청을 하여야 하며, 상속인은 상속을 포기할 수 있는 때까지 상속 절차를 수계하지 못한다.
2. 신청서에는 인지를 첩부하지 아니하며, 상대방의 수에 해당하는 부본과 함께 송달료를 납부해야 한다.
3. 당사자인 법인이 합병으로 인하여 소멸한 경우에 소송절차는 중단되는데, 이때에는 합병에 의하여 설립한 법인 또는 합병 후 존속하는 법인은 소송절차를 수계해야 한다.
4. 수계신청 각하결정에 대하여 항고할 수 있다.

3. 특별절차 서식 사례

(1) 조정신청서

조 정 신 청 서

신 청 인　　홍 길 동(주민등록번호)
　　주소　서울 서초구 반포대로 87
피신청인　　주식회사 OO
　　주소　서울 강남구 역삼동 OO번지
　　대표이사 유 가 해

신 청 취 지

1. 피신청인은 신청인들에게 각 금 00원을 지급하라.
2. 조정비용은 각자 부담으로 한다.
라는 조정을 구합니다.

신 청 원 인

1. 기재

첨 부 서 류

20○○ 년 0 월 0 일

위 신청인 홍 길 동(인)

OO 지 방 법 원　　귀 중

참고

1. 송달료는 당사자 수에 따른 5회분을 납부한다.
2. 조정신청의 수수료(인지)는 청구의 목적 가액에 따라 민사소송 등 인지법 규정(소가)에 의하여 산출한 금액의 1/10을 납부한다.

(2) 대표당사자 선임신고서

당사자 선임 신고

사　　건　　　2OOO 머 OO호
신 청 인　　　홍 길 동 외0명
피신청인　　　주식회사 000

위 당사자간 귀원 2OOO머00호 OO조정신청사건에 관하여, 피신청인 000이 민사조정법 제0조에 따라 피신청인 전원을 위하여 이 사건 조정을 수행하는 대표 당사자로 선임되었으므로, 별지와 같이 선임서를 첨부하여 신고합니다.

첨 부 서 류

1.　　선임서

20OO 년 0 월 0 일

대표당사자(신청인) 홍 길 동 (인)

OO지방법원　　조정담당판사　　　귀 중

참고

1. 공동의 이해관계가 있는 다수의 당사자는 그중 1인 또는 수인을 대표당사자로 지정할 수 있다.
2. 수수료는 납부하지 않는다.
3. 조정신청인이 피신청인을 잘못 지정한 것이 명백한 때에는 피신청인의 경정을 신청할 수 있으며, 이때 수수료는 500원의 인지를 첨부한다.
4. 법원이 필요하다고 인정하는 경우 소송이 계속 중인 사건을 결정으로 조정에 회부할 수 있다.

(3) 조정에 갈음한 결정에 대한 이의신청서

이 의 신 청

사　　건　　　2000 머 OO
신 청 인　　　홍 길 동
피신청인　　　유 가 해

위 당사자간 귀원 2000 머 OO호 조정사건에 관하여 귀원에서 한 조정에 갈음하는 결정을 00년 0월 0일 송달 받았으나, 신청인은 이 결정에 불복이므로 이의신청합니다.

20 OO 년　0월　0일

위 신청인 홍 길 동(인)

OO지방법원　귀중

참고

1. 당사자 간 합의가 되지 않거나 피신청인이 불출석한 경우 조정에 갈음하는 결정에 대하여 당사자는 조서정본이 송달되기 전이나, 송달된 날로부터 2주 이내에 이의를 신청할 수 있다.
2. 수수료를 첩부하지 않으며, 상대방 수에 따른 부본을 제출한다.
3. 조정에 갈음하는 결정에 대한 이의신청의 각하결정에 대하여는 금 2,000원의 인지를 첩부하여 즉시항고가 가능하다.

(4) 지급명령 신청서

지 급 명 령 신 청

채권자 홍 길 동(주민등록번호)
주소 서울 서초구 서초동 1551-9번지
연락처

채무자 유 가 해(주민등록번호)
주소 서울 강남구 역삼동 00번지

청구금액 금 0 억원

청구(신청) 취지

채무자 유가해는 채권자에게 금0억원 및 이에 대한 지급명령이 송달된 날부터 완제시까지 연12%의 비율에 의한 금원과 아래의 독촉절차비용을 지급하라는 지급명령을 구합니다.

독촉절차비용 금000원(아래 합계금)

내 역

1. 송달료 금 0 원
1. 인지액 금 0 원
1. 작성료 금 0 원(법무사 비용)

청 구 원 인

채권자는 채무자 유가해에게 00년 0월 0일 금0억원을 변제기일 00년 0월 0일로 약정하고 대여하였던 바, 변제기일이 지난 현재까지 지급하여 주지 않으므로 부득이 청구취지의 금원 및 독촉절차비용에 대하여 지급명령을 신청하게 되었습니다.

첨 부 서 류

1. 차용금증서 사본 1통
2. 송달료납부서 1통

20○○ 년 0 월 0 일

위 채권자 홍 길 동(인)

○○지방법원 귀중

참고

1. 금전 등 대체물 또는 유가증권의 지급을 목적으로 하는 청구에 대하여 간이 신속하게 집행권원을 얻을 수 있도록 하기 위한 절차다.
2. 소장에 첩부할 인지의 10분의 1에 해당하는 인지를 붙여야 하며, 송달료는 당사자 수에 따른 6회분을 납부한다.
3. 지급명령에 대한 이의신청은 지급명령 송달 후 2주 이내에 할 수 있다.

(5) 지급명령에 대한 이의신청서

지급명령에 대한 이의신청

사 건 2000 차 OO 약속어음금 청구
채권자 홍 길 동(주민등록번호)
주소 서울 서초구 서초동 1551-9번지
채무자 유 가 해(주민등록번호)
주소 서울 강남구 역삼동 00번지

위 당사자간 귀원 2000차 OO호 약속어음금 독촉사건에 관하여 00년 0월 0일 지급명령 정본의 송달을 받았으나, 그 지급에 응할 하등의 이유가 없고 채무자는 지급명령에 모두 불복이므로 이의를 신청합니다.

20OO 년 0 월 0 일

위 채무자 유 가 해(인)

OO지방법원 귀중

참고

1. 인지는 첩부하지 아니하며, 신청서 1부를 법원에 제출한다.
2. 지급명령에 대한 이의신청서가 접수되면 법원에서는 소제기로 간주하여 바로 소송절차로 옮겨지는데, 채권자에게는 10분의 9에 해당하는 인지보정과 송달료에 대한 추가납부 명령을 발한다.

(6) 지급명령 신청 취하서

취 하 서

사　　건　　2000 차 00호　약속어음금 청구
채 권 자　　홍 길 동
채 무 자　　유 가 해

위 당사자간 약속어음금 청구 독촉사건에 관하여 채권자는 채무자로부터 채권액 전액을 변제받았으므로 지급명령신청을 전부 취하합니다.

20○○ 년 0 월 0 일

위 채권자 홍 길 동(인)

○○지방법원　귀중

참고

1. 지급명령신청은 그 확정에 이르기까지 언제라도 채무자의 동의없이 전부나 일부를 취하할 수 있다. 채무자가 이의신청을 한 이후에는 지급명령신청취하는 불가하고 소취하 절차에 따른다.
2. 지급명령신청 취하서에는 인지를 첩부하지 않는다.
3. 부본은 상대방에게 지급명령결정문이 송달되었을 경우에만 제출하고, 송달되지 않았을 경우 신청서 1부만 제출한다.

(7) 제소전 화해 신청서

제소전 화해 신청

신 청 인　　　홍 길 동(주민등록번호)
　　　　　　　주소　서울 서초구 반포대로 87
피신청인　　　유 가 해(주민등록번호)
　　　　　　　주소　서울 강남구 역삼동 00번지

청 구 취 지

신청인과 피신청인 사이의 아래 화해조항 기재 취지의 권고를 구합니다.

청 구 원 인

신청인과 피신청인 00년 0월 0일 금0억원을 ...

화 해 조 항

1. 피신청인은 신청인에 대하여 00 하기로 한다.
2. 소송비용은 각자의 부담으로 한다.

20○○ 년 0 월 0 일

위 신청인 홍 길 동(인)

○○지방법원　귀중

참고 신청서에는 소장에 첩부할 인지의 5분의 1에 해당하는 인지를 붙여야 하며(전자 신청 가능), 송달료는 당사자 수에 따른 4회분을 납부한다.

(8) 화해불성립으로 인한 제소신청서

화해불성립으로 인한 제소신청

사　　건　　20OO자 OO호　OO화해신청사건
신 청 인　　홍 길 동(주민등록번호)
　　　　　　주소　서울 서초구 서초동 1551-9번지
피신청인　　유 가 해(주민등록번호)
　　　　　　주소　서울 강남구 역삼동 00번지

위 당사자간 귀원 20OO 자 OO호 OO화해신청사건에 과하여 신청인은 당사자간의 화해가 불성립되었으므로 제소신청을 합니다.

20OO년 0월 0일

위 신청인　홍 길 동(인)

OO지방법원　귀중

참고

1. 화해 신청인이 제소신청하는 경우에는 화해신청서에 첩부된 인지액을 제외한 나머지(5분의 4)에 대하여 인지를 첨부하여야 한다.
2. 피신청인이 제소신청할 때는 신청서에 1,000원의 인지를 첩부하여야 한다.
3. 신청기간은 화해가 성립되지 아니한 조서등본이 송달된 날로부터 2주 이내에 하여야 하며, 다만 조서 송달 전에도 신청할 수 있다.

(9) 공시최고 신청서

공 시 최 고 신 청

신 청 인　　홍 길 동(주민등록번호)
　　　　　　주소　　서울 서초구 반포대로 87

실권을 구하는 권리의 표시: 별지목록기재

신 청 취 지

별지목록 기재의 당좌수표에 관하여 공시최고를 구한다.
라는 결정을 구합니다.

신 청 원 인

신청인은 위 당좌수표의 최종 소지인 인바, 위 수표를 00년 0월 0일 00시경 00시 00구 00동 00번지 소재에서 도난을 당하여 즉시 00경찰서에 신고를 하였으나, 현재까지 발견되지 않고 있으므로 위 도난당한 수표에 관하여 제권판결을 구하고자, 이 신청에 이르렀습니다.

소 명 방 법

1. 수표사본　　　　　　　　　　1통
1. 당좌수표발행증명서　　　　　1통
1. 도난수표증명서　　　　　　　1통

20○○년 0월 0일

위 신청인 홍 길 동 (인)

○○지방법원 귀중

참고

1. 신청서에는 1,000원의 인지를 첩부하며, 송달료는 당사자별 3회분을 납부한다.
2. 신문공고료 3회분(신문공고 예규 3조, 4조, 6조)을 납부한다.

⑽ 제권판결 신청서

제 권 판 결 신 청

사　　건　　2000카공 00호
신 청 인　　홍 길 동(주민등록번호)
　　　　　　주소　서울 서초구 서초동 1551-9번지

귀원 사건 2000카공00호 공시최고 신청사건의 주권에 관하여 다음과 같이 제권판결을 신청합니다.

신 청 취 지

별지목록 기재의 당좌수표에 대한 무효를 선언한다.
라는 제권판결을 구합니다.

신 청 이 유

신청인은 별지목록 당좌수표의 최종 소지인 인바, 위 수표를 00년 0월 0일 00시경 00시 00구 00동 00번지 주소지에서 도난을 당하여 귀원에 200 카공 00호 공시최고 신청을 하였습니다. 귀원은 00년 0월 0일 자로 공시최고 하였으나, 공시최고 기일인 00년 0월 0일 00시까지 위 당좌수표에 대한 권리의 신고나 청구 및 제출자가 없으므로 위 당좌수표에 대한 무효선고의 제권판결을 구합니다.

20○○ 년 0 월 0 일

위 신청인 홍 길 동 (인)

○○ 지방법원　귀중

참고

1. 제권판결은 공시최고절차의 마지막 단계로써, 법원은 제권판결의 취지를 신문에 공고한다.
2. 제권판결의 정본을 신청인에게 송달하고, 권리신고인에게는 송달하지 않는다.

(11) 별 지 (공시최고, 제권판결)

목 록

1.	종 류	약속어음
2.	번 호	자가0000
3.	금 액	금 000원정
4.	발 행 인	00건설 (주)
5.	발 행 일	00년 0월 0일
6.	지 급 지	00시 00구
7.	지급 장소	00은행 서초동 지점
8.	지 급 일	00년 0월 0일
9.	최종소지인	신청인 홍 길 동

주 권 목 록

1.	종 류	OO주권
2.	회 수	제 0회
3.	기 호	나
4.	번 호	제 00000 호
5.	매 수	OO매
6.	발행연월일	00년 0월 0일
7.	1주의금액	금000원
8.	최종명의인	홍 길 동

참고

1. 위 별지목록은 공시최고와 제권판결 신청인이 주장하는 목적물을 비교적 상세하게 작성하여 신청서 뒷면에 첨부한다.
2. 공시최고 공고 후 권리신고자는 제권판결을 저지하기 위하여 권리신고를 하여야 하고, 공시최고 기일의 종료 후에도 제권판결 전에 신고나 청구가 있을 경우에는 실권되지 않는다.

⑿ 권리신고서

권 리 신 고 서

사　　건　　2OOO 카공 OO호
신 고 인　　홍 길 동(주민등록번호)
　　　　　　주소　서울 서초구 서초동 1551-9번지
　　　　　　연락처　02-000-0000

위 신고인은 귀원 2OOO카공 OO호 공시최고 신청사건의 주권에 관하여 다음과 같이 권리를 신고합니다.

신 청 이 유

1. 위 신고인은 별지 사본 기재와 같은 주권에 대한 질권자로서 현재 점유하고 있습니다.
2. 공시최고신청인 000은 00년 0월 0일 금 000원정을 변제기일 00년 0월 0일로 약정하고 신고인으로부터 대여 받았는데, 신청인은 위 기일에 위 채무의 담보조로 위 주권에 대한 질권을 설정하여 동 주권을 신고인에게 교부하였습니다.
3. 따라서 신고인은 질권자로서 정당하게 위 주권을 점유하고 있으므로 이에 이 사건 권리를 신고합니다.

첨 부 서 류

1.　주권사본　1통
1.　주권설정부 차용금증서　1통
1.　신고서 부본　1통

20 ○○ 년　0 월　0 일

위 신청인　홍 길 동(인)

○○지방법원　귀중

참고

1. 권리신고는 제권판결을 저지하기 위하여 당해 증서의 소지인 기타 이해관계인, 등기의무자 등이 하는 절차이다.
2. 신청서에는 500원의 인지를 첩부한다.

⒀ 소송비용액 확정결정신청서

소송비용액 확정결정신청서

신 청 인　　　홍 길 동(주민등록번호)
　　　　　　　주소　서울 서초구 서초동 OO번지
피신청인　　　유 가 해(주민등록번호)
　　　　　　　주소　서울 강남구 역삼동 OO번지

신 청 취 지

1. 피신청인이 신청인에게 부담하여야 할 소송비용은 금 000원으로 확정한다.

라는 판결을 구합니다.

신 청 이 유

1. 귀원에서는 OO지방법원 2000가합OO호 약정금 청구사건에 관하여 00년 0월 0일 아래와 같은 판결을 하였습니다.
   주문
   1) 피고는 원고에게 00원 및 이에 대하여 00년 0월 0일 부터 다 갚는 날까지 연12%의 비율에 의한 돈을 지급하라.
   2) 소송비용은 피고의 부담으로 한다.
   3) 제1항은 가집행할 수 있다.

2. 이에 피신청인은 OO고등법원에 항소하였으나(2000나OO호), 00년0월 0일 00고등법원은 피신청인의 항소를 기각하면서 "항소비용은 피고의 부담으로 한다" 라고 판결하였습니다.

3. 항소심 판결에 불복한 피신청인(피고)은 대법원에 상고하였으나(0000다0000호), 00년 0월 0일 대법원은 피신청인의 상고를 기

각하면서 "상고비용은 피고의 부담으로 한다" 라고 판결하여 결국 1심 판결이 확정되었습니다.

4. 이에 신청인은, 피신청인(피고)이 신청인에게 부담하여야 할 소송비용(금000원)을 별첨 "비용계산서"와 같이 신청하오니, 이를 확정하여 주시기 바랍니다.

첨 부 서 류

1.	판결문 사본	3통
1.	소송비용 계산서	1통
1.	영 수 증	1통

20○○ 년　0 월　0 일

위 신청인 홍 길 동(인)

○○지방법원　귀중

참고

1. 소송비용액확정결정신청에는 비용계산서, 그 등본과 소명에 필요한 서면을 제출하여야 하며, 1심법원에 제출한다.(일부 예외)
2. 신청서에는 1,000원의 인지를 첨부하고, 당사자 수에 따른 3회분의 송달료를 납부한다.
3. 별도의 위임장을 첨부하지 않고 신청서 제출이 가능하다.

4. 상소관련 서식 사례

(1) 즉시 항고장 (기일지정신청각하 결정의 경우)

항 고 장

사 건 20OO 가합 OO호 OO청구
항 고 인 홍 길 동
주소 서울 서초구 서초동 1551-9번지
상 대 방 유 가 해
주소 서울 강남구 역삼동 00번지

OO지방법원 20OO가합 OO호 OO청구 사건에 관하여 귀 법원이 00년 0월 0일에 행한 기일지정신청 각하 결정은 불복이므로 항고를 제기합니다.

원 결정의 표시

이 사건 신청을 각하한다.

항 고 취 지

원 결정을 취소하고 다시 상당한 재판을 하라.
라는 결정을 구합니다.

항 고 이 유

1. 이유 기재

첨 부 서 류

1.

20〇〇 년 0 월 0 일

위 항고인 홍 길 동(인)

〇 〇 지 방 법 원 귀 중

참고

1. 항고는 재판 중 판결을 제외한 결정과 명령에 대한 불복신청이다.
2. 항고장의 인지는 2,000원을 첩부하며, 상대방의 수에 해당하는 부본을 작성하여 심급법원에 제출해야 한다.

(2) 항소장 표지

항 소 장

원 고(항 소 인) 홍 길 동

피 고(피항소인) 유 가 해

OO청구의 항소

항 소 가	금 원	
첩부할 인지액	금 원	
첨부한 인지액	금 원	
송 달 료	금 원	
비고		인

OO 고등법원 귀중

(○○지방법원 제 ○○민사부 경유)

참고

1. 항소인(원고) 홍길동과 피항소인(피고) 유가해에 대한 OO청구 항소장 표지이며, 항소장은 원심법원에 제출한다.
2. 인지액은 소장에 첨부할 인지의 1.5배를 첨부하며, 송달료는 당사자 수에 따른 12회분을 납부한다.
3. 인지를 일부만 첨부할 경우 법원에서는 인지보정명령이 내려지게 되고, 보정기일 안에 부족한 인지액을 추가 납부할 수 있다.

(3) 항소장 본문

항 소 장

사 건 2000 가합00호
항소인(원고) 이름 홍 길 동(000000-0000000)
원고주소 서울 서초구 서초동 1551-9번지

피항소인(피고) 이름 유 가 해(xxxxxx-xxxxxxx)
주소 서울 강남구 역삼동 00번지

OO청구의 항소

항소인(원고)는 귀원 20OO 가합OO호 OO청구사건에 관하여 동원이 0000. 0. 0. 선고한 판결에 대하여 모두 불복이므로 이에 항소를 제기합니다.

아 래

원심판결의 표시

1. 원고의 청구를 기각한다.
2. 소송비용은 원고의 부담으로 한다.

(항소인(원고)는 위 판결을 0000. 0. 0. 에 송달 받았음)

항 소 취 지

1. 원 판결을 취소한다.
2. 피고는 원고에게 금 00원 및 이에 대한 00년 0월 0일부터 00년

0월 0일까지는 연5%, 그 다음날부터 완제일까지 연12%의 각 비율에 의한 금원을 지급하라.

3. 소송비용은 1, 2심 모두 피고의 부담으로 한다.
4. 제2항은 가집행할 수 있다.

라는 판결을 구합니다.

항 소 이 유

1. 추후 제출하겠습니다.

첨 부 서 류

1. 항소장부본 1부
1. 납부서 1부

20 ○○ 년 0 월 0 일

위 항소인(원고) 홍 길 동(인)

○○고 등 법 원 귀 중

참고

1. 판결이 송달된 이후 2주 이내 항소장을 제출하여야 한다.
2. 항소에는 일부 불복과 모두 불복이 가능하다. 양자 모두 불복에 해당하는 항소가를 계산하여 인지를 납부하여야 한다.
3. 상대방이나 당사자가 법인일 경우 항소장 제출시 법인 등기부등본은 제출하지 않는다.

(4) 부대항소장

부 대 항 소 장

사　　　건　　　　　2OOO 나 OO호 OO청구
부대항소인(원고) 성명 홍 길 동(000000-0000000)
　　　　　　　　　　주소 서울 서초구 서초동 1551-9번지

부대피항소인(피고)　　성명 유 가 해(xxxxxx-xxxxxxx)
　　　　　　　　　　주소 서울 강남구 역삼동 00번지

OO청구의 부대항소

위 당사자간OO지방법원 2OOO나 OO호 OO청구 항소사건에 관하여 원고(피항소인겸 부대항소인)는 위 항소에 부대하여 동 항소사건의 제1심(OO법원 2OOO가합OO호 OO청구)00년 0월 0일 선고된 판결 중 부대항소인 패소 부분은 불복이므로 부대항소를 제기합니다.

부 대 항 소 취 지

1. 원판결 중 원고(부대항소인) 패소부분을 취소한다.
2. 피고(부대피항소인)는 원고(부대항소인)에게 금 00원 및 이에 대한 00년 0월 0일부터 완제에 이르기까지 연0할 0푼의 비율에 의한 금원을 지급하라.
3. 소송비용은 1, 2심 모두 피고(부대피항소인)의 부담으로 한다.
4. 제 2항은 가집행할 수 있다.

라는 판결을 구합니다.

부 대 항 소 이 유

1. 추후 제출하겠습니다.

입 증 방 법

1.

첨 부 서 류

1.

20 ○○ 년 0 월 0 일

위 부대항소인(원고) 홍 길 동(인)

OO 고 등 법 원 귀 중

참고

1. 부대항소는 당사자 중 일방의 항소에 대하여 상대방(피항소인)이 원판결에 대한 불복을 주장하고, 항소절차에서 심판의 범위를 자기에게 유리하게 확장하는 항소를 말하며, 당사자 쌍방이 모두 항소권을 가지고 있을 때에는 각자 독립하여 항소를 제기할 수 있다.
2. 부대항소장에는 소장 인지 1.5배의 인지를 첩부하여야 한다.

(5) 항소이유서

항소이유서(준비서면)

사　　　건　　　2000나 OO호　OO청구
항 소 인(원고)　　　홍 길 동
피항소인(피고)　　　유 가 해

위 당사자간 귀원 2000나 OO호 000청구 사건에 관하여 항소인(원고)의 대리인은 다음과 같이 변론을 준비합니다.(또는 다음과 같이 항소 이유서를 제출합니다.)

다 음

1.

입 증 방 법

1.

첨 부 서 류

1.

20 OO 년 0 월 0 일

위 항소인(원고) 홍 길 동(인)

OO고등법원 (OO지방법원 항소0부) 귀중

참고

1. 항소이유서에는 인지를 첩부하지 아니한다.
2. 항소이유서에는 당사자의 성명, 명칭, 대리인의 성명, 사건의 표시, 불복의 사유 또는 방어의 방법, 부속서류의 표시, 제출일 등이 표기되어야 한다.
3. 형식적인 면에서 준비서면과 동일하며, 준비서면으로 표기하여도 무방하다.

(6) 상고장 표지

상 고 장

원 고(상 고 인) 홍 길 동
피 고(피상고인) 유 가 해

상 고 가	금 원	
첩부할 인지액	금 원	
첨부한 인지액	금 원	
송 달 료	금 원	
비고		인

대 법 원 귀 중

(○○ 고 등 법 원 제 ○○ 부 경 유)

참고

1. 인지액은 소장에 첩부할 인지액의 2배액을 첩부한다.
2. 판결이 송달된 날의 다음 날로부터 2주 이내에 상고장을 원심법원(고등법원)에 제출하여야 한다.
3. 송달료는 당사자수의 8회분을 납부한다.
4. 부족한 인지액에 대하여는 원심법원에서 인지보정명령이 내려지게 되고, 보정기일안에 부족한 인지액을 추가 납부할 수 있다.

(7) 상고장 본문

상 고 장

원고(상 고 인) 성명 홍 길 동(주민번호)
주소 서울 서초구 반포대로 87

피고(피상고인) 법인명 OO주식회사
주 소 서울 강남구 역삼동 00번지
대표이사 유 가 해

0 0 0 청구의 상고

원고(상고인)는 귀원 20OO나 0000호 0 0 0 청구사건에 관하여 동원이 00년 0월 0일 선고한 판결에 대하여 모두 불복이므로 이에 상고를 제기합니다.

아 래

제2심판결 주문의 표시
1. 원고의 항소를 기각한다.
2. 항소비용은 원고의 부담으로 한다.
(원고(상고인)는 위 판결을 00년 0월 0일 에 송달 받았음)

상 고 취 지

1. 원 판결을 취소하고 이 사건을 서울고등법원으로 환송한다.
라는 판결을 구합니다.

상 고 이 유

1. 추후 제출하겠습니다.

첨 부 서 류

1. 상고장부본 1부
1. 납부서 1부

20○○년 0 월 0 일

위 원고(상고인) 홍 길 동

대 법 원 귀 중

참고

1. 특별한 규정이 없는 한 항소심 절차에 관한 규정이 준용된다.
2. 상고장에 상고이유를 기재하지 아니한 때에는 상고인은 소송기록 접수의 통지를 받은 날로부터 20일 이내 상고이유서를 제출하여야 한다.
3. 상고이유서를 제출할 때에는 상대방의 수에 6을 더한 수의 부본을 첨부하여야 하며, 상고이유서가 첨부하지 않는 상고장은 상대방 수에 해당하는 부본을 제출한다.
4. 상고이유서를 송달받은 상대방은 송달받은 날로부터 10일 이내에 답변서를 제출할 수 있다.

(8) 추완상고장

추 완 상 고 장

상고인(피고) 성명 유 가 해 (주민번호)
주소 서울 강남구 역삼동 00번지

피상고인(원고) 성명 홍 길 동 (주민번호)
주소 서울 서초구 서초동 1551-9번지

위 당사자간 OO고등법원 20OO나 0000호 0 0 0 청구사건에 관하여 상고인(피고)은 동원에서 00년 0월 0일에 선고된 상고인(피고) 패소판결에 대하여 전부 불복이므로 이에 상고를 제기합니다.

제2심 판결주문의 표시

1. 원판결을 취소한다.
2. 피고는 원고에게 금00원 및 이에 대한 00년 0월 0일부터 00년 0월 0일까지는 연 0푼의, 그 다음날부터 완제일까지는 연 0할 0푼의 각 비율에 의한 금원을 지급하라.
3. 소송비용은 제1,2심 모두 피고의 부담으로 한다.
4. 위 제1항은 가집행 할 수 있다.

상 고 취 지

1. 원 판결을 취소하고 이 사건을 OO고등법원으로 환송한다.

라는 재판을 구합니다.

소송행위 추완에 대한 주장

1. 추후 제출하겠습니다(또는 주장 사실).

첨 부 서 류

1. 상고장부본 1부

20○○년 0 월 0 일

위 상고인(피고) 유 가 해(인)

대 법 원 귀 중

참고

1. 당사자가 책임을 질 수 없는 사유로 인하여 불변기간을 준수할 수 없었던 경우에는 그 사유가 없어진 후 2주 이내에 해태된 소송행위를 추완할 수 있다. 다만, 그 사유가 없어질 당시 외국에 있는 당사자에 대하여는 이 기간을 30일로 한다.
2. 상고장에는 소가에 따른 규정액의 2배액의 인지를 붙여야 한다.

(9) 상고이유서

상고이유서

사　　　건　　　2000 다 OO호　OO청구
상 고 인(원고)　　　홍 길 동
피상고인(피고)　　　유 가 해

위 당사자간 귀원 2000다 OO호 OO청구 사건에 관하여 상고인(원고)은 다음과 같이 상고 이유서를 제출합니다.

다 음

1.

입 증 방 법

1.

첨 부 서 류

1.

20 OO 년 0 월 0 일

위 상고인(원고) 홍 길 동(인)

대 법 원　　　귀 중

참고

1. 상고이유서에는 인지를 첩부하지 아니한다.
2. 상고장에 상고이유를 기재하지 아니한 때에는 상고인은 소송기록 접수의 통지를 받은 날로부터 20일 이내에 상고이유서를 제출하여야 한다.
3. 상고이유서를 제출하였다 하더라도 20일 이내에는 추가로 상고이유서를 제출할 수 있으며, 상대방의 수에 6통을 더한 부본을 첨부하여 제출하여야 한다.

⑽ 특별 항고장

특 별 항 고 장

사 건	20OO라 OO호 OO청구
특별항고인	홍 길 동 주소 서울 서초구 서초동 1551-9번지
상 대 방	유 가 해 주소 서울 강남구 역삼동 00번지

OO지방법원 20OO가합 OO호 강제집행정지명령 신청기각의 항고각하 결정에 대하여 다음과 같이 특별항고를 제기합니다.

원 결정의 표시

항고를 각하한다.
(이 결정 정본은 00년 0월 0일 송달 받았습니다)

특별항고 취지

원 결정을 취소하고 다시 상당한 재판을 하라.
라는 결정을 구합니다.

특별항고 이유

1. 기재

첨 부 서 류

1. 위임장 1통

20 ○○ 년 0 월 0 일

위 특별항고인 홍 길 동 (인)

대 법 원 귀 중

참고

1. 특별항고는 불복을 신청할 수 없는 결정이나 명령에 대하여 재판에 영향을 미친 헌법 또는 법률의 위반이 있음을 이유로 하는 때에 한하여 대법원에 특별항고를 할 수 있으며, 제기 기간은 1주일이며 불변기간이다.
2. 소정의 인지를 첩부하여 항고장을 원심법원에 제출한다.

⑾ 재항고장

재 항 고 장

사　　건	20OO라 OO호
재 항고인	홍 길 동
	주소 서울 서초구 반포대로 87
상 대 방	유 가 해
	주소 서울 강남구 역삼동 00번지

위 당사자간 OO지방법원20OO라 OO호 부동산 경락허가결정에 대한 항고사건에 관하여 20OO년 0월 0일 기각결정을 하였는바, 항고인은 다음과 같이 재항고를 제기합니다.

원 결정의 표시

1. 이건 항고를 기각한다.
2. 이사건 경락을 불허한다.
   (이 결정 정본은 00년 0월 0일 송달 받았습니다)

재항고 취지

1. 원 결정을 취소한다.
2. 이 사건 경락은 이를 허가한다.

라는 결정을 구합니다.

재 항 고 이 유

1. 헌법, 법률, 명령, 규칙 등의 위반사유를 기재.
1. 또는 추후 제출하겠습니다.

첨 부 서 류

1. 위임장 1통

20○○년 0월 0일

위 재항고인 홍 길 동(인)

대법원 귀중

참고

1. 재항고는 고등법원이나 지방법원 합의부가 항고심으로 한 결정, 고등법원과 지방법원 본원 합의부가 제1심으로 한 결정·명령에 대하여 할 수 있다.
2. 재항고장에는 2,000원의 인지를 첩부하며, 송달료는 당사자 1인당 5회분을 납부한다.
3. 재항고장은 원결정법원에 제출하며, 재항고이유서를 제출하지 않았을 경우 재항고 기록의 접수 통지를 받은 날로부터 20일 이내에 재항고이유서를 제출하여야 한다.

⑿ 재심소장

재 심 소 장

원고(재심피고) 홍 길 동(주민번호)
주소 서울 서초구 반포대로 87
피고(재심원고) 유 가 해(주민번호)
주소 서울 강남구 역삼동 00번지

위 당사자간 귀원 20OO 가합OO호 OO청구사건에 관하여 00년 0월 0일에 선고되고 동년 0월 0일에 확정된 아래 판결에 대하여 재심사유가 있으므로 재심의 소를 제기합니다.

아 래

재심대상판결

OO지방법원 00년 0월 0일 선고 같은 법원 20OO가합 000호 판결

재 심 취 지

1. OO지방법원 20OO가합00호 000청구사건에 관하여 00년 0월 0일 선고한 판결을 취소한다.
2. 재심피고의 본안 청구를 기각한다.
3. 본안 및 재심 소송비용은 전부 재심피고의 부담으로 한다.

라는 판결을 구합니다.

청 구 취 지

1. 피고는 원고에게 금 00원을 지급하라.
2. 소송비용은 피고의 부담으로 한다.
3. 제 1항은 가집행할 수 있다.

라는 판결을 구합니다.

재 심 사 유

1. 추후 제출하겠습니다.

증 거 방 법

1. 을제1호증 판결

첨 부 서 류

1. 항소장부본 1부
1. 납부서 1부

20○○ 년 0 월 0 일

위 피고(재심원고) 유 가 해 (인)

○○지 방 법 원 귀 중

참고

1. 관할법원은 판결법원의 전속관할에 속하며, 항소심에서 사건에 대하여 본안판결을 한 때에는 제1심 판결에 대하여 재심의 소를 제기하지 못한다.
2. 당사자가 확정판결 후 재심의 사유를 안 날로부터 30일 이내에 제기하여야 하며, 당사자가 재심사유를 알든 모르든 확정판결 후 5년을 경과하면 재심의 소를 제기하지 못한다.
3. 인지는 재심소장을 제출하는 법원의 심급에 따라 각각 소장, 항소장 또는 상고장에 첨부할 인지의 금액과 같은 액의 인지를 첨부하여야 한다.

도서목록 중앙법률사무교육원 (2026.01. 기준)

기초부터 실무까지 **전자소송 · 신청실무 (개정4판)** 2025.07.11.
한병호 . 김은숙 공저 640페이지 / 정가 40,000원

소송의 길잡이 **소송119 (개정15판)** 2026.01.02.
한병호 저 509페이지 / 정가 30,000원

법률실무를 위한 **민사소송실무 (개정16판)** 2025.08.22.
한병호 저 558페이지 / 정가 40,000원

법률실무를 위한 **보전소송 . 공탁실무 (개정6판)** 2024.08.23.
차경진 . 김현선 공저 565페이지 / 정가 35,000원

법률실무를 위한 **강제집행실무 (개정10판)** 2024.08.02.
한병호 . 김지안 공저 526페이지 / 정가 35,000원

법률실무를 위한 **가사소송실무 (개정10판)** 2024.11.15.
한병호 . 유태규 . 백성기 공저 630페이지 / 정가 40,000원

법률실무를 위한 **형사소송실무 (개정10판)** 2024.04.26.
이규진 저 596페이지 / 정가 35,000원

법률사무원을 위한 실무지침서 **부동산등기신청실무 (개정2판)** 2024.11.22.
이승현 외 1 공저 645페이지 / 정가 40,000원

등기실무를 위한 **상업등기신청실무 (개정2판)** 2025.05.23.
이승현 저 487페이지 / 정가 40,000원

개인회생파산 실무와 사례 (개정11판) 2025.06.27.
한병호 외 1 저 556페이지 / 정가 40,000원

법률실무를 위한 **민법학개론 (개정8판)** 2024.10.21.
이황 법무사 저 734페이지 / 정가 40,000원

최신 생활법률 100선 2021.01.20.
한병호 저 400페이지 / 정가 20,000원

저자 : 한 병 호 법학박사 / 원장

■ 주 요 약 력

* 중앙대학교 법학전문대학원 졸업 / 법학박사(SJD)
* 고려대학교 법무대학원 졸업 / 법학석사
* 중앙대학교 국제경영 대학원 졸업 / MBA
* 카이스트 최고경영자 과정(AMP) 수료
* 중앙법률사무교육원 대표이사/원장
* 비영리단체 산타들의 모임 상임대표
* 소액주주를 위한 시민연대 사무총장
* 서울지방변호사회 사무직원 양성 강사(민사소송실무)
* 사)착한법 만드는 사람들 자문위원
* 농협중앙회, 저축은행 강사 (민사, 집행, 회생파산)
* 한국표준협회 전문위원 (채권관리 교수)
* 지식경제부 공무원교육원 외래교수(민사소송)
* 로펌비서1급, 행정비서1급 자격검정위원장
* 금융기관 승진시험 출제위원
* 법무부(법률 강사)

■ 저서 및 논문

* 민사소송실무
* 개인회생파산 실무와 사례
* 가사소송실무
* 소송119
* 강제집행실무
* 신종합법률실무대전(상,중,하)
* 개인회생파산실무
* 소송누구나 할 수 있다.
* 전자소송신청실무
* 채권실무총론(상,하)
* 최신 생활법률 100선
* 주식의 강제집행에 관한 연구
* 종업원직무 모티베이션에 대한 연구
* 제조물피해자 구제를 위한 집단소송과 징벌적손해배상의 개선에 관한 연구

■ 연 락 처

* E-mail : aha30000@hanmail.net
* 홈페이지: http://www.linklaw.co.kr

누구든지 할 수 있는 소송의 길잡이

소송119

2007년 9월 5일 초판 발행
2009년 4월 1일 제2판 발행
2010년 10월 1일 제3판 발행
2012년 7월 2일 제4판 발행
2013년 8월 1일 제5판 발행
2014년 8월 1일 제6판 발행
2015년 5월 1일 제7판 발행
2016년 4월 15일 제8판 발행
2017년 3월 31일 제9판 발행
2018년 3월 15일 제10판 발행
2019년 7월 15일 제11판 발행
2021년 1월 20일 제12판 발행
2022년 8월 24일 제13판 발행
2024년 4월 19일 제14판 발행
2026년 1월 2일 제15판 발행

저 자 : 한 병 호
발 행 인 : 한 병 호
등 록 : 제2004-000165호
발 행 처 : (주)중앙법률사무교육원
주 소 : 서울 서초구 반포대로87 대천빌딩2층
전 화 : 02-525-1007 팩 스 : 02-525-2433
홈페이지 : www.linklaw.co.kr

ISBN **979-11-90627-38-2 13360**

정 가 30,000 원